KB119766

조선의
킹메이커

조선의
킹메이커

개정증보판

박기현 지음

500년 조선을
움직인 힘

鄭道傳
——
黃喜
——
趙光祖
——
柳成龍
——
蔡濟恭

河崙
——
申叔舟
——
李浚慶
——
崔鳴吉
——
朴珪壽

유능한 신하는 어떻게 왕을 만드는가
결정적 순간을 놓치지 않은 조선 최고의 참모 열전

위즈덤하우스

왕을 세우고 조선을 움직인 10인 10색 참모들의 활약상

길지 않은 60년의 세월을 보내는 동안 참 많은 정치적 격변을 겪었다. 무엇이 옳고 그른지 알 수 없을 만큼 숨 가쁘게 돌아가는 정국을 지켜 보면서 문득 다시금 지난 역사를 생각하게 되었다.

지금으로부터 10년 전 《조선의 킹메이커》를 썼을 때는 한 시대를 풍 미하던 시대적 영웅들의 면면을 살피고, 그들의 업적을 칭찬하고 소개 하기에 바빴다. 다시 개정증보판을 펴내면서 생각하니 조선은 절대군 주체제였음에도 군주를 보필하는 참모가 어떤 인재였는지에 따라 정 치적 성향과 지향점이 상당히 달랐다는 점을 깨닫게 되었다. 그리하 여 이 책에서는 조선에 큰 영향을 미쳤던 열 명의 참모를 선정하고, 각 자 어떤 철학과 사상으로 무장했고 활약했는지, 그들이 정치적 경륜을 어떻게 펼치며 후세에 어떤 교훈을 남겼는지 추가하기로 했다. 그리고 그들의 장점뿐 아니라 아쉬웠던 점도 찾아보았다.

이 책에 등장하는 10인의 참모들은 각기 군주를 정성으로 섬기고 역사에 큰 족적을 남긴 인물들이다. 이들은 저마다 다른 방식으로 군주에게 충성하며 권력과 명예를 얻은 인물들로, 만인지하 일인지상의 자리에 앉거나 그에 못지않은 권력의 서열에 올라 있었다. 그중에는 참모가 군주를 선택해 함께 목표를 이룬 경우도 있고, 공을 이룬 뒤 토사구팽당해 비참한 최후를 마친 이들도 있다. 또 어떤 이는 군주보다 더 뛰어난 실력과 인품으로 군주를 가르치며 이끌고 가기도 했다.

이들에게서 특별한 공통점을 찾을 수 있었는데, 모두 하나같이 고난과 역경을 견뎌내며 그들의 업業을 성공적으로 이루어냈다는 점이다. 이 참모들은 대개 지독한 불운을 만나 불행한 고난의 시절을 겪었고, 어려운 삶을 숙성시키고 성장시켰으며, 나아가 진지한 자세로 삶에 임하며 숭고한 목표를 찾아 나섰다. 그들은 어려움 속에서도 역경을 극복하고자 하는 절박함이 있었다. 절박함이야말로 인생의 고비를 이겨내게 하고 자신의 역량을 극대화할 수 있는 훌륭한 무기가 아닌가.

이 책에 처음 등장하는 참모는 역시 정도전鄭道傳이다. 나는 "조선은 정도전의 예술작품"이라고 극단적인 결론을 내리고 싶을 정도로 그에게서 감탄과 감동을 금치 못한다. 정도전은 태조를 보필하며 짧은 기간에 조선의 거푸집을 기획하고 창조했다. 이 놀라운 결실은 500년 역사 동안 그 틀을 크게 바꾸지 않았을 만큼 빼어났다. 특히 10년의 유배 생활을 거치면서 천민들과 어울리며 살았던 고난의 경험을 바탕으로 만든 《조선경국전朝鮮經國典》에서 광대한 이상과 꿈을 조선이라는 그릇에 새로 담고자 한 정도전의 의지를 살펴볼 수 있다. 그밖에 정도전에게 깊은 영향을 미친 학문과 사상의 멘토들을 살펴보고, 그 계보들도 찾아보았다.

고려 말, 정치적 실세였던 신돈辛旽과 최영崔瑩을 저격하고 두 번이나 실각한 하륜河崙은 정도전 사후 일방적으로 밀어붙이던 태종의 불도저식 국가 경영을 바로잡고 보완해준, 브레이크와 같은 역할을 어느 정도 해낸 인물이라고 평가한다. 그는 당시 스스로 이방원을 군주로 택하여, 카리스마 넘치는 군주를 모시는 참모의 모습이 어떠해야 하는지를 역사에 길이 남겼다. 하륜은 직언을 하면서도 얼굴 표정 하나 찌푸리지 않았던 충직한 참모의 모습을 보여주었다.

청백리의 표상이라고 알려진 황희黃喜는 사실 그를 아끼던 태종으로부터 내침을 당해 5년이나 유배 시절을 겪었다. 그럼에도 수양을 통해 자신을 정진하여, 꼼꼼하고 지나칠 만큼 치밀하고 의심도 많던 세종을 잘 섬겨 개혁 군주의 완급을 잘 조절한 소통의 아이콘이었다. 그는 개인적인 일로 흠이 적지 않았지만, 태종이 추천하고 세종이 그를 보듬어 결국 '세종 르네상스'를 완성하는 데 기여한 드문 경우다.

신숙주申叔舟는 세종이 아끼던 집현전 출신 학자였지만, 세조와 한배를 타고 충忠을 버리는 변절의 길을 걸어 지탄과 비난을 받은 인물이다. 하지만 왕성한 독서력과 정치적 재능으로 세간의 비판을 극복하고, 쿠데타의 주역이었던 세조의 오명을 치적으로 덮어버린 화합의 리더십을 보여주었다.

조광조趙光祖는 준비 안 된 중종을 군주로 키우기 위해 노심초사하며 타협 없이 개혁을 부르짖다가 실패하고 정치적 희생양이 되어버린 인물이다. 그는 조선의 참모들 중 가장 불운한 인물로 기억되지만, 개혁을 시도하면서 조선 중후기 후학들의 사상과 철학에 크게 기여했다.

그런 반면 조선 사회에 깊은 영향력을 행사한 사림 문제의 폐해를 남겼고, 급진적 개혁의 부작용을 역사에 길이 보여주기도 했다.

이준경李浚慶은 온 집안이 사화의 여파로 멸문지화를 당하며 어릴 때부터 가족을 잃고 혼자 살면서 죽을 고생을 다한 인물이다. 고난과 역경을 이겨낸 그는 선조를 왕으로 세우는 한편, 이순신李舜臣·이원익李元翼·정걸丁傑·방진 등 전쟁의 주역들을 발굴해냈다. 전쟁이 일어날 것에 대비해 유비무환의 방어책을 만들고자 한 그의 깊은 통찰력이 돋보인다. 그는 명종과 선조를 섬기며 군주의 약점을 보완하고 쓴소리를 아끼지 않던 충언의 참모였다.

류성룡柳成龍은 영의정까지 순탄하게 승진한 후 임진왜란의 위기 상황을 슬기롭게 이겨내고 선조의 몽니를 다 품어가며 절체절명의 국가 위기를 극복하도록 이끈 참모였다. 전대미문의 국가 위기를 겪은 후 류성룡이 뒷날을 경계하고자 쓴 참회록이 바로《징비록懲毖錄》이다. 그가 선조에게 직언직설을 제대로 하지 못했다는 아쉬움이 남는다.

최명길崔鳴吉은 인조반정 이후 실세가 되었고, 명분보다 실리를 앞세워 악역을 자처하며 청나라와의 교섭으로 나라와 백성을 구한 인물이었다. 권력의 실세로 일어선 그였지만, 그를 향한 조선 사대부들의 비난은 후손까지 영향을 미쳤다. 그럼에도 최명길이 칭송을 받는 이유는 반대파 명분론자까지 포용하려 했기 때문이다.

채제공蔡濟恭은 영조와 정조의 신임을 한 몸에 받은 재상이었지만, 그 역시 8년의 실각 생활로 고난을 겪어야 했다. 그럼에도 외척과 당파 논쟁으로 고통받던 시절, 정조의 통치력을 살려야 하는 순간이 오자 영의정 자리에 부임한 지 열흘 만에 내려놓으면서까지 자신의 목숨을 걸고 정조를 지켜내는 승부사적 기질과 충성심을 보여주었다.

마지막으로 박규수朴珪壽는 《열하일기》를 쓴 연암 박지원朴趾源의 손자로서, 18년이나 인고의 세월을 보낸 끝에 조정에 출사했다. 구한말 고종을 군주로 세운 참모였지만, 흥선대원군, 명성황후, 고종 황제 사이에서 제 역할을 다하지는 못했다. 그럼에도 세계적인 변화와 개혁의 분위기를 수용하고, 조선의 개화를 통해 부국을 이루려 했던 인물이었다. 그의 목표가 미완으로 끝난 것은 너무나 아쉬운 부분이다.

이처럼 각기 다른 10인의 참모상을 보면서 그들의 삶과 정치 스타일 가운데 어느 것이 옳고 그르다고 말할 수는 없다. 그럼에도 나는 이들에게서 오늘의 난세를 풀어갈 지혜를 얻을 수 있으리라 믿는다. 그리고 만일 지금 참모의 자리에 서 있다면, 이 책에 등장하는 인물들 중 롤모델을 찾아 자신의 업을 세우고 삶을 자신의 것으로 만드는 데 도움이 될 것이라고 확신한다.

우리 사회가 진정한 선진국으로 성숙해지려면 우리 모두가 달라져야 한다. 비록 늦었지만 이 책을 통해 나의 부족함과 사회에 진 빚을 돌려놓고 싶다. 그게 속죄가 될지 의심스럽지만……

2019년 5월
안동사람 청랑 박기현
kiken@naver.com

차례

01

구태를 버리고
신세계를 설계하다
: 정도전

태조의 창업을 설계한
창조의 아이콘

무슨 일이든 처음이 가장 어려운 법이다. 정도전鄭道傳은 고려 사직의 오래된 적폐 관행을 버리고 새로운 질서를 창출해낸 진정한 개혁가로서 이 어려운 일을 완수해냈다. 그는 한반도 최고의 국가 설계자였고 조선 개국의 최고 싱크탱크였다. 조선에 정도전이 없었다면 새로운 국가의 탄생은 절대 불가능했을 것이다. 그의 설계도 하나하나가 조선의 씨줄과 날줄이 되어 500년 왕조의 기틀이 되었다. 그의 말 한 마디, 손짓 하나가 조선의 법이 되고 제도가 되었다. 그가 밟은 땅이 왕도가 되고 그가 세운 건물과 도로, 설비가 조선의 역사가 되었다. 이성계李成桂는 일찍이 정도전의 이런 위대한 경륜과 지모, 호방한 개척자적 정신을 알아보고 새로운 국가 태동의 꿈을 키우는 핵심 참모로 발탁했다.

하늘에서 내려다보면 그림의 큰 판이 보이는 법이다. 조감도란 높은 곳에서 지상을 내려다본 것처럼 공중에서 지표를 내려다보았을 때의 모양을 그리는 그림을 말한다. 정도전은 조감도처럼 통 큰 그림을 그릴 줄 알았다. 저 높은 꼭대기에서 모든 것을 바라보면 어디가 높고 어디가 낮으며 무엇을 파고 무엇을 돋워야 할지 바로 보인다. 그의 설계 방식은 바로 조감도를 생각하는 유일무이한 창조적 설계 방식이었다.

그러나 개국공신이자 조선의 밑그림을 그린 그는 가장 빼어난 실력 있는 참모였음에도 가장 빨리 제거되었다. 정도전이 이성계를 군주로 모시고 새로운 왕조를 세워 백성들이 좀더 잘 살아가는 나라를 건설하겠다고 나섰음에도 공신록의 먹물이 채 마르기도 전에 핏빛으로 물든 사연과 그 원인은 도대체 무엇일까?

백성을 위한 정치에 눈을 뜨다

─────

고려 말이 되자 지식인과 관료들 가운데 고려 사회의 한계를 느끼고 새로운 이상향을 건설하고 싶어 한 인물들이 적지 않았다. 그 기운과 꿈이 부풀어 올라 고려 사회가 무너지고 조선이 건국된 것이다. 그 중심에 있던 정도전은 과연 어떻게 새로운 국가 탄생을 꿈꾸었을까? 정도전은 고려 관료이며 조정에 출사해 입지를 꿈꾸던 정통 고려인이었다. 고려의 낡고 부패한 관행과 구태들 속에서 그는 어떤 마음으로 고려 청산을 외쳤을까? 이를 이해하기 위해서는 정도전의 사상과 그에게 영향을 미친 당대 최고의 지식인들을 살펴볼 필요가 있다.

그의 사상의 정점에는 먼저 고려 말 대표학자인 이곡李穀이 있다. 정도전의 아버지 정운경鄭云敬은 지방의 무명 가문 출신으로 열심히 공부해 과거에 합격, 입신하고 가문을 일으켰다. 이때 정운경은 7년이나 이곡과 절친한 망년지우가 되어 두 가문이 이어지는 계기를 만들었다. 아버지가 아들에게 남겨준 멋진 유산이 스승인 이곡이었다.

이곡은 목은 이색李穡의 부친으로, 당대 최고의 실력자 이제현李齊賢과 함께 《편년강목編年綱目》을 증수하고 충렬왕·충선왕·충숙왕 등 3조의 실록 편찬에 참여했다. 그는 원나라의 고려 공녀 차출을 가슴 아프게 여겨 원 황제 인종에게 상소를 올림으로써 이를 중단하게 한 인물이기도 하다. 위민 민생의 실천적 지식인이었던 셈이다.

정도전은 이곡의 문하로 시작해 이색의 문하를 거치며 성리학을 공부했고, 스승들의 사상과 철학대로 백성들을 위한 정치에 눈뜨기 시작했다. 이색의 학연과 인맥으로 정도전에게 깊은 영향을 미친 정몽주鄭

夢周가 있었고 한반도에 무명을 전파한 위대한 후생학자 문익점文益漸이 있었다는 것을 생각하면 정도전은 그야말로 최고의 스승들을 모신 셈이었다. 즉, 고려 말 최고의 지식인 집단이 정도전 주변에 자리 잡고 있었고, 정도전은 그들로부터 사상과 학문에 지대한 영향을 받았을 것이다.

특히 정몽주는 정도전의 학문과 사상에 깊은 울림을 준 인물이었다. 정도전이 성균관에 합격한 1360년, 정몽주는 문과에 장원급제하며 이름을 날렸다. 정도전이 1370년 성균관박사로 있을 때 정몽주와 매일같이 명륜당에서 성리학을 수업, 강론했으니 그들은 떼려야 뗄 수 없는 관계였다. 정도전은 정몽주의 학문을 직접 배우면서 이미 이색 문하에서 이숭인李崇仁, 이존오 등과 함께 배운 학문과 사상을 자신의 것으로 정리하고 체계화하기 시작했다. 성리학은 고려 말 안향이 원나라에서 들여와 당대 지식인들의 사상 무장에 크게 기여하며 고려 말 권문세족에게 집중된 권력체제의 모순을 벗어나 도덕과 왕도정치를 꿈꾸게 한 신학문이었다. 정도전은 정몽주에게 자극을 받아 드디어 새로운 세계를 꿈꾸기 시작했다.

후일 정도전은 정몽주를 만난 것에 대해 "가르침을 받아 날마다 듣지 못하던 것을 듣게 되었다"고 말했을 정도였다.

정몽주는 정도전에게 훌륭한 선배요 스승이었다. 1366년 부모상을 함께 당해 경상도 영주에서 3년 상을 치를 때, 정몽주가 《맹자孟子》를 보내주어 매일 글을 읽으며 깊이 탐구했다는 일화도 전한다.《맹자》는 맹자의 언행과 가르침을 기록한 책이다. 맹자는 기원전 320년경부터 약 15년 동안 여러 제후국을 돌며 자신의 철학을 주장했으나 제후들이 거부하여 주장이 채택되지 않자 고향으로 돌아가 제자를 가르치는데 전념했다. 당시 제후들이 원한 것은 부국강병富國强兵 책술이나 외교기술론 같은 것이었으나 맹자는 도덕정치인 왕도王道를 외쳤으니 현실과 동떨어진 이상주의라는 비판을 받게 된 것이다.

이런 시각에서 보자면 정몽주가 전한 맹자의 가르침 가운데 정도전은 불의한 군주라는 점에 초점을 맞추어 《맹자》를 깊이 해석한 것으로 볼 수 있다. 고려의 위기와 망국이 결국 군주의 부덕과 관료의 부패에서 비롯되었다고 본 정도전은 이를 막기 위해서는 시스템을 바꿀 수밖에 없다는 결론에 이르게 된 것이다.

한 시대를 풍미하는 리더들치고 국제정세에 대해 둔감한 인물은 없는 법이다. 특히 왕조의 건국을 기획하고 지휘할 정도의 인물이라면 그는 주변국의 정세와 역사 현실에 대해 깊은 관심을 가져야 한다.

정도전은 무너져 가는 고려 왕조를 버리고 새로운 이상세계를 건설하고 싶어 했기에 새 왕조의 건설 즉, 조선 건국의 명분과 실제 모델을 어디서 찾을 것인가에 대해 심각하게 고민하고 있었다. 왜냐하면 왕조를 뒤엎고도 살아남으려면 대중의 지지가 절대적으로 필요했고 그 대중의 지지는 결국 명분과 설득력을 갖고 있어야 했기 때문이다.

그는 중국의 역사와 조선의 역사를 공부하고 여러 왕조와 군주 및 신하들이 선조들이 남긴 교훈에 천착했고, 과거의 역사가 현재의 역사에 어떤 영향을 미칠 수 있는지를 늘 생각해온 인물이었다.

당시 학자들이 친원파와 친명파로 갈라져 있을 때 정도전의 눈길을 끈 것은 명 태조 주원장이었다. 주원장은 원나라 말기에 먹고 살기가 어려워서 생계를 유지하기 위해 홍건적에 들어간 그리 눈에 띄지 않는 무명소졸에 불과했다. 그러나 홍건적에 병졸로 들어간 후 과감한 행동과 무장의 능력을 발휘, 홍건 군단의 실력자가 되었다. 그는 후일 홍건적의 색을 벗어버리고 유교적 소양을 가진 지식인들을 대거 포섭하여 제국 건설에 박차를 가했다. 그 결과 진우량陳友諒과 장사성張士誠이라는 최대의 라이벌 세력들을 물리치고 새로운 왕조를 건설했고, 연호를 홍무라 정했으며, 국호를 명이라고 선포했다. 1368년, 명 제국은 이렇게 탄생했다.

주원장이 잠시 봉기했다가 사라지고 마는 도적 집단이 되지 않고 왕조를 건설하여 원나라를 북쪽으로 몰아내고 중국 전역을 통일할 수 있었던 것은 두 부류의 든든한 지원세력이 있었기 때문이다. 그것은 주원장과 같은 무장 출신으로, 주원장을 중심으로 뭉쳐 전쟁을 통해 나라를 일으킨 무장 집단의 힘과, 제도를 정비하고 기강과 이론적 바탕을 세우며 나라의 기틀을 바로 잡은 이선장李善長 등 유교학자 출신 지식인 집단의 힘이었다. 조선 건국보다 약 24년 정도 앞서 일어난 주원장의 건국은 원나라 중심의 동아시아 질서를 재편하는 역사의 큰 전환기를 맞게 했다.

일찍이 정도전은 사신으로 명나라에 세 번이나 갔다 온 적이 있었다.

첫 번째는 1384년(우왕 10) 여름에 정몽주가 성절사聖節使로 명나라에 갈 때 정도전이 서장관書狀官으로 수행했던 일이다. 당시 명나라는 고려에 출병하려고 세공歲貢을 증액하는가 하면 그동안의 세공이 약속과 다르다 하여 고려 사신을 유배시키는 등 고려와의 국교관계를 악화시켰다. 그때 정몽주는 외교 교섭력으로 사신의 임무를 완수하고 긴장 상태의 외교관계를 회복하는 데 큰 공을 세웠다. 이는 정도전이 당시 국제정세를 관찰하고 정몽주의 리더십을 제대로 배우는 계기가 되었다. 그들은 당시 명나라 수도였던 남경南京에서 명 태조를 만나 우왕의 왕위 계승을 허락받고 공민왕의 시호를 받았다. 이 여행은 정도전의 역사 인식과 국제정세 판단에 상당한 영향을 미친 것으로 보인다.

1390년(공양왕 2) 6월 정도전은 다시 명나라에 들어갔다. 이번에는 그가 성절사가 되어 명 태조를 만나서, 윤이尹彝·이초李初가 이성계를 명나라에 고발한 사건을 변명했다. 윤이·이초 사건은 이성계가 위화도 회군 이후 권력을 틀어쥐자 이를 시기한 윤이·이초가 명나라에 밀고하면서 이성계가 이인임李仁任의 아들이라고 무고하고, 그를 제거하도록 한 사건이다. 정도전은 당시 명 태조에게 황제의 사신을 조선에 직접 보내 이 사실을 조사해달라고 요청했다. 그때 명 태조는 요동 정벌군을 돌이킨 이성계를 감싸면서 두둔했다. 명나라를 치지 않고 돌아간 장수이니 오히려 칭찬받을 만했던 것이다. 정도전의 활약과 명 태조의 호의로 일이 잘 풀렸다. 정도전의 주가가 올라간 것은 당연한 일이었다.

정도전이 세 번째로 명나라에 들어간 것은 조선이 건국한 직후인 1392년(태조 1) 겨울이었다. 이번에는 정도전이 하정사賀正使로 명나라에 가서 명 태조를 만나 하례를 올렸다. 이 세 번의 여행은 국제 정세에 대한 정도전의 시각을 확 바꾸어 놓는 계기가 되었다.

정도전으로서는 명나라 여행길에서 만난 이선장에게 눈길이 가지 않을 수 없었을 것이다. 이선장은 주원장의 서기 즉, 책사 역할을 맡아 실질적으로 주원장의 두뇌 역할을 한 인물이다. 정도전은 주원장이 황제가 되어 명나라를 건국하기까지 이선장이라는 걸출한 참모의 역할이 대단히 중요하게 작용했다는 점을 알고 있었다.

당시 27세였던 정도전은 주원장의 책사 이선장과 그의 지지세력을 특히 주목했다. 이선장은 유학에 대한 깊은 이해와 국가 조직 및 운영에 관한 특별한 능력을 지닌 인물이었다. 정도전이 29세 때 이선장이 이미 명나라 개국공신이 되어 천하를 호령하게 되면서 동아시아 지식인들이 그의 소문을 듣고 만나기를 간절히 원하는 유명 인물이 되었다.

정도전은 후일 유배에 처해 고려를 폐하고 새로운 이상향을 건설하려고 마음먹었을 때 주원장과 이선장의 파트너십을 주목하고 이들을 모델로 하여 한반도에 새로운 그림을 짜고자 했다. '주원장=이성계, 이선장=정도전'이라는 그림이었다. 정도전의 이런 큰 그림은 후일 조선 건국의 밑그림으로 이어진다.

'현 정권(고려정부)으로 신세계를 건설할 수는 없다. 망해가는 나라에서 내가 무엇을 얻을 게 있고 무슨 영화를 누리겠는가?'

그는 고려 500년 사직을 부정하는 것에서 이 원대한 구상을 실천하려고 했다. 그러자면 자신을 지지해줄 든든한 후원자가 필요한 상황이 아닌가.

생각이 여기에 미친 정도전은 자신의 목표를 성취시켜줄 버팀목을 찾기 시작했다. 그의 눈에 띈 인물로 정몽주와 이성계 두 사람이 있었다. 정몽주는 이미 그가 제법 오랜 기간 배우고 따른 선배이자 스승이었고 이성계는 고려 말 가장 잘 나가는 신진 세력이자 실력자였다. 그러나 두 사람의 성격이나 기질은 사뭇 달랐다. 정몽주는 정도전과 동문수학한 처지라 온건주의 개혁자적 성격을 가지고 있어 정도전의 야망을 실현시켜줄 인물은 아니라고 보았다.

"그럼 이성계뿐이다."

이성계는 최영에 버금갈 만한 막강한 군사력과 폭넓은 지지세력을 가진 인물이었다. 그런데 그 당시 이성계는 무력과 백성의 신망은 갖추었으나 지략이 부족한 것이 현실이었다. 고려 왕조로는 아무것도 할 수 없다는 인식은 이성계 역시 마찬가지였다. 다만 자신이 넘어서야 할 정치적 경쟁자들에 비해 지모가 부족하다고 느끼고 있어 늘 제갈량諸葛亮과 같은 책사를 찾고 있던 차였다.

후일 이성계가 정도전 같은 모사를 만나게 된 것은 사막에서 오아시스를 만난 셈이 되었다. 이성계는 정도전에게서 비전과 아이디어를 찾고 싶어 했고 정도전은 든든한 창업주가 필요했으니, 이 둘의 만남은 상부상조의 시너지 효과를 누리는 결과를 가져다주었다.

덕치 군주의 기준을 세우다

정도전은 어느 때, 어떤 자리에서도 발군의 실력을 보일 수 있는 패기 넘치는 신진 학자이자 관료였다. 그의 출중한 실력과 튀는 성격은 그를 좌중에서 돋보이게 하는 데 일조했다. 정도전은 타고난 자질이 총명하고 민첩하며, 어릴 때부터 학문을 좋아하여 많은 책을 널리 보아 의논이 해박該博했다고 전한다. 또 그는 일찍이 곤궁하게 거처하면서도 한가하게 처하여 스스로 문무文武의 재간이 있다고 생각했다. 그의 호방한 성격은 젊은 시절부터 돋보였다.

아직 정도전이 정치적 걸음마를 준비하고 있을 때의 일화를 하나 살펴보자. 성종 때 선비 서거정徐居正이 심심파적으로 만든 야화집《태평한화골계전太平閑話滑稽傳》에 따르면 정도전이 이숭인, 권근權近과 함께 인생에서 가장 즐거운 일에 대해 이야기하는 자리가 있었다. 이때 이숭인은 조용한 산방에서 시를 짓는 것이 평생의 즐거움이라 했다. 천생 학자일 수밖에 없는 권근은 따뜻한 온돌에서 화로를 끼고 앉아 미인 곁에서 책을 읽는 것을 최고의 즐거움으로 꼽았다. 이를 못마땅하게 여긴 정도전은 "첫눈이 내리는 겨울날 가죽옷에 준마를 타고, 누런 개와 푸른 매를 데리고 평원에서 사냥하는 것이 가장 즐거운 일"이라고 했다. 책을 읽고 앉아서 시대정신을 논하기보다 직접 들로 나가 자연 환경과 부딪쳐 보는 것이 정도전의 스타일이었다. 그 때문에 비슷한 또래의 정치 입문생들보다 단연 낭중지추의 실력을 보여주었다.

"군주가 주위의 시선이 두려워 아무것도 시도하지 못한다면 나는 군주를 위해 용광로 속이라도 뛰어들 것이다."

정도전의 참모상을 스스로 보여주는 대목이다. 그는 마땅한 군주 밑에서라면 불속에라도 뛰어들 준비가 될 각오가 되어 있었다. 그의 개혁에 대한 의지는 이처럼 강했다. 그러나 이를 바라보는 주위의 시선은 그를 제거해야 할 경쟁자이자 적이라고 평가절하하고 있었다. 개혁이라는 것이 원래 변화를 싫어하는 보수파에게는 칼날로 다가오는 것처럼 느껴지는 법이니 정도전에 대한 평가는 부정적일 수밖에 없었던 것이다. 이 때문에 공민왕 이후 그는 고려 왕조에서도 철저하게 견제되었고, 조선 창건 후에도 그의 수난은 그치지 않았다.

사실 이성계를 만나기 전까지만 해도 정도전의 삶은 잘 풀려나가지 않았다. 정도전은 고려 왕조부터 12년 동안 관직에 있었으나 혈통 문제에 대한 시비, 권문세가 출신이 아니라는 점, 튀는 성격, 빼어난 실력과 언변 등이 그를 견제하는 방해 요소로 작용했다. 게다가 원나라를 배척하자고 주장하다가 당시 실권을 잡고 있던 친원 세력에 의해 탄핵을 받고 유배되고 풀려나서도 10년이란 긴 세월을 낭인처럼 초야에 묻혀 있었던 것은 그에게 불운이었다. 하지만 이 불운이 그를 새로 태어나게 하는 계기를 만들었다.

당시 공민왕 사후 상황을 잠시 살펴보자. 공민왕이 죽고 나자 정권을 잡은 이인임은 무소불위의 권력을 휘둘렀다. 그는 특히 국제정세에 어두운 나머지 친원 정책을 표방하고 나섰다. 이에 대해 정몽주·정도전 등의 젊은 신진 유학자들이 반대하고 나섰다. 특히 1375년(우왕 1)에 국력이 약화되면서 명나라에 밀려 몽고 본토로 쫓겨난 북원北元의 사신이 들어오는 문제에 대해 민감한 접전이 벌어졌다. 이때 정도전은 배원 정책을 적극적으로 주장했다.

"선왕先王(공민왕)께서 계책을 결정하여 명明나라를 섬겼으니, 지금 원元나라 사자를 맞이함은 옳지 못합니다."

정도전·박상충朴尙衷·전녹생田祿生 등 신진 성리학자들이 반대에 앞장섰다. 개인의 이익을 위해 친명적인 정치 노선을 친원으로 다시 바꾼 정치 리더십에 대해 공개적으로 불만을 표출한 것이었다. 이른바 책상에서 공부만 하던 성리학자들이 정치의 무대에 전면 등장하며 개혁을 외쳤지만 현실은 녹록치 않았다. 친원 세력에 의해 박상충, 전녹생이 죽임을 당하고 정몽주, 김구용金九容, 이숭인 등이 유배의 길을 걸었다.

친원파 이인임은 안 그래도 튀는 정도전을 밉게 보고 있다가 이를 기회로 삼아 전라도 나주군 회진현 거평부곡居平部曲으로 귀양을 보내버렸다. 정도전의 나이 34세로 한창 관직 생활을 하며 출세할 시기에 그는 주저앉고 말았다. 그러나 이 시련이 마냥 그에게 나쁜 점으로만 작용하지는 않았다.

　그는 이곳에서 백성들의 곤궁한 삶을 제대로 겪으며 고려 왕조의 한계를 바로 볼 수 있었다. 후에 정도전이 조세 개혁을 앞장서서 밀어붙인 점이나 관료들의 흐트러진 기강을 바로 세우는 데 일조한 점, 불교의 폐해를 지적하고 이를 청산하려 한 점 등은 모두 이때 고난의 시기를 통과하며 몸으로 체득한 학습의 결과였다. 직접 서민들과 힘들게 살았던 체험이 그의 개혁적 성향을 더 강화시켰던 것이다.

　그는 유배생활 3년 후 1377년(우왕 3)에 고향땅으로 유배지가 바뀌는 바람에 영주와 단양의 삼봉 사이를 오가면서 다시 4년의 세월을 보냈다. 그 후에도 관직으로 돌아오지 못하고 그는 서울 삼각산 아래 초가를 짓고 '삼봉재三峰齋'라는 이름의 서당을 열어 제자들을 가르쳤다. 그에게는 혹독한 시련의 생활이었을 것이나 근 10년의 야인 세월이 그를 더 단단하게 만들어 숙성시켰다.

　정도전은 성리학자로서 학문과 현실의 한계를 처절하게 느꼈을 것이다. 정도전은 거평부곡에 유배된 다음 초기만 해도 유배가 오래 가지는 않을 것이라 여겼으나 동료와 선후배들이 다 돌아오는 와중에도 그의 귀향까지는 무려 10년 인고의 세월이 걸렸다. 거기서 그는 가난하고 핍박받는 백성들의 삶을 체득하기 시작했다. 부곡의 천민들, 이른바 가장 아래층의 빈민들 속에서 그는 하층민들의 삶이 어떠한지를 피부로 체험한 것이다.

　그곳에서 그는 이상향의 세계를 유교에서 찾았다. 그는 특히 정치에서 '인仁'과 '공공성'을 깊이 생각했던 것으로 보인다. 유배에서 풀려난 그가 먼저 한 일 가운데 고려 말 정치세력의 중심이던 권문세가들의 부패와 정치철학의 부재, 특히 관료들의 국가재정에 대한 탐욕과 부패를 지적한 것이 그 증거다. 공공 토지가 고갈되고 정치가 사유화되어 나라가 기울어감에도 이를 개혁할 방법이 마땅치 않자 당시의 지도층들로는 개혁과 청산이 불가능할 것으로 생각하기 시작했다. 자연스레 새로운 세계를 꿈꾸고 그것을 이룰 방법을 찾기 시작한 것이다. 그가 배운 《서경書經》은 '백성이 나라의 근본'이었다. 그러므로 군주와 한 나라의 정치는 백성[民]을 살리는 공공성이 우선되어야 했다.

정도전의 위민사상과 정치의 공공성을 살펴보기 위해서는 그가 후일 1394년(태조 3) 판삼사사 시절에 태조에게 지어 바친 사찬 법전인 《조선경국전朝鮮經國典》을 살펴볼 필요가 있다. 상권과 하권으로 구성된 이 책은 6전六典에 따라 조선왕조를 다스리는 경국의 기준을 제시한 점이 돋보인다. 이미 조선의 건국 주체로서 그는 태조 이성계를 덕치 군주의 모델로 세우고 왕권이 세습이 되더라도 정치 체제로 이를 보완하여 민생 정치를 이끌어가려고 생각했다. 이에 주나라 제도인 《주례周禮》의 6전 체제를 모범으로 삼고 이를 조선의 현실에 맞게 조정하며 천지자연의 이치에 따라 인仁으로써 왕위를 지켜 나갈 것과 국호를 '조선'으로 정한 것은 기자조선箕子朝鮮의 계승이라는 것, 왕위 계승은 장자長者나 현자賢者로 해야 한다는 것, 교서는 문신의 힘을 빌려 높은 수준으로 제작되어야 한다는 것 등을 제시했다.

그는 또 치전治典[吏典]·부전賦典[戶典]·예전禮典·정전政典[兵典]·헌전憲典[刑典]·공전工典 등 6전 체제를 제시하면서 《주례》에서는 재상·과거·병농일치 제도의 이상을 빌려 오고, 한나라·당나라의 제도에서는 중앙집권 및 부국강병과 관련된 부병府兵·군현·부세·서리胥吏 선발 제도의 장

점을 보완하는 방법을 선택했다. 이 개인적인 저술이 훗날 《경제육전
經濟六典》·《육전등록六典謄錄》 등을 거쳐 성종 때 《경국대전經國大典》을 편
찬하는 모체가 되었다.

정도전, 이성계를 대면하다
——

정도전은 권문세가들에게 빌붙어 출세하고픈 생각은 조금도 없었다.
새로운 국가 건설을 정몽주에게 의탁하고 싶은 생각이 없지는 않았으
나 정몽주의 학문과 정치철학을 잘 아는 그로서는 정몽주가 적폐와 구
습은 청산할 수 있어도 새로운 나라를 창건할 수는 없을 것이라고 보
았다. 정도전이 신흥 군벌인 이성계를 찾아가 그를 군주로 택한 것은
무인 출신 이성계야말로 고려 왕조의 정통 관료들과는 달리 혈통을 가
리거나 출신 성분을 따지지 않고 실력 있는 인물을 발굴할 것이라는
확신도 있었을 것이다. 주원장이 이선장을 거두어 자신의 두뇌로 활용
했듯이 이성계가 정도전을 두뇌로 쓰고 말 것이라는 확신 같은 것이
있었다는 것이다.

실제로 이성계는 출신보다는 실력을 중시하는 합리적인 인물이어서
여진 출신의 부족장 이지란을 의형제로 삼고 그를 중용해 그의 수하에
두고 최고의 대우를 해주는 등 사람을 가리지 않고 능력 위주로 인재
를 등용하는 실리주의적 성향을 보였다.

실록에 따르면 이성계는 무장으로서 과감하고 결단력 있는 인물로
그려져 있다. 활쏘기로 그를 당할 자가 없고, 적 앞에 나설 때도 그를
이길 자가 없었다고 한다. 이처럼 무인으로서 강한 카리스마를 가졌음

에도, 군주로서의 카리스마는 상대적으로 다소 약하게 나타난다. 오히려 정에 약하며 결단을 앞에 두고 망설이는 지극히 인간적인 모습을 발견할 수 있다. 물론 실록의 기자들이 이성계를 그릴 때 혁명의 피 냄새를 씻고 덕과 온유를 강조하다보니 그럴 수도 있었을 법하다.

그렇지만 이성계의 강점은 이런 약점을 숨기려 하지 않았다는 점이다. 오히려 더 인간적으로 신하들을 배려하고 아껴줌으로써 인간적인 정에 끌려 더욱 충성하게 만드는 면이 있었다. 한마디로 인간미가 넘치는 리더십의 소유자이자 군주였다. 그러다보니 정도전은 이런 이성계를 자신의 신권 중심의 이상향 건설에 가장 필요한 존재로 여기고 그를 역성혁명의 주연으로 세우게 된 것이었다. 이런 야심은 이미 정도전이 동북면으로 이성계를 찾아갔을 때부터 태동하고 있었다. 어쩌면 정도전은 이때 이성계에게 면접을 보인 것이 아니라 스스로 이성계를 면접 보러 간 것일 수도 있다.

정도전이 42세 되던 1383년(우왕 9) 가을, 함주(함흥)에 있던 동북면 도지휘사 군영에서 두 사람은 운명적인 만남을 가졌다. 당시 이성계는 질서 정연한 군기와 충천한 사기로 자신의 군대를 가꿔놓고 있었다. 정도전이 이성계를 보며 흐뭇하여 비밀스럽게 말을 붙였다.

"훌륭합니다. 이 군대로 무슨 일인들 성공하지 못하겠습니까?"

이에 이성계가 물었다.

"무슨 일이라니? 그게 무슨 말인가?"

정도전은 자신의 속내를 보여준 것에 스스로 놀라 얼른 말을 얼버무렸다.

"아닙니다. 그냥 해본 말입니다. 왜구倭寇를 동남방에서 치는 것 같은 것이죠."

그러나 이성계도 그 말의 의미를 이해하고 있었을 것이다. 다만 아직 입 밖에 내서 안 된다는 것을 알고 있었을 뿐이었다.

이성계가 이를 알아차린 것은 군영 앞에 서 있던 정도전이 소나무 껍질을 벗겨 그의 속내를 담아 시를 썼기 때문이라는 이야기도 전한다.

아득한 세월 한 주의 소나무
몇 만 겹의 청산에서 생장하였네.
다른 해에 서로 볼 수 있을런지
인간은 살다 보면 문득 지난 일이네.

이심전심, 두 사람은 서로의 필요를 절감하고 있었다.

정도전은 이성계가 최고의 무인이라면 문인 가운데서는 자신이 최고라는 자부심을 갖고 있었다. 결코 글줄 읽은 것만으로는 해결할 수 없는 힘의 정치는 무인에게 맡기고, 머리를 써서 공략하는 전략적인 일은 자신이 하겠다는 것이 그의 생각이었다. 그의 꿈은 이성계라는 걸출한 영웅을 군주로 모시기 시작하면서 드디어 온갖 장애와 견제로부터 자유로워지기 시작했다.

1388년, 정도전은 드디어 이성계의 추천을 받아 성균관 대사성이 되어 중앙 관계에 복귀한다. 그는 이로써 자신의 생애 중 가장 화려한 시기를 맞아 마음껏 실력을 펼친다. 일생일대의 최고 후원자인 이성계를 도와 그를 보좌하며 신생 조선을 건국하는 힘찬 노정을 시작하게 된 것이다.

이 해 2월은 당대 최고의 실세 최영이 문하시중이 되고 우왕이 최영과 요동 정벌을 계획하던 때로 명나라와 관계가 나빠져 최영을 필두로 반명 기운이 팽배해지던 시절이었다. 1388년(홍무 21) 3월 명 태조는 남옥에게 명하여 군대 15만을 거느리고 북원을 정벌하게 했는데 명나라의 15만 대군이 북원의 수도를 급습하여 압도적인 대승을 거두었고 포로만 무려 8만 명 가까이 잡았다. 명나라의 골칫거리였던 북원 정권은 완전히 멸망했다.

명나라로서는 이제 고려가 눈엣가시였다. 양국이 서로 반목하면서 고려에도 명나라 정벌에 대한 공공연한 주장이 나오기 시작했다. 전쟁이 일어날 기운이 팽배해지면서 상대적으로 이를 반대하는 여론도 높아지고 나중에 밝혀지지만 역성혁명의 기운도 꿈틀거리기 시작했다.

명나라는 이미 철령 이북은 원나라 땅이었으니 원나라가 무너진 지금 당연히 명나라 땅이 되어야 한다며 철령위 설치를 일방적으로 통보해 요동에서 철령까지 역참을 세우기 시작했다. 4월이 되자 고려 조정의 여론은 명나라 정벌로 쏠렸다. 8도 도통사 최영 좌우에 조민수, 이성계를 좌우군도통사로 세우고 좌우 군만 3만 8,830명, 수송대 1만 1,634명, 군마 2만 1,682필 등 전군을 동원해 명나라 정벌을 시도했고, 우왕은 평양까지 나아가 군대를 독려했다. 이렇게 고려의 흥망이 달린 중요한 전쟁이 시작되었다.

그러나 이 해 5월 22일, 위화도에서 이성계와 조민수는 왕명과 군령을 어기고 병력을 돌려 돌아왔다. 이른바 위화도 회군으로, 단순한 회군이 아니라 왕가를 무너뜨리는 정변이었다. 이성계와 조민수는 위화도에서 회군하여 최영을 실각시켜 유배 보낸 후 6월 9일 우왕을 폐하고 창왕을 세웠다. 최영은 이 해 12월 참형되었다.

정도전은 위화도 회군에 얼마나 깊이 관여한 것일까? 실록의 기록으로는 이성계의 왕권 도전에 남은南闇이 결정적인 역할을 한 것으로 보인다. 그 해 6월의 실록 기록을 살펴보자.

> 이때에 이르러 전하가 이에 남은과 더불어 계책을 정했는데, 남은이
> 비밀스럽게 평소부터 서로 진심으로 섬기고 따른 조준趙浚·정도전·
> 조인옥趙仁沃·조박趙璞 등 52인과 더불어 태조를 추대하기를 모의했
> 다. 하지만 태조의 진노震怒를 두려워하여 감히 고하지 못하였다.

숨 가쁘게 돌아간 당시 정황을 정리해보면 남은과 조인옥은 명나라 정벌을 반대하고 이성계를 좇아 종군한 인물들이다. 남은은 문신이지만 왜구를 격퇴한 용맹한 장수이기도 했다. 그는 이성계의 먼 인척인 조인옥과 함께 군부 안에서 이성계를 직접 도왔다. 군부 밖, 즉 도성에서는 정도전과 조준이 함께 뜻을 도모했다. 이 가운데 남은은 특히 정도전과 가까워서 공양왕 때 대간臺諫들이 모의해 정도전을 죽이자고 결의하여 감옥에 집어넣었을 때, 그를 구하려다 실패하자 벼슬을 등질 정도였고, 왕자의 난에서는 정도전과 함께 살해당할 정도로 정도전과 한 몸이나 마찬가지였다.

위화도 회군 이후 남은은 표면에 나서서 이성계를 왕위에 추대한다. 그리고 7월 28일 이성계는 즉위 교지를 내린다. 이때 교지는 정도전이 썼다. 이를 통해 태조가 등극할 때 처음과 끝까지 정도전이 관여했고 교지마저 정도전이 작성할 정도로 깊은 영향력이 있었음을 알 수 있다.

정도전 외에 아무도 그 과도기에 그처럼 명민하게 군주를 보필하면서 필요한 계획을 세우고 정적을 제거하며 내부의 불만을 효과적으로 잠재울 수 있는 실력을 갖추지는 못했다. 이성계로서는 정도전 만한 참모를 고려 조정 어디서도 구할 수가 없었다. 실력으로 장애물을 극복한 정도전에게 태조 이성계는 그만한 격에 어울리는 권세와 힘을 주었다. 게다가 정도전은 남들이 갖추지 못한 뜨거운 열정이 있었다.

정도전에게는 군주에게 기대려는 의타심보다는 군주를 앞세우고 뒤에서 밀며 자신이 직접 신세계를 건설하는 주역이 되고자 하는 뜨거운 열정이 있었다. 그는 이성계가 꿈꾸는 새로운 나라의 건설에 자신의 머리를 보태 함께 그 영광과 명예를 누리려는 야망을 갖고 있었던 것이다.

역성혁명의 명분을 제공하다

이제 이런저런 눈치 보지 않고 집권만 하면 될 정도로 이성계의 힘은 커져 있었다. 그러나 아무리 힘이 없어도 왕이 되려면 새로운 군주 교체의 명분이 있어야 했다.

이 혁명의 갈림길에서 이성계는 좀더 신중했다. 자신이 비록 힘을 갖추고는 있었지만 단순한 집권 혁명만으로는 오래 버티기 어렵다는 것은 역사가 증명해주고 있는 사실이었다. 권력만 잡은 2인자로는 결국 무신 정치시대의 최씨 권력 이상의 것은 누릴 수가 없기 때문이었다. 고려 왕조 후반, 최씨가 최고의 권력을 오랫동안 휘둘러 왔음에도 도태될 수밖에 없었던 것은 그들이 왕씨가 아니었고, 백성의 지지 또한 미약했기 때문이었다. 게다가 대원 투쟁에서 지휘부가 강화도로 숨으면서 30년 이상을 몽골군에게 백성들이 짓밟혀 왕조와 지휘부에 모든 실망감과 배신감이 집중되고 있었던 것도 최씨 정권이 오래 가지 못한 이유였다.

이 시점에서 이성계와 정도전은 역성혁명의 필요성을 깊이 공감하고 군주와 참모의 상부상조를 본격적으로 시작했다.

거사를 위해서는 무엇보다 정치적 명분과 대중의 지지가 필요한 상황이었다. 정치판의 구조를 새로 짜 보려던 정도전으로서는 이런 군주의 생각을 읽고 난 다음 깊은 수읽기에 들어갔다. 정치적 승부수를 위한 묘책이 필요한 때였다.

정도전은 고심 끝에 역성혁명의 명분을 이성계 앞에 내놓았다. 백성과 고려 신료들의 마음을 이성계로 돌려놓기 위한 최고의 묘수, 그것이 바로 폐가입진廢假入眞이었다. 즉, 우왕이 공민왕의 아들이 아니라 요승妖僧 신돈의 아들이므로 우왕과 그의 아들 창왕 역시 왕씨가 아니라는 주장이었다. 가짜를 폐하고 진짜를 세운다는 이 폐가입진이야말로 고려 왕가에 대한 불신이 가득한 당대 지식인들은 물론 백성들에게도 합리적인 의심을 심어주어 민심이 흔들리고 왕권이 취약해지기 시작했다. 왕씨 왕조의 고려를 막 내리게 하는 절묘한 이론적 바탕을 정도전이 마련해준 것이다.

쿠데타 주도 세력은 폐가입진 이후 왕으로 추대된 공양왕을 회유하고 협박했을 것은 당연한 일이다. 이성계는 겉으로는 사양했으나 권력의 중심에 서 있던 그에게 이미 새 왕조의 건국은 돌이킬 수 없는 대세가 되었다. 사실 이성계는 처음부터 왕이 될 생각을 속내에 깊숙이 감추어놓고 있었다. 그런 야심은 자신의 아버지인 이자춘의 묘자리를 왕이 태어날 명당자리에 썼다는 데서 이미 드러나고 있었다.

그러나 새 왕조 건설이 그렇게 녹록한 것만은 아니었다. 조세 제도의 개혁을 밀어붙이고 군제를 개혁한 정도전은 한때 함께 공부하고 사사했던 반대파 이색李穡·우현보禹玄寶 등을 탄핵하며 정적 제거에 나섰다. 이성계 일파로서는 반드시 처리해야 할 숙청 대상 1호였다. 이들은 고려 말에 가장 백성의 지지를 받고 있던 집단이었는데, 이들을 없앨 구실이 필요했다. 그런데 마침 이성계가 해주에서 사냥하다가 말에서 떨어져 큰 부상을 입었다. 정몽주 등의 친 고려 사수파는 이 일을 절호의 기회로 여겼고 아예 이성계 일파를 죽일 것을 주청하고 나섰다. 이에 따라 조준, 남은 등도 유배되어 이성계 일파가 정치적으로 큰 타격을 입게 되었다.

이 절체절명의 위기에 이방원이 무력으로 이들을 제압했다. 혁명의 반대파를 주도하던 정몽주를 선죽교에서 살해하고 유배당한 동지들을 다시 불러냈던 것이다. 정도전은 이를 기회로 남은 고려의 정적들을 모두 제거할 수 있었다.

정치적 힘을 얻은 정도전은 정치 전면에 나서 개혁을 주도했다. 그의 개혁이 남달랐던 것은 그가 개인의 능력보다는 시스템을 선호했다는 점 때문이었다.

정도전이 시스템을 선호했다는 분명한 증거가 있다. 그것은 사람을 위해 필요 없는 벼슬을 설치하는 게 아니라 제도적인 정비를 차곡차곡 서둘렀다는 점 때문이다. 이는 서민 경제에 관한 그의 남다른 관심 때문이었다. 그가 여느 관료보다 이 부분에 특히 관심이 많았던 것은 아버지의 청렴결백성 때문에 상당히 생활고를 겪었던 경험이 있었던 탓이리라. 또한 그는 10년간의 유배 생활에서 서민들과 직접 부대끼며 고려 말 백성들의 현장의 목소리를 그대로 체험한 바 있었다.

그래서 정도전은 마음속으로 '관료들이 백성의 세금을 혹독하게 징수하지 않고도 공평하고 합리적이며 국가의 재정을 튼튼히 할 수 있는 제도는 없는 것일까?'라는 질문을 수없이 스스로에게 던지곤 했다. 이른바 정치와 제도의 공공성 확보였다.

그런 고민에서 나온 것이 바로 과전법의 실시였다. 1391년(공양왕 3)에 실시한 과전법은 고려 귀족들의 대토지 소유에 따른 국가 재정의 고갈 문제를 해결하기 위하여 이성계·정도전·조준 등 신진 세력들이 주도해 실시한 토지 제도다. 이 제도는 토지의 국유화를 원칙으로 공전公田을 확대하고 사전私田의 분급은 일정한 제한을 두는 것을 골자로 했다. 이 제도가 도입되면서 부를 지나치게 축적하며 서민의 곤궁한 삶을 돌아보지 않았던 고려 귀족들은 큰 타격을 입게 되었다. 빈부 간 격차를 갈수록 벌려놓았던 고려 귀족들의 경제적 기반이 무너지게 된 것이다. 물론 이는 곧 조선 초기 양반 관료 사회의 경제 기반을 이루었음도 사실이다.

어쨌든 이 제도는 후일 조준, 정도전 등 신진 사대부들이 설계한 조선 초기 경제개혁 프로그램으로 이어져 조선의 틀을 짜는 중요한 시스템이 되었다. 이는 이성계 등의 무인들이 힘으로 밀어붙이고 제도를 바꾸는 방식이 아니라 제도를 먼저 바꾸어 경쟁 상대들이 힘을 쓰지 못하도록 하는 혁명적인 시스템이었다.

이 해 7월 정도전은 조준, 남은 등 50여 명의 신하들과 함께 고려 왕조를 폐하고, 마다하는 이성계를 새 왕조의 건국자로 세워 조선을 건국했다. 정도전은 이후 조선이 개국할 때 술에 취하여 종종 이렇게 이야기하곤 했다.

"한 고조漢高祖가 장자방張子房을 쓴 것이 아니라, 장자방이 곧 한 고조를 쓴 것이다."

무슨 말인가? 자신 곧 정도전이 이성계를 발탁하고 군주로 세웠다는 호방한 자신감의 표현이었다. 실록에 이 기록이 남을 만큼 그는 스스로 이성계의 장자방임을 만천하에 알렸다. 그러나 그 취중진담은 그에게 독화살로 되돌아온다.

정도전은 이성계 이후 열왕列王들이 지속적으로 규범을 삼을 수 있는 틀을 세워야 한다고 생각했다. 그리고 통치조직을 운영하는 규범과 질서체제를 문서화하는 작업에 들어갔다.

그는 이를 위해서 《조선경국전》을 편찬하고 조선 왕조의 법제를 새로 세우며 역사 속에서 조선 왕조의 정당성을 부여하기 위해 1395년 정총 등과 함께 《고려사》 37권을 편찬했다. 이성계의 두뇌로써 그는 확실하게 자신의 역할을 최선을 다해 수행한 것이었다.

정도전은 군사제도의 개혁과 병법의 개혁, 그리고 요동 수복을 위한 전쟁 준비를 통해 조선 국방의 기본 틀을 세웠다. 고려 말에는 정규군이라는 것이 거의 없어져 각 귀족들과 왕족들의 사병화된 병사들이 주를 이뤘는데 정도전은 이를 단계적으로 혁파하여 공병으로 귀속시켰다. 또 역대 중국의 병법을 현실에 맞게 가감하여 진법을 편찬하고 《오행진출기도五行陣出奇圖》,《강무도講武圖》,《사시수수도四時蒐狩圖》 등 병서를 지어 태조에게 바쳤다. 그리고 엄격한 규율로 군사들을 훈련시켰다. 그에게는 비록 위화도 회군으로 조선군이 명나라를 치지 못했지만 명나라야말로 언젠가는 한 번 붙어볼 만한 상태라고 생각하고 병법과 군대를 강화했을지도 모를 일이다.

그는 문인이었으나 진법을 만들 정도로 병법에 밝았는데 이것은 그의 호방하고 전투적인 성격과 왕성한 독서력 때문이었던 것으로 생각된다. 이와 함께 《고려사》 편찬도 그의 주요 업적 중 하나다. 이 저술사업의 맨 앞에서 관리 감독과 기획을 맡은 이가 정도전이었다. 역사를 다시 정리하고 국가 경영의 틀을 다잡은 것이야말로 정도전의 가장 큰 업적이라고 할 수 있을 것이다.

그는 또 동북면 도안무사가 되어 함길도를 안정시키고 돌아왔다. 여진족을 회유하고 행정구역을 정리했는데, 태조 이성계는 그런 정도전을 두고 "경(정도전)의 공이 (고려 때 동북 9성을 경영한) 윤관보다 낫다(《태조실록》 1398년 3월 30일)"고 치하했다. 조선이 건국한 1392년 직후부터 그가 숙청된 1398년까지 불과 7년도 채 못 되는 기간 동안의 업적을 보면 얼마나 대단한 일을 한 것인지 짐작할 수 있다.

그 어떤 리더십의 소유자도, 어떤 기획력 넘치는 발군의 실력자도 새 왕조의 기틀을 이렇게 짧은 기간에 구축하고 실현하는 것은 불가능하다. 정도전의 이처럼 뛰어난 행정력과 기획력을 보노라면 실로 경탄하지 않을 수 없다. 한계가 없을 만큼 모든 분야에 걸쳐 건국의 기초 정지 작업을 펼친 그의 노력과 뛰어난 두뇌가 없었다면 세종 이후 조선왕조의 찬란한 발전은 불가능했을 것이다.

정도전이 실록 등에서 패자의 입장으로 기록한 역사의 폄하에서 벗어나 다시 평가받아야 하는 중요한 이유가 여기에 있다.

신권 정치와 종교개혁

___

정도전은 500년 고려 사직을 부정하는 개혁의 칼을 휘두르면서 같은 잘못을 범하지 않기 위해 군주에게 권력이 쏠리는 것을 제도적으로 막아보려고 했다. 한 개인인 뛰어난 군주가 정치를 잘하여 나라를 제대로 다스린다 해도 그 뒤를 이을 군주들이 다 그럴 수는 없는 일이라고 판단한 것이다. 만일 부도덕하고 패륜적인 군주가 들어서면 나라와 백성의 살림은 그 즉시 결판이 나버릴 것이기 때문이었다. 결국 군주를 제대로 보필하고 나라와 백성을 인의로 다스리기 위해서는 군주의 권한을 다소 견제, 축소시키더라도 신하의 권한을 강화해야 한다는 것이 정도전의 생각이었다. 말하자면 개인의 역량보다 시스템의 기능에 초점을 맞춘 개혁을 시도하게 된 것이었다. 정도전은 신세계의 이상향을 군주의 권력이 균형 있게 견제되는 신권臣權의 세계로 바라보았다.

정도전의 이러한 발상은 입헌군주제를 연상케 하는 놀라운 발상이다. 입헌군주제는 절대군주제에 비해 왕권이 확연히 축소되는 정치 형태다. 군주의 권한을 일부 축소하면서 신료들의 권한을 강화함으로써 조정의 정치가 군주 개인에 의해 좌지우지되지 않도록 하자는 것이 정도전의 생각이었다. 물론 앞에서 명나라 건국에서도 살펴보았지만 제국을 건설하고 나면 군주가 자신과 같은 두뇌 집단을 언젠가는 토사구팽할지 모른다는 의심도 갖고 있었을 것이다.

명 태조는 의심이 많은 인물이었다. 1380년, 개국공신이던 승상 호유용이 역모를 꾀했다 하여 처형했다. 이어서 1384년에는 역시 개국공신인 이문충이 독살당했고, 다음 해에는 강남 평정과 북벌 통일의 전쟁에서 큰 공을 세운 노장 서달을 독살했다. 드디어 1390년에는 명 태조의 책사 이선장 등 1만 5천 명이 호유용 역모에 연루된 혐의를 다시 받아 처형되고, 1393년에는 남옥이 호유용처럼 사실 여부가 의심스러운 역모 혐의를 받고 2만 여 명의 연루자들과 함께 처형되었다.

주원장이 황제가 된 후 자신을 지지해 황제로 추대한 두 세력들을 모두 무력으로 제거해 숙청하고 말았다는 소식은 그에게 큰 걱정거리였을 법하다. 정도전으로서는 이른바 토사구팽이 되고 만 이선장의 전철을 밟고 싶지 않은 것이 솔직한 마음이었다. 이에 왕조 건설 이후 정도전의 속내는 새 왕조의 군주, 즉 이성계에게는 전권을 절대 주지 않겠다는 것이었다. 그리고 정도전은 제도의 정비를 시작하면서 군주의 권한을 대폭 축소하는 작업을 시작하게 된다.

정도전의 또 하나의 작품은 종교개혁이었다. 고려 왕조 치하에서 불교의 폐해를 몸소 겪었던 정도전은 불교의 사상적 지배 체제를 붕괴시켜야 한다고 생각했다. 고려의 귀족층만큼 특권을 누린 집단이 승려였다. 고려 후기에는 승려의 폐해가 극에 달했다. 사원에 대해서는 면세가 주어졌고 승려는 병역의 의무도 해제되었다. 널리 이름을 얻은 승려들은 정치와 왕실에 깊숙이 관여할 정도로 권력과 가까웠다. 승려가 되면 재물과 명성도 함께 얻을 수 있었기에 고려 귀족들이 앞 다투어 자제를 승려로 만드는 기현상도 벌어졌다. 이런 특전을 바탕으로 귀족과 승려가 한데 엉켜 특권층을 양산하고 있었다.

결국 이런 일들이 하부계급의 불만을 낳게 했고, 고려 사회의 해체를 촉진시키는 계기가 되었다. 불교의 폐해를 토로하고 공세적으로 이를 비판함으로써 민심을 얻어냈다.

그가 남긴 《불씨잡변佛氏雜辨》에는 이런 구절이 있다.

> 과연 불씨(부처)의 설과 같다면 사람의 화복과 질병이 음양오행과 관계없이 모두 인과보응에서 나오는 것이 되는데, 어찌하여 우리 유가의 음양오행을 버리고 불씨의 인과보응설을 가지고 사람의 화복을 정하고 사람의 질병을 진료하는 사람이 한 사람도 없느냐? 불씨의 설이 황당하고 오류에 가득 차 족히 믿을 수 없음이 이와 같거늘, 그대는 아직도 그 설에 미혹되려는가?

정도전은 이 글을 통해 불교 전파를 사실상 금지하는 조치를 실행에 옮겼다. 이와 함께 유학을 바탕으로 한 성리학을 전파하는 데 힘썼다. 그는 성리학이야말로 실학이라고 주장하면서 혹세무민하는 불교의 교리에 동조하지 말 것을 강조하기도 했다. 그야말로 왕조만 개혁하는 것이 아니라 고려 왕조의 사상 철학이었던 불교를 배척함으로써 백성들의 종교개혁까지 강권적으로 유도하여 바탕을 바꾸어버리려고 대담하게 시도한 것이다.

이 때문에 고려조의 충신과 승려들로부터 엄청난 반발을 불렀으나 정도전은 한 번 뜻을 정하면 물러서지 않는 기질로 이를 관철해내고 말았다.

한편 그는 변화하지 않으려는 개경의 구습세력과 보수적인 신료들을 상대로 전광석화처럼 개혁을 밀어붙이고 한양 천도를 단행했다. 개혁은 빨리 해치우지 않으면 반발을 사고 반대세력이 들고 일어날 시간을 벌어주게 된다는 것이 정도전의 철학이었다.

정도전이 이처럼 새로운 정계 질서를 유도하고 종교개혁을 실천하며 시대적 분위기를 한 번에 개혁할 수 있었던 것은 그만큼 그에게 권력이 집중되어 있었다는 사실과 함께 이를 이성계가 철저히 뒷받침해 주었다는 것을 반증한다. 그는 조선 개국 1등 공신으로 봉해졌고, 문화시랑·찬성사·판의흥삼군부사 등의 온갖 요직을 겸직함으로써 군주와 버금갈 정도의 권한을 가진 실력자가 되었다. 이성계의 전적인 신뢰로 인해 두 사람은 군주와 신하 이상의 튼튼한 동지가 되었다.

정도전에 대해 실록은 그의 품성에 혈통까지 들먹이며 비판적인 논조를 보였지만 정작 이성계는 그를 생전에 엄청나게 사랑하고 아꼈던 것이 분명하다. 1395년 태조 4년 정월에 정도전과 정총이 《고려사》를 편찬하여 바쳤다. 전前 왕조의 역사를 곧바로 정리, 편찬한 것은 새 왕조의 출현에 대한 이론적 바탕을 정립하기 위한 것이기도 했다. 이 책임자가 정도전이었다는 사실은 이성계의 책사이자 참모로서 정도전의 역할이 어땠는지, 태조의 신뢰가 얼마나 컸는지를 보여주고 있다.

37권이나 되는 방대한 분량의 《고려사》를 보고 태조는 기뻐서 그에게 직접 교서를 내렸다.

"내가 즉위할 당초부터 경에게 적당히 쓰일 학문이 있는 것을 알고 보필하는 정승의 자리에 앉히고, 또 국사國史를 편찬하는 관직까지 겸하게 하였더니, 과연 정치를 잘하는 여가에 훌륭한 역사책을 만들었다."

정도전은 이 일로 백금과 말 한 필, 비단 등을 선물로 받았다. 이런 신뢰를 바탕으로 그는 조선 초기의 정재계에 막강한 영향력을 행사하였는데, 그가 이룬 업적은 실로 놀랄 만한 것이었다.

개국 후에 조선의 제도 변혁은 모두 정도전이 했다고 해도 과언이

경복궁 전경 정도전은 경복궁을 비롯한 주요 건축물과 시설, 서울의 사대문 등의 이름과 위치를 결정했다.

아닐 정도로 많았다. 물론 그 혼자 한 일은 아니었으나 그가 주도적으로 행하고 기획함으로써 조선의 정치 질서가 실제로 정도전이 짜놓은 그림의 큰 틀 아래 모두 그대로 실행되었다고 해도 과언이 아니었다.

정도전은 1394년(태조 3) 한양 천도 때 궁궐과 종묘의 위치 및 도성의 기지를 결정하고 궁궐과 문의 모든 칭호를 정했을 정도로 창조적·전략적 기획가로서 이름을 날렸다. 한마디로 신의 손, 창조의 손이었다.

같은 해 10월, 서울을 한양으로 옮길 때에 정도전은 새로 지은 궁전과 누각에 이름을 직접 붙였는데 경복궁景福宮, 사정전思政殿, 근정전勤政殿 등이 그것이다. 이외에도 남대문은 숭례문崇禮門, 동대문은 흥인문興仁門, 서대문은 돈의문敦義門, 북대문은 숙청문肅淸門이라 이름 붙인 것도 그였다. 유학의 경전에서 한 구절을 가져와 '경복궁'이라는 이름을 지었으며, 궁의 각 건물의 이름을 손수 지었고 팔도와 다른 나라의 사람까지 오고가는 성곽의 사대문의 이름까지 지은 것이다. 사대문은 유학의 덕목인 '인, 의, 예, 지, 신'을 따랐다. 정도전은 조선의 제도와 정책을 만들 때에도 유교의 원리를 따르기 위해 하늘에 제사를 지내는 사직단과 임금의 위패를 모신 사당의 위치를 정하고, 임금이 머무르는 궁의 모습을 설계하는 것에 일일이 신경 썼다.

이처럼 조선 창업 당시에 크고 작은 모든 사업에서 이름을 붙이고 구획을 정하며 규범을 세우는 모든 일들을 정도전이 직접 해냈으니 그야말로 오늘날의 시각으로 보자면 '신의 손'이라는 별명이 붙을 만하지 않은가?

독주하는 성격이 화를 부르다
——

이처럼 뛰어난 정도전에게도 서서히 약점이 드러났다. 그는 초심을 잃고 독주獨走하고 경쟁했다. 독주하는 성격 덕분에 거침없이 혁명을 성공시키기도 했지만 그로 인해 여러 가지 어려움도 겪었다.

그가 여말선초의 과도적 격변기에 대단히 출중했던 인물이었던 것은 의심할 필요도 없을 것이다. 실력으로 봐서는 비슷한 또래의 개혁적 정치인들 가운데 군계일학이었다. 하지만 전술한 것처럼 여러 무리 중에 있으면 반드시 눈에 띄는 인물이기도 했다.

앞서 말했듯 정도전은 이색에게서 학문을 배웠고 정몽주, 이숭인과는 우정을 쌓으며 학문을 논하던 사이였다. 그러나 그의 반골적인 기질이 그들과 합류하는 것을 막아버렸으며 후일 오히려 반목, 대립하는 경쟁자가 되어버리게 했다는 것이 그에 대한 역사의 기록이다.

이처럼 정도전이 반골적이었다는 내용은 《태조실록》 〈정도전 졸기〉에 이렇게 기록되어 있다.

> (그는) 도량이 좁고 시기가 많았으며, 또한 겁이 많아서 반드시 자기보다 나은 사람들을 해쳐서 그 묵은 감정을 보복하고자 하여, 매양 임금에게 사람을 죽여 위엄을 세우기를 권고하였으나, 임금은 모두 듣지 않았다.

이 실록을 쓴 사관으로서는 현 정권에서 낙인찍은 인물을 좋게 평가하기 어려웠을 것이다. 그래서 정도전이 이색을 스승으로 섬기고, 정몽주와 이숭인과 친밀한 친구가 되어 우정이 깊었는데, 후에 조준과 교제하고자 하여 세 사람을 참소하고 헐뜯어 원수가 되었다고 구체적으로 비판할 정도다. 정도전의 인생 자체를 아예 시기 질투나 하는 소인배 정도로 취급해버리려는 실록 기자記者의 의도적 폄하와 왜곡이 극명하게 드러나 보인다.

그렇지만 정도전의 열정과 경쟁적 성격 때문에 주변에서 튀는 인물로 견제를 받아온 것도 사실이다. 정도전에 대한 견제는 그가 정치에 발을 들여놓으면서 곧바로 시작되었다. 유난히 튀는 정치적 적수에게 경쟁자들이 인자할 필요는 없는 법이다. 이른바 혈통 문제가 거론되기 시작하면서, 고려 말 당시 두각을 나타내던 인물들 가운데 정도전의 출신이 가장 한미하다는 비판이 나왔다. 보잘것없는 정도가 아니라 이상한 핏줄이 섞여 있다는 인신공격성 비난도 등장했다.

1362년(공민왕 11) 정도전이 진사시에 합격했을 때 대간에서 고신(직첩)을 거부했다. 그의 모친이 신분이 낮다는 이유에서였다. 정도전의 모친은 단양 우씨로, 고려 때 시중을 지낸 명문 정치가 우현보의 집안인 것으로 알려졌는데 사실은 모친의 외가 쪽에 천인의 피가 섞여 있다는 것이었다. 이 사실을 우현보의 아들이 세상에 알리면서 정도전은 같이 공부하던 동문들과 권문세가의 신진사대부들에게서 따돌림을 받았다. 이 일은 정도전을 꽤 힘들게 했다. 그래서 우현보와 관련된 일화에는 언제나 정도전이 등장한다.

우현보는 고려의 최고 성리학자로 칭송받던 우탁禹倬의 후손이다. 그는 다섯 아들을 모두 급제시켜 명문가로 이름을 날렸지만 정도전이 내친 정몽주가 선죽교에서 피살되자 의리 때문에 그의 시신을 수습해주었다가 멸문지화에 가까운 피해를 입었다. 우현보는 귀양을 가게 되었고 네 아들은 참살되거나 장에 맞아 죽었다. 이 일을 두고 정도전이 복수했다는 추측이 파다했고, 그가 실제 우씨 형제들의 참살에 관여한 흔적도 있다. 정도전이 51세가 되던 1392년 8월 23일, 손흥종孫興宗, 황거정黃居正 등을 시켜서 이색의 둘째 아들인 이종학李種學, 우현보의 아들인 우홍수禹洪壽·우홍명禹洪命·우홍득禹洪得, 그리고 최을의崔乙義·이숭인·김진양金震陽·이확李擴 등 8인을 곤장 100대를 때려서 죽이도록 한 배후 인물이라는 설이 파다했다.

이 사건과 연루된 자들은 모두 정도전을 원수로 여겼다. 게다가 독주하는 정도전을 싫어하는 견제세력과 정적들이 조정 안에 점점 늘어나고 있었다.

잘 나가던 정도전의 입지에 먹구름이 끼기 시작했다. 1396년, 명 태조 주원장은 조선에서 보낸 외교 문서를 트집 잡아 그 문서를 작성한 사람이 정도전이라고 지목해 명나라로 그를 압송하도록 강요했다. 이른바 표전문 사건이 발생한 것이다(조선 초기에 명나라에 가던 외교문서는 황제에게 보내는 표문表文과 황태자에게 보내는 전문箋文 두 종류가 있었다). 명나라는 여진족의 송환 문제 등 양국의 다섯 가지 문제를 해결하는 데 조선이 명나라의 요구에 따르지 않고 소극적인 태도를 취한 게 마음에 들지 않았다. 이에 조선의 실권자인 정도전을 강제로 압송하여 그를 볼모로 잡아두고 조선 지도부를 협박하려는 정치적 속셈을 품고 있었다.

표전문에 명나라를 모욕하는 내용이 들어 있다는 것이 사건의 전모인데, 사실 이 표전문은 정탁鄭擢이 썼다. 그런데 왜 명나라는 정도전을 지목했을까?

앞서 이야기한 것처럼 명나라는 정도전이 권력의 핵심인 줄 알고 있었기 때문에 조선을 정치적으로 압박하기 위해 그의 송환을 요구했다. 당시 권력 투쟁에서 정도전과 반대 입장에 있던 하륜에게 이 표전문 사건은 좋은 빌미였다. 그는 정도전을 제거하기 위해 송환을 적극 주장했다. 이성계는 당시 명나라의 굴욕적인 외교 협박에 정도전을 앞세워 요동 정벌을 계획할 만큼 서로 불편한 관계에 이르기도 했다. 결국 명나라 송환 문제는 조준 등의 반대로 무산되었지만 정도전에게는 정치적 타격을 입는 계기가 되었다.

한편 정도전이 이런저런 구설수에 오른 다른 이유 가운데 하나는 그가 전제 개혁을 단행했기 때문이었다. 조세와 국고는 밀접한 관련이 있는 법이다. 하지만 모든 사람을 만족시키기란 정말 어려운 일이다.

정도전은 전제 개혁을 관장하는 부서에 있었기에 신흥 귀족들은 물론, 혁명 당사자들이 가득한 조정 안에서 미운털이 박히는 불운을 겪기 시작했다.

개국 초기 그의 개혁은 세인의 관심을 모으기에 충분했다. 신료의 권한을 강화하고 토지를 정부가 직접 관장하고 배분하는 토지 공公 개념, 군주의 권한을 일부 축소하는 분권론 등은 기존의 정치를 완전히 바꾸어놓을 만큼 대단히 중요한 전환점을 만들어냈다. 하지만 이 때문에 그의 동지들에게 미움 받는 계기를 제공하기도 했다. 후일 정도전은 신권 강화 제도를 정비하면서, 이방원 등 왕권 강화주의자들의 심한 반발을 사게 되었다.

달이 차면 기우는 것이 세상의 이치가 아니던가. 이성계의 신뢰도 정도전을 계속 권좌에 붙잡아두지는 못했다. 정도전의 독주, 그의 빼어난 실력에 대한 견제와 시기, 질투가 계속되면서 이성계의 아들들 사이에서 벌어진 제1, 2차 왕자의 난에 정도전과 그의 반대파들이 휘말리게 된 것이다.

정도전의 반대파인 이방원 일파는 앞서 본 표전문 사건을 정도전을 축출할 수 있는 기회로 삼았다. 이방원과 하륜 등은 명나라와 조선의 관계가 악화되는 것은 옳지 않다고 보았고, 그들의 책모로 결국 정도전을 명나라로 보내자고 조정의 여론을 조장하면서 정도전은 잠시 주춤한 상태로 견제당하고 있었다.

표전문으로 명나라 군주를 격노케 한 일의 근원은 정도전이었지만, 그는 한사코 명나라 입국을 거부했다. 오히려 이방원 일파를 숙청하려고 했고, 때 아닌 요동 정벌을 주장하면서 조정 여론이 찬반으로 크게 갈렸다. 명 태조는 전쟁도 불사할 정도로 격노했다. 정도전 대신 사신들이 몇 번을 명나라에 가서 사과하고 변명했음에도 일은 제대로 풀리지 않았다.

정도전의 패착은 여기서 시작되었다. 왜 그는 명나라에 입국하지 않은 것일까? 이에 대해 역사학자들의 의견이 분분하지만, 정도전이 명나라에 갔다가 돌아오지 못할 것이라는 두려움을 갖고 있었던 것은 사실이었다. 그리고 조준 등이 요동 정벌을 반대하면서 정도전의 입지가 좁아졌다. 게다가 정도전 대신 명나라에 가기를 자청하여 목숨을 걸고 변명하고 돌아온 권근을 죽이자고 문제 제기한 것은 지나친 일이라고 생각한다.

태조는 정도전의 요청을 묵살하고 조준의 손을 들어주었다. 개국의 일등공신으로서 태조의 최고 책사인 그의 자부심이 도리어 자신에게 죽음의 부메랑이 되어 돌아오고 있었다.

제1차 왕자의 난은 집권 이후 다소 긴장이 풀어진 정도전 일파를 제거하기 위해 반대파가 벌인 숙청 사건이었다. 그러므로 제1차 왕자의 난은 단순히 세자 자리를 차지하기 위한 형제간의 다툼으로 보는 것은 옳지 않다. 이 사건은 왕자들을 앞세운 혁명 실권자끼리 벌인 치열한 세력 다툼의 결과였다.

태조의 첫째 부인이자 정비인 신의왕후 한씨는 조선 건국 전인 1391년에 55세 나이로 사망했는데 그녀와 이성계 사이에는 장성한 아들 6명(방우, 방과, 방의, 방간, 방원, 방연)이 있었다. 이 가운데 이방원이 가장 정치적 힘이 강했다. 한편 태조와 계비인 신덕왕후 강씨 사이에서도 방번과 방석이 태어났다. 태조는 조선 건국 한 달 후인 8월 20일, 11세

방석을 세자로 책봉시키는데, 여기에 정도전이 개입했을 확률이 크다.

선조 때 문신인 이정형이 쓴 《동각잡기東閣雜記》에서 당시의 일을 자세히 전한다.

신덕왕후 강씨가 방번과 방석과 공주를 낳았는데, 공주는 이제에게 시집갔다. 태조가 일찍이 배극렴과 조준 등을 내전으로 불러 세자 세울 것을 의논하였는데, 극렴 등이 말하기를, "시국이 평탄하면 적장嫡長을 세우고, 세상이 어지러우면 공 있는 이를 앞세워야 하는 것입니다" 하니, 강씨가 가만히 듣고 있다가 울었는데 그 우는 소리가 밖까지 들렸으므로, 드디어 파하고 나왔다.

다른 날에 또 극렴 등을 불러 의논하였는데, 다시는 적장이니 공이니 하는 말을 하는 사람이 없었다. 배극렴과 조준이 물러나와 의논하기를, "강씨가 반드시 자기의 소생을 세우려고 하는데 방번은 광패狂悖하고 그 동생이 조금 낫다" 하여 드디어 방석을 세자로 할 것을 청하므로 정도전과 남은 등이 방석에게 붙으며 여러 왕자를 꺼려 제거하려고 모의하여 비밀스럽게 임금에게 아뢰되, 모든 황자를 지방의 왕으로 봉하는 중국 예에 의하여 왕자를 각 도에 나누어 보내기를 청하였다. 태조가 이에 따라 태종에게 이르기를, "외간外間의 의논을 너희들이 모르면 안 될 것이니, 마땅히 모든 형들에게 말하여 조심하도록 하라" 하였다.

이 기록은 당시 태조가 정도전으로부터 이방원과 다른 형제들을 구하려고 했던 것을 보여준다. 반면 정도전은 태조의 생각과 달리 다음 보위에 연약한 군주를 세워 신하들의 권한을 강화시키고 군주를 적당히 견제하고 싶었을 것이다. 그러나 방석의 세자 책봉은 조선 왕실의 형제 살인이라는 비극을 잉태하고 말았다. 이 살인은 한씨 소생의 아들들이 뭉치고 이방원이 앞섰다.

1398년(태조 7) 8월 26일에 이방원 일파의 하륜과 이숙번李叔蕃이 동원한 군사들의 갑작스런 습격을 받고 정도전은 아무런 저항도 하지 못한 채 자신의 집에서 붙잡혀 무참히 죽었다. 그때 정도전의 나이 57세였다. 실록에서는 당시 상황을 이렇게 전한다.

> 정도전은 칼을 던지고 문 밖에 나와 말했다.
> "제발 죽이지 마시오. 한마디만 하고 죽겠습니다."
> 소근小斤 등이 끌어내어 정안군靖安君(태종)의 말 앞으로 갔다. 그리고 정도전이 다시 말했다.
> "예전에 공이 나를 살린 적이 있었으니, 이번에도 살려주소서."
> 정안군이 대답했다.
> "네가 조선의 봉화백奉化伯이 되었음에도 만족하지 못한단 말이냐? 어떻게 이다지도 악한 짓을 한단 말이냐?"
> 이어 그의 목을 치게 했다.

봉화백은 당대 최고의 영예로운 자리로, 신하로서는 더 이상 올라설 수 없는 명예직이었다. 그러나 역사의 승자들이 기록한 이 글을 어디까지 믿어야 할지는 알 수 없다. 정도전의 죽음을 이방원이 기획했다면, 이 기록은 사실 조작된 것으로 의심해봐야 한다.

이정형은 《동각잡기》에서 정도전과 그의 추종 세력의 최후를 이렇게 전한다.

> 태종이 무사를 거느리고 정도전 등을 찾으니, 이직李稷과 더불어 바야흐로 남은의 첩의 집에 모여 등불을 밝히고 즐겁게 웃고 있었으며, 따라간 사람들은 모두 졸고 있었다. 이숙번이 일부러 화살을 쏘아 지붕 기왓장 위에 떨어뜨리게 하고 불을 지르니, 도전이 달아나 그 이웃에 있는 판봉상判奉常 민부閔富의 집에 숨었다. 민부가 소리지르기를, "배가 불룩한 자가 우리집에 들어왔다" 하였다. 군인들이 들어가 수색하자 도전이 엉금엉금 칼을 잡고 기어 나와 그를 잡아 태종의 앞에 끌고 갔다. 도전이 우러러 보고 말했다.
> "만약 저를 살려주시면 마땅히 힘을 다하여 보좌하겠습니다."
> 태종이 말했다.
> "너는 이미 왕씨를 저버렸다. 또다시 이씨를 저버리려 하느냐."
> 즉시 그를 베고, 그 아들 유游와 영泳도 죽임을 당하였다. 남은은 몰래 도망하여 미륵원彌勒院의 포막圃幕에 숨어 있었는데 추격하던 군사가 죽였다.

태조 이성계는 다음 날 정종에게 양위했다. 자식들이 서로 죽이고 죽는 처참한 살육에 나선 모습을 보며 자신이 건국 과정에서 해친 왕씨 친족들의 모습을 떠올렸을지도 모를 일이다.

정도전의 개혁은 이로써 좌초하고 말았다. 그가 남겼다는 시는 혁명의 대업을 끝까지 완수하지 못한 자신의 회한이 담겨 있다.

양조에 한결 같은 마음으로 공력을 다 기울여

서책에 담긴 성현의 참 교훈을 저버리지 않고 떳떳이 살아 왔소.

30년 긴 세월 온갖 고난 다 겪으면서 쉬지 않고 이룩한 공업

송현방 정자에서 한 잔 술 나누는 새 다 허사가 되었구나.

　정도전이 10년 더 정치 전면에 나섰다면 조선의 정치는 사뭇 달라졌을 것이다. 조선의 새 왕조가 고려 왕조의 전철을 답습하지 않고 새로운 정치 체제로 갈 수 있었던 중요한 시점이 왕자의 난으로 무참히 사라져버린 것이다.

정도전, 뛰어난 기획자이자 실천적 개혁가
——

정도전은 여말선초에 이성계를 권력의 정상으로 올려놓기까지 이를 제지하려는 권문세가들의 견제와 친원주의자들의 신랄한 비판과 위협을 몸으로 막아내며 군주를 보필한 '창업주의 진정한 참모상'을 보여주었다. 후일 500년 동안 이어진 조선의 역대 왕조는 정도전을 의도적으로 폄하했다. 조선 관료들의 평가는 인색하기 그지없었지만, 그의 업적을 재평가하는 사람들도 있었다. 한 예로 신숙주申叔舟는 정도전의 증손인 정문형鄭文炯이 편찬한 《삼봉집三峯集》에 정도전에 대한 서문을 붙여 그를 추억했다.

　개국 초기 무릇 큰 정책에 있어서는 다 선생이 찬정撰定한 것으로서

　당시 영웅호걸이 일시에 일어나 구름이 용을 따르듯 하였으나 선생

과 더불어 견줄 자가 없었다. 비록 종말의 차질은 있었다 할지라도 공에 견주어 허물이 족히 덮일 수 있었겠지만 역시 운수소관運數所關으로서 옛날 호걸들이 벗어나지 못한 것과 같은 이치일까?

나의 동년同年(과거에 함께 급제한 사람) 경상도 관찰사 정군鄭君은 선생의 증손이 되는데, 일찍이 선생이 끝까지 복을 누리지 못한 것을 원통히 여겨 무릇 선업先業을 계술繼述하고 조상의 허물을 덮을 수 있는 것이라면 그 힘을 다하지 않은 바가 없었으며, 또 지금 선생의 시문詩文, 잡저雜著를 찬집撰集하여 장차 판각에 붙일 양으로 서간을 보내어 나에게 서문을 명한 것이다.

그밖에 1791년(정조 15)에는 정조의 명으로 《삼봉집》에 빠진 글들을 수집하고, 편차를 재구성한 수정 《삼봉집》을 간행했으며, 고종 2년에

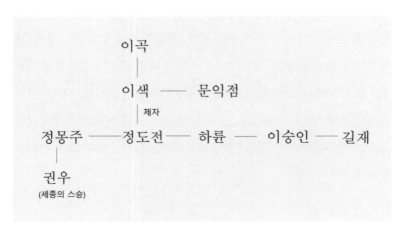

정도전의 인물 관계도 정도전은 이색에게서 학문을 배웠다. 이색에게 수학한 정몽주, 하륜과 이숭인과는 친분을 쌓았으나 이후 정치적 노선에 따라 대립하게 되었다.

는 흥선대원군이 경복궁을 중건하면서 대왕대비의 명으로 한양의 설계자인 정도전의 훈작勳爵을 회복시켜주고, 시호를 내려주도록 전교했다. 거의 500년 만에 그의 업적은 재평가받게 된 것이다.

정도전은 이성계에게 낡아빠진 고려 왕조를 무너뜨리고 새 왕조를 건설하는 것이 역성혁명이나 반역이 아니고, 어진 군주를 중심으로 백성을 도탄에서 살리고 편하게 해줄 수 있는 신세계를 건설하는 길이라는 명분을 제공해주었다. 물론 이성계 역시 정도전의 경륜과 인물됨을 알아볼 수 있는 눈이 있었기 때문에 백수에 불과하던 그를 정상의 권좌로 밀어 올려줄 수 있었을 것이다.

그는 군주 이성계를 도와 새 왕조를 건국하고 나라의 기틀을 직접 마련한 대단한 인물이었다. 그는 난세에 태어났으나 온갖 어려움을 극복하고 일어선 엘리트 지식인이자 뛰어난 기획자이며 실천적 개혁가였다. 학문적 깊이, 국제정세를 보는 눈, 개혁 성향의 과감한 추진력 등 그는 여말선초 과도기에 가장 탁월한 실력을 가진 전략가였다고 평가할 수 있다.

태종 이방원도 그를 미워하면서도 그의 능력을 누구보다 인정했기에 정도전을 죽였음에도 그의 아들 정진鄭津을 곧 중용했다. 정도전의 세 아들은 정변 당시 죽었지만 맏아들 정진은 태종의 배려를 받았다. 1398년 중추원부사로 있을 때에 제1차 왕자의 난이 일어나 그의 아버지 정도전이 주살되자, 지방에 있던 그는 삭직당하여 전라도 수군으로 쫓겨났다가 1407년(태종 7) 다시 판나주목사로 기용되고, 세종 때 충청도관찰사가 되었으며 1425년 형조판서가 되어 아버지 정도전의 한을 다소나마 풀게 되었다.

02

—

빼어난 안목으로
군주를 보필하다
: 하륜

—

태종의 열정을 보듬은
순종의 아이콘

군주는 참모를 선택하지만 참모는 군주를 업고 자신의 경륜을 펼친다. 태종 이방원과 하륜은 평생 같은 길을 걸으며 정치적 생사를 함께했다. 아침저녁으로 변하는 정치적 격변기에 그들은 진정한 동지로서 활약했다. 하륜이 급변하던 정치 상황에서 아직 미래가 불확실하던 이방원을 군주로 선택한 점은 우리를 놀라게 하는 경이로운 처세술이다. 그는 보이지 않는 세상을 그리고, 현실의 불안을 미래의 가치로 만들 줄 아는 긍정성으로 태종을 끝없이 지도하며 그를 조선 최고 권력자로 올려주었다.

하륜이 활약하던 불확실성의 시대, 여말선초에는 쟁쟁한 인물들이 즐비했다. 난세에 영웅이 난다고 하지 않는가. 이곡 밑에서 이색과 문익점이 나왔고 정몽주鄭夢周, 정도전, 하륜, 권근이 나왔으며, 권근의 조카 이숭인李崇仁과 이존오李存吾, 조준 등도 이름을 낸 당대 최고의 신지식인들이었다. 이들 밑에도 황희, 맹사성이 뒤를 잇고 있었다.

백가쟁명의 시대에서 이방원은 이중 유독 하륜을 아꼈고 그와 한 배를 탔다. 역사적으로 보면 하륜은 사실 왕자의 난에도 깊숙이 관여하지 않았던 인물이고 군사적으로 이방원을 도왔던 것도 아닌데 어떻게 이 두 사람이 한 배에 타게 된 것일까? 이방원은 왜 목숨을 걸고 자신을 도왔던 이숙번을 내치고 원외자였던 하륜을 동지로 삼은 것일까? 하륜의 정치적 입신에 대한 역사적 사실들을 추적하다보면 그 답이 보인다.

태종, 침식조차 잊고 슬퍼하다

1416년(태종 16) 11월 6일, 찬바람이 몹시 불던 날, 조정에 비보가 전해 졌다.

"전하, 진산부원군 하륜이 정평 땅에서 세상을 떠났사옵니다."

태종은 순간 자신의 귀를 의심했다. 늙고 힘이 없어서 사직한다고 청을 올렸던 하륜을 설득하여 제왕들의 능을 돌아보고 오도록 지시한 것은 태종 자신이었다. 그해 10월 2일, 연로한 대신을 내보내는 게 안 쓰러워 태종은 성문 밖까지 나가 하륜에게 겨울 옷 한 벌과 기타 여러 선물을 주며 잘 다녀오라고 전송까지 했다. 그런데 하륜이 길을 떠난 지 얼마 되지 않아 함경남도 정평에서 턱 위에 종기가 크게 생겨 궁중의를 두 번이나 보냈음에도 차도 없이 그만 순직하고 만 것이었다.

정평은 태종에게 중요한 땅이었다. 원래 여진의 영역이었다가 고려 때 쟁탈전이 벌어졌고, 983년 고려가 천정만호부를 세운 북방 변경 방 위의 요충지이자 천리장성의 일부였다. 태종은 평안도의 정주와 구별 하기 위해서 이 땅을 정평이라고 개칭했다. 그 멀고 먼 땅에 제왕들의 봉분을 살펴보러 갔다가 불귀의 객이 된 하륜의 부음訃音을 들은 태종 은 심히 슬퍼하여 눈물을 흘리고 3일 동안 조회를 폐하고 7일 동안 고 기 든 음식을 먹지 않고 깊이 상심하며 자신의 탓이라고 스스로 원망 했다.

"이제부터 조정의 대사를 염려함에 얼굴색이 변하지 않으며 나라를 반석에 올려놓을 인물을 어디서 바라겠는가?"

이처럼 태종이 의지하던 하륜은 임금에게 과연 어떤 존재였을까?

태종은 무척 침착한 편이면서도 때론 성질이 급했다. 천하에 사람 좋기로 이름 날린 맹사성조차 태종 앞에서 얼굴을 붉히며 항변하다가 장 100대의 벌을 받을 정도였다. 그러나 하륜은 조정의 대사를 의논할 때 임금 앞에서 자신의 주장을 펼치면서도 조금도 안색이 변하지 않을 정도로 예의범절을 지켰으며 충언을 아끼지 않았다.

한 고조 유방劉邦에게 장량張良이나 한신韓信이 유능한 책사였던 것처럼 태종 이방원에게는 하륜도 그 이상의 참모였다. 하륜은 스스로 군주가 될 재목이라고 판단한 이방원을 주군으로 선택하고, 그의 정치 생명을 걸었다. 그리고 숱한 어려움을 뚫고 그를 왕으로 등극시켰다. 이방원의 재목을 보고 그가 조선의 미래를 짊어질 왕의 재목이 될 것임을 알아낸 안목도 대단하지만 자신의 믿음을 현실이 되도록 밀어붙인 그의 의지 또한 대단하여 태종은 어느 신료보다도 하륜을 아끼고 신뢰했다. 무려 20년의 나이차였음에도, 젊은 이방원은 하륜을 평생 동지로 여기고 자신의 속내를 드러낼 수 있는 맏형과 같은 사람이었다.

하륜이 이방원을 공식적으로 처음 만난 것은 공교롭게도 이방원의 혼례장에서였다. 그는 고려와 조선의 조정을 다 섬겼던 문신으로 주로 정치와 문학에 깊은 관심을 보였다. 그러나 이방원을 만날 시점에는 막상 정상에 올라서지는 못하고 주변을 맴도는 아웃사이더 같은 존재였다. 여말선초의 격변기에 깊은 학식과 경륜, 세상을 보는 탁월한 안목과 천기를 읽는 능력으로 주목을 받았던 인물이었지만 워낙 쟁쟁한 인물도 많은 데다 시대적 상황이 그를 견제하고 있었던 것이다.

1365년(공민왕 14) 불과 19세에 문과에 급제하여 조정에 들어간 그는 곧 감찰규정監察糾正이 되었는데 과거엔 감찰어사로 불리던 자리의 종

6품 벼슬이었다. 하륜은 이 자리에서 곧 한 단계 승진하여 고공좌랑考功佐郎에 올랐으며 다시 밀직사첨서사密直司簽書事로 올라섰다. 고공좌랑은 정 6품으로 문관의 인사를 책임지던 부서였고, 밀직사의 첨서사 자리는 종 2품으로 왕명의 지밀한 출납과 궁중의 숙위, 군기를 관리하던 요직이었다.

하륜은 현대식으로 말하자면 고시를 통과해 정부부처 감사 출신으로 들어가 인사담당 책임자를 거쳐 청와대 비서실의 수석 보좌관으로 일한 엘리트 관료였다. 물론 그 자리에 올라서기까지 쉬운 과정을 거친 것은 아니었다. 승진과 파면을 오갔기 때문에 그는 그 누구보다 고려 왕실과 정부의 무능과 부패를 속속들이 몸으로 체험하고 있었다. 뿌리 깊은 족벌체제, 귀족 중심의 고려 왕조에서 하륜이 정치적 승기를 잡는 것은 결코 쉽지 않았다.

하륜은 자신이 과연 고려 왕조와 운명을 같이해야 하는지 깊은 회의를 갖고 고려왕조의 운명과 고려 열왕들의 운세를 주의 깊게 살펴보고 있었다.

그는 이 방면에는 일찍부터 남다른 지식을 갖추고 있었다. 고려 말과 조선 초 도참연구의 3대 대가로서 조선 초 영의정까지 올랐던 권중화權仲和와 자초라고 불리던 무학대사, 그리고 하륜을 흔히 일컫는데, 권중화와 하륜은 문관이었고 자초는 승려였다. 이들은 거의 같은 시대를 살며 천문학과 음양오행 연구에 깊이 천착했고 그 방면에 남다른 식견을 갖고 있어서, 세상을 살피고 사람의 행실과 미래를 읽는 특별한 눈을 갖게 되면서 세간의 주목을 받았다.

이 가운데서도 하륜은 현직 관료로서 특히 사람 보는 눈이 정확하고 일의 흉하고 길함을 잘 살펴서 조정 안에서 이름을 날렸다고 전한다.

하륜과 이방원의 첫 만남

하륜은 언제 이방원을 자신의 군주로 삼게 되었으며 그 이유는 무엇일까?

1382년, 하륜이 35세가 되던 해였다. 어느 덧 고려 조정의 중신으로 올라선 그였지만 남다른 고민이 있었으니 그것은 고려가 곧 망하고 말 것이라는 사실이었다. 시운을 내다보는 그에게 이것은 울화병이 날 정도로 큰 고민이었다.

"이 나라가 곧 엎어질 터인데 내 몸을 누구에게 기탁하리오? 돌아보아도 인물이 없고 둘러보아도 의지할 데가 없도다."

그는 밥을 먹어도 배부르지 않았고 잠을 자도 자는 것이 아니었다. 다음 세대를 이어갈, 새로운 제국의 탄생이 임박한 것은 분명한데 자신은 새로운 세력의 어느 누구와도 연이 닿지 않아 미래가 영 불투명하다고 느끼고 있던 참이었다.

그렇게 앞날을 탄식하던 그에게 한 가지 반가운 소식이 들려왔다. 그 해에 동북면 도지휘사가 된 이성계가 다섯 째 아들 방원을 장가보낸다는 소식이었다. 혼례 상대는 당시 대제학이던 민제閔霽의 딸이었다. 이날 16세의 이방원은 자기보다 두 살 많은 민씨를 아내로 맞았다. 민씨는 훗날 원경왕후元敬王后가 된 인물로, 양녕·효녕·충녕·성녕 등 네 명의 대군과 정순 등 네 명의 공주를 낳았고, 태종이 왕위에 오르는 데 큰 힘이 되었다.

하륜은 이방원의 혼례 소식을 듣자 의관을 갖추고 얼른 잔칫집을 찾았다. 그는 비로소 이날 이방원과 처음 만나게 되었다. 이 만남은 하륜이 의도적으로 만들었을 가능성이 높은데, 하륜 스스로 이방원의 미래를 살펴본 후 결정한 것일 터였다. 하륜은 대제학 민제를 통해 다리를 놓고, 이 어린 신랑의 미래에 자신의 운명을 맡길 참이었다.

민제가 하륜을 반갑게 맞아들이자 하륜은 그의 소매를 슬며시 끌며 손을 잡고 나지막한 소리로 한마디 덧붙였다.

"대감, 경하드립니다. 아주 좋은 날에 경사가 겹쳤습니다. 사윗감 하나는 정말 잘 고르셨습니다."

"예. 감사합니다. 그런데 겹경사라뇨?"

"예, 따님이 결혼하게 된 것이 큰 경사고……."

하륜은 갑자기 주위를 휙 둘러보고서는 말을 이었다.

"두고 보십시오. 사위 되시는 분은 세상에서 제일가는 자리에 올라가실 분이니 그 또한 큰 영광이 아니겠습니까? 그러니 저를 사위 되시는 분과 한번 만나게 해주시지요."

민제는 이날 하륜의 말을 듣고 크게 놀란 한편, 사위 이방원의 모습을 다시금 살펴보았다. 그러고는 말 나온 김에 사위 이방원과 하륜을 정식으로 만나도록 주선해주었다.

"결혼을 경하드리오."

"예, 감사하오이다. 일부러 오셔서 축하해주시니 너무도 감사하오이다."

짧은 만남이었지만 두 사람은 운명적으로 서로 자신의 동지감이 될 인물임을 깨달았다. 하륜은 이 결혼식을 계기로 적극적으로 이방원과 자신을 군신의 관계로 만들어갔다. 하륜보다 스무 살이나 연하였던 이방원은 아직 미완의 대기였지만 그 가능성을 멀리 내다본 것은 하륜의 안목이었다.

유능한 참모는 자신의 운명을 헛된 곳에 걸지 않는 법이다. 하륜은 이성계의 운명과 이방원의 앞날에 대해 확고한 신념을 갖고 그들과 운명을 같이하기로 결심했다.

하지만 하륜의 재주가 빼어난 만큼 견제도 만만치 않게 받았다. 정치적 견해의 차이에서 발생한 견제 세력들은 하륜을 경쟁상대로 여기고 그가 정권의 핵심부에 들어오는 것을 계속 경계했다.

실패는 누구나 겪지만 모두가 재기하는 것은 아니다. 하지만 '전화위복'이라는 말이 있듯 실패를 기회로 이용해야 한다.

하륜은 철저하게 실패를 극복하여 최후의 승리자가 된 인물이다. 그 당시 하륜을 시샘한 관료들의 견제는 만만치 않았다. 하륜의 관운이 실력에 비해 쉽게 풀리지 않았다는 의미다. 사실 하륜은 처음 관료 생활을 시작하던 무렵인 1368년(공민왕 17)에 감찰규정監察糾正에 오르자 당시 나는 새도 떨어뜨린다는 집권자 신돈辛旽의 문객을 규탄했다. 권력이 있는 곳에는 까마귀가 들끓는 법. 신돈의 주변에 권력을 탐하는 무리들이 꼬이기 시작하면서 여러 가지 잡음이 일어나자 감찰어사의 자격으로, 신진 관료가 겁도 없이 신돈을 저격한 것이다.

공민왕의 절대적인 지지를 받아 군력의 중추부에 서 있던 신돈의 문객 가운데 양전부사量田副使가 여러 가지 비행으로 여기저기서 비난 받고 있는 것을 보고 탄핵한 것이 장안의 화제가 되었고, 그의 이름이 조정에 알려지는 계기가 되었다. 이는 신돈을 향해 직격탄을 날린 것이나 마찬가지였다. 계란으로 바위를 친 격이었으니, 이 사건으로 그는 조정의 미움을 사서 하루아침에 파직당하고 말았다.

고려 말의 세상을 한탄하며 답답한 가슴을 치던 하륜을 제자리로 돌려놓은 사람은 나이 어린 외숙부 강회백姜淮伯이었다. 그는 하륜에게 "너는 장래에 재상이 될 만한 인물이다. 결코 낙담하지 말고 자신을 닦아가노라면 언젠가 큰일을 하게 될 것이다"라고 위로했다.

하륜의 외가는 진주 강씨로, 진주에 널리 가문이 퍼져 있던 토착 관료 세력이었다. 강회백은 하륜보다 열 살이나 어렸지만 고려 말에 대사헌을 지낸 실력자로, 하륜과는 정치적 노선도 비슷한 데다 친척간이라 평생 동지로 지냈고, 조선 초에 함께 입신해 이름을 얻었다. 이처럼 하륜의 친가나 외가의 사대부들 가운데는 정계에 진출해 벼슬한 사람도 적지 않았다.

강회백은 1376년(우왕 2) 문과에 급제, 성균 좨주가 되었으며, 밀직사의 제학·부사·첨서사사簽書司事를 역임하며 하륜과 비슷하게 승진했다. 1385년에는 밀직부사로서 사신이 되어 명나라에 다녀왔으며, 1388년 창왕이 즉위하자 밀직사로 부사 이방우李芳雨(이성계의 첫째 아들)와 함께 명나라에 가서 주원장을 만나고 왔다. 후일 진안대군이 되는 이방우는 조선 건국 후 곧바로 사망해 형제의 권력 싸움에 끼어들지 않았다. 그는 명나라를 기행하며 얻은 정보를 그대로 하륜에게 전했고, 하륜은 원명 교체기의 동아시아 정세를 면밀하게 살펴볼 수 있었다. 하륜에게는 든든한 정보원이 생긴 셈이었다.

강회백의 조언을 듣고 하륜은 마음을 가다듬었다. 세월이 흘러 하륜은 다시 복권되었고, 그는 자신의 목표를 감춘 채 묵묵히 관료 생활에 적응했다.

참모는 아무리 틀린 일이라도 윗사람의 뜻대로 따라가야 출세하는 것일까? 사료에 기록된 이방원에 대한 하륜의 충성심을 보고 하륜이 기회주의적이고 출세지향적인 인물이라고 생각하면 큰 오산이다. 그는 기회주의적이기보다는 스스로 인생을 선택해가는 성취형 인간이었으며 약삭빠르기보다는 오히려 우직한 뚝심이 있었다. 그는 자신이 옳다고 생각하면 절대 물러서지 않았다.

앞에서 보았듯이 그는 최고의 실력자 신돈의 문객을 거침없이 비판했다가 쫓겨난 바 있었다. 하지만 복권된 후 관료생활을 착실하게 하는 듯하다가 또다시 당대 최고의 실력자를 비판하고 나섰다.

1388년(우왕 14), 하륜은 최영의 요동 공격을 반대하는 편에 섰다. 자신이 보기에 다 쓰러져 가는 원나라 편을 들어 새로 일어서는 명나라를 공격한다는 것이 마땅치 않아 보였기 때문이다. 하륜은 망설이지 않고 최영을 반대하고 나섰다. 자신이 판단한 원과 명의 국제정세를 볼 때, 원나라는 기울어가는 달이고 명나라는 떠오르는 태양이었다. 그런데 최영이 명나라를 치겠다고 나섰으니 그로서는 도저히 이를 묵과하기 어려웠을 것이다.

하륜은 옳다고 생각하면 뒤로 물러서지 않는 성격이었다. 태종이 하륜의 죽음을 듣고 한탄할 때 "얼굴색 변하지 않고 바른 말을 해줄 사람이 어디 있을꼬?" 하며 슬퍼했던 이야기는 그의 성격을 입증해준다. 또한 그는 조정의 대사를 함부로 입 밖에 내지 않을 정도로 신중한 인물이었다. 실록에서 하륜의 인물평을 보면 사관들조차도 그가 대범하고 솔직하며 벗이 많았고 따르는 이들도 많았다고 기록하고 있다. 이런 사례를 보면 그는 기회주의자로서 자신의 몸보신하기에 급급했던 인물은 결코 아니었다.

여말선초의 격변기에 자신의 정치생명을 걸고 최고의 실력자 최영에게 대항한 것이었으니 그 결과는 뻔했다. 당시 최영은 문하시중이 되어 정권의 최정상에 서 있었으며 우왕이 자신의 목숨 값을 담보하기 위해 최영의 딸을 영비로 맞아들일 만큼 아무도 견제할 수조차 없는 막강한 권부대신의 자리에 있었다. 그런데 하륜이 자신의 주장을 정면으로 반대하고 나선 참이었으니 밉보인 것은 당연지사였다.

최영은 그를 양주楊州로 귀양 보냈다. 가만있으면 될 일을 스스로 나서서 화를 자초한 꼴이었다. 하지만 하륜은 이 실각을 전화위복의 기회로 삼았다. 그는 양주에 유배되어 있는 동안 자신의 부족한 실력을 더 키워나갔다. 그는 천문, 음양오행에 관한 학문의 깊이를 이 유배 기간 동안 탄탄하게 다졌으며, 복잡한 정치권의 이해관계를 떠나 객관적인 시각으로 고려 말의 시국 상황을 판단할 수 있는 여유를 갖게 되었다.

다행히 이성계와 조민수가 1388년 5월 위화도에서 회군하면서 하륜은 유배에서 풀려날 수 있었다.

끝없는 변화만이 퇴보를 막는다

성공의 대문 앞에는 커다란 마지막 장애물이 버티고 있는 법이다. 이를 끝까지 참고 이겨내면 승리를 쟁취하지만, 많은 사람들이 여기서 멈추고 만다. 하륜은 이 장애물을 극복하기 위해 스스로 길을 찾아 나섰다.

격변의 세월 속에서 하륜은 이성계와 아직 일정한 거리를 두고 있었다. 하륜의 정치적 행보가 계속 비판 받고 견제당하고 있었기에 미처 이성계와 연이 닿지 않았던 것이다.

그는 우왕禑王이 폐위되고 아들 창왕昌王이 옹립된 직후인 1388년(창왕 1년) 여흥(여주)에 유폐되었던 우왕 복위사건에 연루되었다. 이 사건은 김저金佇 등 반反이성계파가 모의하여 이성계를 암살하고 우왕을 복위시키려고 한 사건이다. 김저는 최영의 생질로 문무에 능한 고려의 노익장이었다. 이 모반에 뛰어든 김저는 일파 가운데 곽충보의 밀고로 이 사건이 발각된 줄 모르고 칼을 품고 이성계의 집으로 뛰어들었다가 잡혔는데, 그때 그는 86세였다. 이 일에 연루된 자들이 줄줄이 잡혀 30명에 가까운 신료들이 죽거나 유배를 갔다. 하륜도 이색李穡, 이숭인, 권근權近 등과 같이 우왕을 지지하는 유학자 일파로 간주되어 또 유배를 당하게 되었다.

이런 일련의 정치적 사건들을 보면 하륜은 기회주의적이기보다는 우직하고 뚝심 있게 자신의 정치적 소신을 지켜온 인물이었다고 평가할 수 있을 것이다.

하륜은 이색, 정몽주 등과 함께 친명파親明派에 속했으나 조선 왕조를 세운 이성계 일파에는 가담하지 않았다. 이방원의 결혼식에서 보던 장면과는 뭔가 앞뒤가 맞지 않는 면이 있다. 그런데 하륜의 주변 상황을 조금 다른 시각으로 보면 이런 하륜의 태도를 이해할 수 있다. 1383년부터 조선이 개국하는 1392년까지는 정도전이 이성계의 책사로서 승승장구하고 있었다. 여기에 하륜이 끼어들 소지는 없었다. 게다가 하륜과 정도전은 출신부터 달라 서로 어울리기 어려운 경쟁 상대였다.

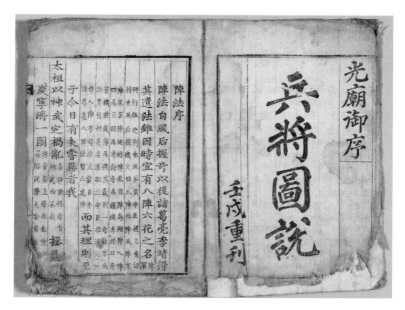

《병장도설》 문종의 지시로 만든 책으로 군제, 진법, 기구 등을 정리했다. 하륜이 기획한 군제를 기초로 제작했을 것이라고 추측된다(국립중앙박물관 소장).

하륜이 46세가 되던 1392년, 조선이 건국되었을 때 정도전은 이미 권력의 핵심부에 있었다. 제1차 왕자의 난이 일어나기 전까지 정도전은 전성기를 누렸으나 하륜은 언제나 권력의 핵심에서 밀려나 지방의 관찰사와 부사 같은 한직에 머물러 있었다. 4년 동안 양주에서 유배 생활을 하다가 이성계의 위화도 회군이 성공한 후 돌아온 하륜은 45세가 되던 1391년(공양왕 3)에 비로소 전라도 관찰사에 임명되었고, 조선 개국 후인 1393년(태조 2)에 경기좌도 관찰사, 51세가 되던 1397년(태조 6)에 계림부사, 1398년(태조 7)에 충청도 관찰사로 임용되었다.

이처럼 하륜은 제1차 왕자의 난이 일어날 때까지 거의 중앙 정계에

발을 붙이지 못하고 지방 수령관으로 떠돌아다녔다. 이성계 일파에 끼어들고 싶어도 자리가 없었다. 《삼국지연의三國志演義》에서 방통龐統이 제갈량諸葛亮에 치여서 유비劉備에게 몸을 의탁하고서도 제대로 대접받지 못한 것과 같이 되고 싶지 않아서 하륜이 부러 외직으로 다녔다는 이야기도 있지만 이것은 사실 신빙성이 떨어진다. 주변 상황과 시대적 흐름을 살펴볼 때 고려 왕조에서도 배척당한 그는 조선 왕조를 세우는 데 주도적인 역할을 한 정도전, 남은 등의 개국공신파에게도 견제당한 것이 분명했다.

그럼에도 하륜은 스스로를 갈고 닦아 언젠가 자신을 내놓을 날을 기다렸다. 그는 이성계가 아니라 차세대 지도자가 나설 때를 기다리고 있었던 것이다. 하륜이 누구인가? 때와 천기를 볼 수 있는 사람이 아니던가.

하륜은 중앙으로 진출하는 데 한계를 분명히 느끼고 있었다. 그는 장애물에 부딪히자 새로운 길을 모색하기 시작했다. 변화와 개혁은 그가 끝까지 놓지 않은 스스로의 철학이자 격조 높은 처세술이었다.

실력을 갖추고도 중앙 핵심 자리에 들어가지 못하고 있던 그에게 기회가 왔다. 새 왕조의 신진 세력들과 왕실에서 격변기의 미래를 궁금해하고, 앞날을 염려하는 사람들이 늘어나 도참사상가들이 각광을 받기 시작했는데, 이에 따라 왕실의 묏자리부터 작명, 관운, 운세에 대한 관심도 늘었다.

여말선초에 무학대사가 이성계의 눈에 들면서 도참사상은 유행처럼 번졌다. 유학을 공부한 정통 학자들은 눈살을 찌푸릴 일이었으나 시대의 바람을 거스를 수는 없었다. 하륜도 이색의 문하에서 정통으로 유학을 공부했지만, 유배와 한직으로 밀려다니다 스스로 익힌 도참사상이 현실성 떨어지는 학문보다 그의 출세를 도왔다. "길이 아니면 돌아가라"는 말처럼 그는 도참사상을 통해 권력의 핵심부에 다시 다가갈 수 있었던 것이다.

당시 이성계는 왕씨들이 기반을 잡고 있는 고려 왕조의 수도에서 어떻게든 탈출하고 싶었다. 그는 조선을 세운 후 1393년(태조 2) 3월 계룡산으로 천도遷都하려고 계획을 세웠다. 그는 친히 무학대사를 데리고 계룡산을 돌아본 다음 천도를 결심하고 이를 알렸다.

그러나 일찍이 신돈과 최영 앞에서도 바른 말을 하던 하륜이었다. 그는 계룡산의 형세를 비운悲運이 닥쳐올 흉한 땅이라고 주장하여 좌중을 압도한 후 천도 계획을 중지시켰다. 《태조실록》 2년 12월 11일자 기록을 보면, 이성계의 계룡산 천도를 반대한 하륜의 주장이 설득력이 있었음을 살펴볼 수 있다.

> 도읍은 마땅히 나라의 중앙에 있어야 하는데 계룡산은 지대가 남쪽에 치우쳐서 동면·서면·북면과는 서로 멀리 떨어져 있습니다. (중략) 계룡산의 땅은, '물이 장생長生을 파破하여 쇠패衰敗가 곧 닥치는 땅'이므로, 도읍을 건설하는 데는 적당하지 못합니다.

태조는 정도전, 남재 등에게 하륜과 더불어 참고하게 했다. 또한 고려 왕조의 여러 산릉의 길흉을 다시 조사하여 아뢰게 하고 계룡산 천도 반대가 일리가 있다고 여겨 그만두게 했다. 그러고는 고려 왕조의 서운관書雲觀(고려 말부터 조선 초까지 기상 관측 등을 관장하던 관서)에 저장된

비록문서秘錄文書를 모두 하륜에게 주어서 고열考閱하게 하고는 천도할 땅을 다시 찾아보고 아뢰게 명했다. 이로서 하륜이 음지에서 양지로 인정받는 시대가 열린 듯했다.

이에 하륜은 한양漢陽의 무악母岳(지금의 서울 신촌 일대)이 풍수지리상으로 길지吉地라고 추천했으나 정도전, 조준 등의 반대로 무산되고 말았다. 무악이 비록 길지라도 너무 좁아서 불가하다는 것이 그 이유였다. 하륜의 정치적 세가 절대 불리한 탓에 그를 지지할 세력도 없었다. 고군분투했으나 그는 눈물을 삼킬 수밖에 없었다. 그는 이미 이방원과 직간접으로 연계를 맺고 있었기에 정도전에게 더욱 미움을 샀을 수 있다.

조선 개국 후 첫 번째 위기는 세자 책봉 문제에서 비롯되었다. 화근은 태조 이성계가 새 왕조의 왕으로 등극하자마자 여덟 번째 왕자 방석(계비 강씨 소생)을 세자로 책봉하고 정도전과 남은에게 세자를 지키도록 한 데서부터 비롯되었다. 정도전은 이미 이성계가 예순을 바라보는 나이인데다 자신을 절대적으로 믿어주고 있어 왕권에 치우치지 않고 신권臣權을 자연스레 강화할 수 있는 절호의 기회라고 여겼다. 그는 강씨 소생의 방석을 세자로 만들어 자연스레 조정의 모든 권한을 자신이 행사할 수 있다고 여겼다. 군주와 신하의 관계를 신권 정치 기반으로 만들어야 한다고 믿었던 정도전은, 특정한 군주 한 사람으로 인해 나라의 흥망성쇠가 갈리도록 하지 말자는 생각도 있었다.

하륜의 강력한 경쟁자인 정도전은 이성계의 지지를 받으며 이런 조치들을 통해 신권 정치의 기틀을 세워나갔다. 그는 자신과 같은 실력 있는 신하들이 임금을 보필하며 정치를 주도해가야 한다고 생각했으며 정국의 주도권을 잡아야 한다고 생각했다.

강력한 왕권을 주창해온 이방원과 정비 한씨韓氏 소생의 여러 왕자들은 당연히 방석이 세자가 된 사실에 몹시 분노했다. 이방원과 하륜의 생각은 정도전과 정반대였다. 이방원과 하륜은 조선의 개국 후 왕권이 더욱 강화되어야 정국이 안정되고 질서를 유지할 수 있다고 본 것이다. 게다가 조선 창건 후 얼마 되지 않아 정국은 언제 뒤집어질지 모르는 안개 속 상황이었다.

　　하륜은 이방원에게 선공하는 것만이 살아남는 방법이라고 권해야 했으나 골육간의 싸움이 아버지인 태조에게 어떻게 비쳐질지, 그리고 이 일이 성공할지의 여부를 자신하기는 쉽지 않았다. 이방원 역시 피를 봐야만 하는 정쟁에서 형제와 싸워야 한다는 것이 마음에 걸려 행동하지 못하고 주저하고 있었다.

　　군주가 모든 것을 다 할 수는 없는 일이다. 군주의 생각을 읽을 수 있는 참모라면 한발 앞서 그의 생각을 현실로 만들 실행력이 있어야 한다. 하륜은 참모로서 최고의 실력과 재능을 갖고 있었다. 그는 자신의 전략을 이방원에게 전달하고 결심시킬 것인지 고민했으나 주위에 견제하는 눈이 너무 많았다.

　　한편 정도전은 이방원의 두뇌 역할을 하는 하륜을 그의 옆에 두고 있는 것이 너무 불안했다. 결국 1398년(태조 7) 7월 19일에 하륜을 갑자기 충청도 관찰사로 부임하게 만들어 이방원과 하륜을 떼놓으려고 했다. 하륜을 외지로 밀어냈다는 기록은 실록에 몇 줄 밖에 안 되는 간단한 내용으로 남아 있지만, 정도전이 이 일에 관여했다는 것은 추측하고도 남을 만한 일이다. 정도전과 계비 강씨는 이방원 등 정비 소생의 왕자들이 몹시 신경에 거슬렸을 것이다. 하륜을 쳐내면 이방원의 힘이 빠질 것도 분명했다.

그러나 그냥 밀려나기에는 억울한 하륜이었다. 그는 이방원에게 메시지를 전달하고 싶었다. 그는 심사숙고한 끝에 하나의 이벤트를 만들어 냈다. 이때 하륜의 이벤트는 이방원의 속내를 만족시켜줄 만한 것이었다.

하륜이 도성을 떠난다는 소식에 여러 지인들이 그의 송별연을 열게 되었는데 이방원도 그 자리에 참석했다. 이 자리에서 하륜은 이방원의 결심을 어떻게든 받아내야만 했다. 그의 계획을 더 미루다가는 조만간 이방원을 비롯한 나머지 왕자들과 이들을 따르는 무리들 모두가 숙청되고 말 것이라는 절박감이 그를 두렵게 했다.

하륜은 송별주를 급하게 몇 잔을 들이키고는 벌써 취해버렸는지 술주정을 하기 시작했다. 이방원은 그가 더 취하기 전에 인사를 나누어야겠다고 생각하고는 술잔을 건네주며 하륜에게 말했다.

"먼 길을 가실 터인데 부디 몸조심하십시오. 대감이 안 계시면 도성이 참 허전할 터인데……."

이 말을 하면서 이방원은 몹시 허전하고 가슴 한편이 쓰렸다. 자신보다 한참 나이가 많아 늘 마음 놓고 의논하던 참모와 갑자기 이별하려니 심기가 불편할 수밖에 없었던 것이다.

그러나 하륜은 술잔을 받아들고 횡설수설하더니 갑자기 술잔을 떨어뜨리며 넘어져버렸다. 좌중에 순간 긴장감이 돌았다. 아무리 송별연의 주연이자 이방원의 참모라고 할지라도 왕자의 옷에 술잔을 엎는다는 것은 너무도 큰 실수였다.

하륜은 얼른 일어나서 사과하며 실수를 수습했다.

"이런, 제가 급하게 몇 잔을 마셨더니 술이 취해서……. 그만 대군께 결례를 범했습니다."

이방원은 하륜의 모습이 몹시 이상했지만, 화를 낼 수도 없는 상황이라 못마땅한 표정을 지으며 대충 자리를 파하고 집으로 서둘러 돌아왔다. 그런데 이방원이 집으로 들어서는 순간 그렇게 취해 있던 하륜이 어느새 그의 뒤를 따라와 그의 옷자락을 잡았다.

"대군, 상황이 급하게 되었습니다. 긴히 말씀을 드리려고 일부러 취한 척한 것이니 용서하십시오. 다른 사람들을 좀 떼어놓을 필요가 있었사옵니다."

"나도 오늘 술자리에서 대감의 행동이 참 이상하다고 생각하고 있었소. 얼른 들어갑시다."

의관을 고쳐 입은 이방원이 자리를 잡자 하륜은 심각한 표정으로 그에게 말했다.

"대군께서 제가 없을 동안에 별일이 없어야 할 텐데 몹시 걱정이 됩니다."

"무슨 소식이라도 들은 것입니까? 그래도 저들이 그렇게 뻔뻔스럽게 형제간에 피를 보겠다고 나오기까지야 하겠습니까?"

"제 짐작으로는 제가 떠나면 반드시 삼봉(정도전)이 선수를 칠 것입니다. 저를 대군 곁에서 떠나도록 한 이가 삼봉인 것은 아시고도 남을 것입니다. 대군들의 사병을 모두 빼앗아버린 것을 잊으셨습니까? 대군께서 스스로 자신을 지킬 힘이 있습니까? 맨 양식이나 축내는 문객들만 그득한 상황입니다."

"그 말이 맞긴 하오. 지금 나는 앉아서 당할 수밖에 없으니, 어쩌면 좋단 말이오?"

"대군께선 안산군수 이숙번에게 힘을 의지하십시오. 이미 제가 그를 통해 잘 훈련된 군사 300명을 준비해두었습니다. 제가 아무런 준비도 없이 훌쩍 떠나버릴 정도로 대비를 소홀히 했겠습니까?"

한양에서 멀리 떨어지지 않은 안산에 300명의 군사를 두고 있다니, 이는 이방원에게 정말 큰 힘이 될 만한 방비책이었다. 이방원은 하륜의 꼼꼼한 일처리에 무엇보다 감격했다.

결정적인 순간에 선공하다
——

무릇 지키는 자는 잃을 것이요, 목숨을 버려 앞으로 나가는 자는 살아남을 것이다. 이윽고 기회는 왔다. 그 해 7월 19일, 하륜이 충청도 관찰사로 발령받아 떠나자마자 8월 초 태조가 병이 들었는데 자리를 보전하고 쉬이 일어나지 못했다. 태조가 병에 걸리자 곧 어린 세자의 위상이 위태로웠다. 게다가 세자의 버팀목이던 계비 강씨마저 두 해 전 세상을 떠나고 만 상황이었다.

정도전은 이 상황을 너무 가볍게 보고 있었다. 태조가 병이 나면서 세자 외에는 아무도 만나지 않도록 하여 다른 왕자들은 아예 왕에게 접근이 차단되었고, 정치적 반대 세력들도 사병이 없으니 별일 없을 것이라고 안일하게 판단한 것이었다.

하지만 하륜은 멀리 충청도에서 이미 거사를 착실하게 준비하고 있었다. 거사의 핵심은 이숙번이었다. 8월 26일, 그믐에 가까워 칠흑같이 어두운 밤에 이방원은 이미 서울에 올라와 있던 이숙번과 그의 수하들, 처남과 종자들을 데리고 거사를 일으켜 정도전, 남은 등을 죽이고 세자 이방석과 그의 형 이방번, 매형 홍안군 이제 등도 모두 죽었다.

이방원은 자신의 주도하에 벌어진 이 사건에서 세자 자리를 맡지 않고 형인 이방과李芳果를 세자로 만들었다. 이 모든 일은 하륜이 기획하고 연출한 작품이었다.

태조는 이미 더 이상 만주 벌판을 호령하던 맹호가 아니었다. 자식들의 피를 눈앞에서 봐야 하는 늙고 병든 노인일 뿐이었다.

유능한 참모는 군주에게 쏟아질 비난을 자신이 대신 막아주는 훌륭한 방패가 되어야 하는 법이다. 하륜은 제1차 왕자의 난 이후 정계에 크게 이름을 알렸고, 그를 두려워하는 사람들이 늘어났으며 속으로 그를 비난하는 이들이 많았다. 그러나 하륜은 제1차 왕자의 난으로 비롯된 도덕적 비난을 자신이 스스로 달게 받은 듯하다. 그 뒤에 숨은 실력자 이방원의 골육상쟁을 가려주는 방패막이가 되기로 했기 때문이다.

하륜은 이 일로 만족하지 않았다. 아직 이방원이 왕으로 나가기에는 경쟁자가 너무 많기 때문에 이들을 제거하기 위한 노력이 필요했다. 하지만 이방원은 더 이상 친형제 간에 골육상쟁이 벌어지는 것은 피하려고 했다. 하륜도 이 일 때문에 이방원이 도덕적 비난을 받는 것을 보고 싶지는 않았다. 자신의 군주가 형제를 살상한 패륜아라는 비난을 받게 할 수 없었던 것이다. 그는 묵묵히 적이 먼저 들고 일어나기를 기다렸다. 이번에는 명분이 있어야 했다. 친형제끼리의 싸움이 될 것이었기 때문이었다.

때마침 기회는 왔다. 1398년 9월 5일, 정사에 신물을 느낀 태조는 세자에게 양위하고 정조가 조선 제2대 왕으로 올랐다. 그런데 그에게 후사가 없었기에 세자 자리를 놓고 치열한 경합이 벌어지기 시작했다. 넷째 왕자 방간과 다섯째 방원 사이의 세력 갈등이었다.

방간은 지중추부사 박포朴苞의 이간에 충동해 제2차 왕자의 난을 일으켰다. 당시 박포는 방간에게 실력 행사를 권했다. 이방원을 따라 제1차 왕자의 난을 일으키는 데 공을 세운 그였으나 논공행상에서 제대로 대접 받지 못했기에 난을 결심한 차였다.

"정안공(이방원)은 군사가 강하고 중인衆人이 따르고 있습니다. 공의 군사는 약하여 위태하기가 아침이슬과 같으니, 먼저 쳐서 제거하는 것만 같지 못합니다."

그러나 이들을 예의주시하던 이방원 측에서 이숙번 등이 나서서 싸우고 이방원의 휘하들이 죽기를 각오하고 싸우니 패퇴했다. 이에 대신들이 방간을 처벌할 것을 요구했다. 1400년 2월, 삼성三省의 장무掌務(조선 때 재인청才人廳에 두었던 사무원)가 "방간이 사사로이 군대를 일으켜 골육을 해하려고 했을 때 왕께서 처음에는 도승지를 보내시어 병력을 일으키지 말 것을 명했으나 듣지 않고, 군대를 발했으니 대법으로 다스리소서"라고 하면서 치죄할 것을 주장했다. 하지만 난이 발각되었음에도 정종과 이방원은 관용을 베풀어 죽이지는 않았다. 방간은 토산으로 유배당했고, 후일 안산, 익주, 순천, 완산 등으로 유배처를 옮겼다.

이 싸움은 다분히 미필적 고의로 일어난 것이 아닐까 추측하게 한다. 이런 식의 왕권 쟁패를 위한 골육상쟁은 이미 중국과 한반도에서도 가끔씩 일어난 일이 아닌가. 적이 싸움을 걸어오길 기다리며, 혹은 걸지 않은 싸움을 걸어왔다고 하고 제압해버리는 의도된 싸움 말이다. 싸움이 끝나면 실록의 기록자들은 으레 싸움을 걸어온 이들의 품성을

살곶이 다리 이성계가 형제끼리 피를 부른 이방원에게 화살을 날렸다는 일화를 전하는 곳이다. 현재 서울 뚝섬 성동교 아래에 위치하고 있다.

비판하고 패자의 초라함을 더할 여러 가지 사유를 들게 되는 것이 아닌가.

하여튼 하륜은 이들 형제간의 싸움이 절정에 이를 때 정종을 설득, 군주의 세를 명분으로 업었으니 이미 명분에서 방간은 진 것이나 다름 없었다. 하륜은 난이 일어나자마자 정종의 명을 받아 교서를 써서 방간에게 항복하라고 권했는데 싸움과 명분 둘 다 패배한 방간이 손을 들고 말았다. 그를 부추긴 박포 등이 배후 주모자로 지목돼 목숨을 잃었고 방간은 유배당했다. 그러나 하륜은 이방원의 위치가 여전히 불안정하다고 판단했다. 그는 속전속결로 일을 해치우고자 여러 중신을 거느리고 정종에게 가서 이방원을 세자로 책봉하도록 밀어붙였다.

하륜은 한번 마음먹으면 반드시 일을 처리할 정도로 집요했다. 정종은 어쩔 수 없이 이를 받아들였고, 이방원을 세자로 삼았다가 왕위를 넘겨주었다. 이리하여 1400년 11월 13일, 태종 이방원이 왕위에 즉위 했는데, 이때 하륜의 나이는 55세였다. 그는 두 차례 왕자의 난에서 실 질적인 지휘자였고, 세간의 비난을 달게 받으며 군주의 방패막이 역할 을 했다.

속설에 따르면 하륜은 두 번이나 태종의 목숨을 앗으려는 이성계의 살수를 막아냈다고 한다. 첫 번째 살수는 살곶이 다리(전곶교箭串橋, 지금 의 서울 뚝섬 성동교 아래 동쪽 돌다리)에서 있었다. 왕자의 난 이후 형제간 에 피를 부른 사건이 못마땅했던 태조는 태상왕이 되어 함흥에 머물고 있었으나, 무학대사 등이 간곡히 건의하여 도성으로 돌아오게 되었다. 태종은 아버지의 화가 풀린 것으로 판단하고 살곶이 다리까지 마중을 나가기로 했다. 하지만 하륜은 천기를 살핀 후 태종에게 조심할 것을 건의했다.

"태상왕께서 아직 노기를 덜 푸셨을 것이오니 해를 피하는 천막의 중간 지주支柱를 아주 굵은 나무로 만들도록 하시고 속에는 꼭 갑옷을 입으십시오."

태종은 하륜의 말대로 큰 나무로 기둥을 세웠는데 이성계가 아들 태 종을 보자마자 화가 머리끝까지 치밀어 마중 나오는 태종을 보고 화살 을 쏘았다. 태종은 얼른 두꺼운 기둥 뒤로 몸을 피해 그 순간을 모면했 고, 날아온 화살은 기둥에 꽂혔다. 이를 본 태조는 다시 화살을 날렸는 데 태종이 속에 받쳐 입은 갑옷에 튕겨나왔다. 그제야 태조는 "모두가 하늘의 뜻이다"라고 하며 단념했다고 한다.

이 이야기가 사실인지 확인하기는 어렵다. 그러나 이성계와 이방원의 사이가 이처럼 극도로 나빴던 것은 분명하다. 태조 이성계로서는 잘난 아들 하나로 인해 골육상쟁을 벌이다가 사랑하는 아들들이 비명횡사하는 모습과 자신을 따르던 충성스런 신하들이 비참하게 죽어가는 모습을 지켜보기가 너무도 안타까웠을 것이다. 그는 이방원을 끝까지 미워했다.

강한 추진력으로 개혁을 이끌다

하륜은 태종이 가장 아끼는 실력 있고 추진력 강한 신하였다. 그는 1416년(태종 16) 11월에 70세의 나이로 은퇴를 만류하는 태종의 부탁으로 공무를 수행하다가 정평定平에서 갑자기 병사할 때까지 태종 시대의 모든 법과 행정제도의 개혁을 이끌었다. 그는 태조 시대에 정도전이 신권을 강화하기 위해 각종 제도적 정비를 왕권강화 측면에서 다시 손보고 고쳤으며, 새 왕조에 걸맞은 각종 복식, 사무 처리에 대한 지침, 인사 평가와 시행 등을 태종의 의중대로 재정비했다.

또한 하륜은 고려시대에 귀족 관료 계급이 비대해진 것이 망국의 한 원인이었다고 보았다. 그래서 관리를 뽑고 이를 임용하는 전선법銓選法, 관리의 잘잘못을 평가하여 승진시키거나 좌천시키는 고적출척법考積黜陟法, 아무리 능력이 있어도, 70세에는 정년퇴직시키는 70세 치사법致仕法을 만들어 이를 당대에 적용하도록 했다. 관리의 나아감과 물러남이 분명하고 업적이 정확히 평가되어 승진하거나 좌천토록 하면 논공행상이 분명해질 것이라고 본 것이다. 하륜의 이와 같은 관리 정책은 조선시대 인사 정책의 근간이 되었다.

이와 함께 그는 고려시대의 색을 빼고 새로운 왕조의 특성에 맞는 색을 입히는 데 일조했다. 의정부와 6조를 만들고 6조에 사무를 분장하여 군주가 직접 지휘하되, 관리들은 철저하게 권력의 분권화를 실현하도록 했고, 관등에 따라 관복을 제정했으며, 고려 때의 각 도, 군, 현의 구획을 다시 정하고 고을 이름도 바꾸도록 했다.

여말선초의 혼란기를 틈타 노비제도가 허물어지는 바람에 이에 대한 소송과 비난이 쉬지 않았는데 이를 바로잡고 신분을 증명하는 호패를 만들어 착용하도록 했다. 현대의 주민등록제도를 적용한 것이니, 그의 뛰어난 관리능력과 리더십은 시대를 뛰어넘을 만큼 탁월했다고 볼 수 있다.

조선이 개국하면서 왕정이 지방까지 고루 펼쳐지지 못해 과도기에 있던 지방에서는 관리들의 폐단이 많았고 각종 이권을 둘러싼 민간의 폐해가 적지 않았다. 하륜은 이를 살펴보고 지방 관리들이 국방용으로 둔전(고려, 조선시대에 군량을 충당하기 위하여 변경이나 군사 요지에 설치한 토지)을 자기 멋대로 백성에게 경작시키고 부당이득을 취하거나 힘 있고 돈 많은 사람들이 서민들을 갈취하는 일들이 잦다는 사실을 알게 되었다. 그는 일체의 관리들이 백성들을 괴롭히지 못하도록 제도적으로 철저하게 감시했으며 이를 어길 경우 일벌백계로 다스렸다.

한편 그는 태조의 등극과 조선의 개국에 대한 이론적 근거를 마련하는 데 앞장섰다. 구체적으로는 《태조실록》, 《편년 삼국사編年三國史》, 《고려사高麗史》, 《동국사략東國史略》 등의 편찬을 주도했고, 단군檀君 사상을 전파하는가 하면, 불교의 전파를 억제하는 정책을 폈다. 그는 유학의 경전과 음양지리, 문학에도 해박한 지식을 선보였다.

실록의 기록에도 나타나 있지만 하륜은 집이나 옷이 사치하고 화려한 것을 싫어했다. 또 연회나 오락을 좋아하지 않고 독서를 좋아해 손에서 책을 놓지 않았다. 독서와 학문을 좋아한 그는 늘 생각의 바다 속에 빠져 있었다. 그래서 하륜이 입을 열면 당대를 놀라게 할 만한 아이디어들이 쏟아져 나오곤 했다. 그가 내놓은 다양한 아이디어들은 당대에 적용하기에는 너무 세월을 앞서 가는 독창적인 것도 많아서 다 실현되지 않은 것들도 있었으나 몇 가지 제도는 적용하여 크게 성공을 거둔 것도 많았다.

대표적인 것이 1401년에 설치한 신문고였다. 신문고는 송나라에서 근원을 찾아볼 수 있는데 여말선초에 관리들이 백성들을 괴롭히고 경제적으로 수탈하는 일이 빈번해지면서 원성이 잦아지자 태종의 뜻에 따라 하륜 등이 앞장서서 신문고 설치를 제도화했다. 일부에서 무고가 남발할 것이라고 걱정하자 하륜은 이를 일소하며 신문고의 운영 방법을 자세하게 설명했다.《태종실록》1년 11월자에서는 이때 하륜의 이야기를 다음과 같이 남겼다.

신문고를 치는 것이 사실이면 들어주고, 허위이면 죄를 주면 된다.
만일 백성이 수령에게 호소하여 수령이 밝게 결단하지 못하면, 관찰
사에게 호소하고 또 헌부憲府에 호소하며, 헌부에서 또 밝게 결단하
지 못하며 그 이후에 치는 것이다. 그러므로 관리가 백성의 송사를
결단함에 있어 임금님께 아뢸까 두려워하여 마음을 다해 살피므로,
백성이 그 혜택을 받으니, 실로 자손 만세에 좋은 법이 아닌가.

하륜은 나라의 경제력이 곧 국가경쟁력이라고 보고 먼저 각 도의 전지를 다시 측량하여 조세와 공부貢賦를 상세히 정함으로써 국고를 튼튼히 채우는 데 신경 썼다. 특히 조선 초기에 이미 종이 화폐인 저화楮貨를 통용시키려고 저화 통행법까지 만들어 강제로 시행했으나 너무 이른 시기에 적용했던지 실패하고 말았다. 백성들은 종이쪽지를 믿기보다는 물물교환으로 직접 자신이 필요한 물품을 구입하려고 한 것이다. 비록 실패했지만 그의 화폐 정책은 동서양의 역사에 비추어보아도 획기적인 발상이었다. 동전보다 종이 화폐가 낫다는 발상만으로도 그가 경제정책의 대가이며, 뛰어난 관료였음을 입증한다.

그는 또 명나라를 방문하고 외교 문서와 중국의 문서들을 열람한 다음 조선에 물자 수송이 꼭 필요하다는 점을 간파했다. 한 나라의 경제가 수도에서 지방으로 잘 흘러가고 각 지역의 특산물이 사도四都(개성, 광주, 수원, 강화)로 잘 흘러들어오는 것이 곧 경제력이며 이것이 나라의 힘이라고 보았다.

그를 위해 하륜은 획기적인 발상을 내놓았다. 1412년 11월, 충청도 순제 안흥량(조세로 징수한 미곡, 면포 등을 운송하는 해로 중 가장 험난한 곳으로, 전라도의 조운선이 이곳에서 침몰되는 일이 잦았다)에 운하를 파서 조운할 수 있는 방법을 논의하기 시작했다. 그가 고려 때 시도하려다 말았던 태안반도 운하 계획을 다시 꺼낸 것이다.

그는 지형의 높낮음에 따라 제방을 쌓고 물을 가두어 제방마다 작은 배를 둔 다음, 둑 아래를 파서 조운선이 포구에 닿으면 그 소선에다 짐을 옮겨 싣고 둑 아래에 이르러 다시 둑 안에 있는 소선으로 옮겨 싣도록 하자는 구체적인 아이디어까지 내놓았다. 그렇게 하면 서해를 돌다가 난파하는 위험을 줄이고 안전하게 국고를 채울 수 있으며 물자 수송이 원활해질 것이라는 의견도 냈다. 이렇게 되면 호남 지역의 북쪽에 임시 집하장을 만들고 경상도와 전라도 세곡을 육상에서 모으도록 한 후 선박을 이용하여 태안반도 운하를 거쳐 안면도로 빠져나오면 남해안과 서해안의 조수 간만의 차와 급격한 조류 변화를 극복할 수 있다는 발상이었다. 하지만 이 계획은 해당 지역의 지세가 암반으로 되어 있어 뚫기가 힘들어 결국 중지되고 말았다. 이 운하 계획이 실현되었다면 호남 지역이나 경남 지역에서 올라오는 물자의 수송이 훨씬 쉬웠을 것이다.

하륜은 이 계획이 실현되지 못하자 다시 다른 운하 계획을 내놓았다. 그는 대강의 계획만 던져놓고 보는 단순한 아이디어맨이 아니었다. 1413년,《태종실록》13년 7월 20일자에 따르면 하륜이 매우 구체적이고 실현 가능한 상세안을 제시했음을 확인할 수 있다. 경기도의 군인 1만 명, 수도의 대장隊長·부대장 400명, 군기감軍器監의 별군別軍 600명 등 모두 1만 1천 명을 징발해 연못인 양어지養魚池를 파고, 숭례문崇禮門 밖에 운하를 파서 선박을 통행하게 하자는 제안이었다. 이는 태종이 백성을 동원하는 일에 부정적인 입장이라는 점을 고려한 것으로 훈련된 군사들을 동원하면 일의 성과도 높일 수 있고 효율도 더 좋아질 것이라고 보았기 때문이다. 태종은 이 계획을 좋게 보았으나 만약에 운하를 팠다가 땅에 다 스며들어버리면 백성들만 수고하게 될 것을 염려하며 이를 허락하지 않았다.

하륜이 운하 계획을 이야기한 것은 태종이 그만큼 치수에 신경 썼기 때문이다. 절대군주시대에 유능한 군주는 치수에 목숨을 건다고 할 만큼 치수 관리는 국가 흥망과 관련된 중요한 일이었다. 한양으로 천도하고 나서 제일 먼저 부딪힌 일이 수도 한복판을 흐르는 개천의 범람이었다. 개천이 범람하자 인명 피해는 물론 대궐 문 앞까지 물이 차오르는 난리가 일어나곤 했다. 결국 왕명에 의하여 개천도감開川都監을 설치하고 비교적 풍년이 든 경상도, 전라도의 백성을 동원하여 둑방을 돌로 쌓으며 홍수에 대비한 수방책을 세웠다(이것이 바로 청계천이다).

태종은 비록 형제들을 죽이고 왕이 되었으나 애민 정신은 여느 군주보다 높았다. 그의 이야기는 실록에 남아 있는데, 이렇게 전하고 있다.

> 1412년(태종 12), 겨울에 청계천 공사를 강행했는데 왕은 백성이 얼어 죽지 않도록 특별히 배려하고 음식을 충분히 먹이도록 수차례 하달하는가 하면 전의감典醫監·혜민서惠民署·제생원濟生院 등의 의약사에게 미리 약을 만들고 천막을 치게 하여 만일 병이 난 자가 있으면, 곧 구제 치료하여 생명을 잃지 않도록 했다. 또 멀리서 걸어 한양에 오는 백성들을 불쌍히 여겨 각 고을에서 이들의 구호를 책임지게 했으며, 공사가 끝났을 때는 한시라도 빨리 가족 품으로 돌아가고 싶어 하는 이들이 한강을 앞 다투어 건너다 사고가 날까 염려하여 순차로 떼를 지어 귀향하도록 하는 등 계속하여 세심하게 배려했다.

하륜은 이 같은 태종의 심성에 깊은 감동을 받았다. 그 역시 태종이 했던 것처럼 백성들을 위한 일이라면 발 벗고 나서서 정책을 마련하고 스스로 실천하는 의지를 보였다. 조선 왕조 500년의 틀과 기반은 하륜의 손을 거쳐 만들어진 것이 대단히 많았다.

군주의 리더십을 보완하다

———

태종은 비록 피를 부르며 군주의 자리에 올라섰으나 조선 왕조의 기틀을 세운 군주로서는 전혀 부족함이 없을 만큼 충분히 창조적이고 개혁적이었다. 그는 특히 치밀하고 엄격하여 좌중의 신하들이 그를 무섭게 여겼으나, 하륜은 오히려 태종을 지근에서 보필하며 충성을 다했다. 태종은 늘 큰 일이 생기거나 어려운 일이 생기면 하륜과 상의하기를 즐겼다.

하륜은 이런 태종을 보필하며 조정의 기강과 나라의 기틀을 세우는 데 도움이 되도록 노력했다. 그는 군주에게 일편단심으로 충성하되, 변함이 없었고 오로지 백성을 위한 일에 몰두했다. 《태종실록》은 하륜이 전형적인 참모형 리더임을 보여준다.

> 태조의 상이 나고 태종이 장례를 치르며 정사에 나오지 않자 하륜 등이 백관百官을 거느리고 다시 청정聽政하기를 청했다.
> "전일前日에 신 등이 청정聽政하시기를 두 번이나 청하였사온데 지금까지 윤허允許를 받지 못하였습니다. 만일 전하께서 청정하지 않으신다면 신 등도 또한 사직辭職하고자 합니다."

조정에 안 나오면 자신들도 그만 두겠다는 것이었다. 태종이 빈소에 있은 지 100일도 안 되었음에도 불러낸다는 사실에 불만을 드러냈다.

"몸이 빈소 곁에 있은 지 100일도 되지 못하였으니 어찌 차마 복服을 벗고 정사를 듣겠는가?" 하였다. 하륜 등이 아뢰기를, "큰 효[大孝]는 선왕의 뜻과 사업을 잘 받들어 계승하는 것이지 예절에 관한 규칙에 매일 필요는 없습니다" 하며 태종이 정사를 돌보도록 강권했다.

하륜은 심성 자체가 사람들로부터 호감을 사는 복이 많은 사람이었다. 기록에 따르면 그는 천성적으로 중후하고 온화하며 말수가 적어 평생 말이나 행동을 급하게 서두르는 일이 없었다고 한다. 그러면서도 한번 결심한 일은 끝까지 이루고야 마는 결단력 있는 인물이었다. 특히 주위에서 그의 행적이나 과거의 경력을 비판하며 조정에 내는 그의 갖가지 의견들을 묵살하려 해도 그는 결코 물러서지 않았다.

태종이 이숙번처럼 실질적인 도움을 준 인물을 배척하고 하륜을 선택한 진정한 이유가 여기에 있다. 이숙번은 이방원의 심복으로 정도전, 남은을 죽이고 정사공신定社功臣이 되었으며 태종 때에 좌찬성이 되고 안성 부원군에 봉해졌다. 그는 지공거知貢擧에 병조판서까지 올라서며 권력의 핵심으로 떠올랐으나 세력을 믿고 교만과 사치를 부렸다. 결국 1417년 함양에 유배를 가게 되었고 잠시 풀려났으나 다시 유배 당해 죽었다.

태종은 이숙번을 아끼기는 했지만 하륜과는 사뭇 다르게 대접했다. 하륜은 측근에서 그를 보필하게 했으나 이숙번은 아예 도성에 들어오지 못하도록 밀쳐냈다. 태종은 그의 후임 자리까지 염려할 정도로 꼼꼼한 모습을 보였는데 이숙번의 태도로는 반드시 다음 보좌를 이을 임금에게 교만한 모습을 보일 것이라 판단했기 때문이다.

태종은 이에 반해 하륜이야말로 참모의 전형적인 품성을 지니고 있다고 보았다. 특히 하륜의 입이 무겁다는 점에 높은 점수를 주었다. 태종은 과묵한 하륜을 믿고 제1, 2차 왕자의 난 때마다 하륜에게 자신의 의중을 보여주었다. 하륜은 절대 배신하지 않는다는 믿음이 있었던 것이다.

하륜은 또 사치하지 않고 화려한 것을 좋아하지 않았으니 그를 유혹할 만한 거리가 그에게는 별로 없었다. 오래 관직에 머물렀던 탓으로 여러 가지 비방과 허물에 대한 이야기도 적지 않았으나 태종은 이에 개의치 않고 그를 더욱 신뢰했다. 심지어 인사 청탁이 많았다거나 농지 착복과 같은 비난도 올라왔으나 태종은 하륜을 신뢰했고 앞에서 본 것처럼 일흔이 넘어 사직을 청했음에도 공무를 맡길 정도로 절대적인 믿음을 보여주었다.

이 모두가 하륜의 순종하는 품성에서 비롯되었다고 볼 수 있다. 고개를 숙일 줄 아는 참모의 품성은 조직 문화에서도 중요한 조건이다. 하륜은 그런 면에서 군주가 가장 좋아하는 순종하는 품성을 갖추었고, 거기에 자신의 분수를 지켜 도를 넘어서는 일이 없었기에 창업 군주의 훌륭한 참모이자 후원자로 자리매김했던 것이다.

—

03

탁월한 중재자 역할로
군주의 신뢰를 얻다
: 황희

—

세종의 완벽주의를 보완한
소통의 아이콘

군주와 참모가 궁합이 잘 맞으려면 서로 정도를 넘어서지 않도록 견제하면서도 믿음으로 아껴주는 사이가 되어야 한다. 말로는 쉬울 듯해도 실제로는 정말 어려운 관계다. 특히 세종과 같은 완벽주의자 성향의 군주라면 더욱 참모되기가 어렵다.

세종은 꼼꼼하기로는 궐내에 그를 당할 자가 없었고, 지시한 것을 반드시 확인했으며, 신료들을 믿어주었지만 의심을 함부로 거둬들이지 않았다. 한마디로 세종은 철저한 자기관리로 자신을 지키며, 남에게 쉽게 신뢰를 주지 않는 군주였다.

그런 세종이 황희黃喜를 불렀을 때 이미 그는 예순을 헤아리는, 당시로서는 은퇴를 종용받을 나이였다. 무엇이 그토록 의심 많은 세종이 황희를 중용하게 했을까? 실록을 보면 황희는 청백리라는 평가를 받기 이전에 적잖은 소동을 불러일으킨 문제 많은 관료였다.

조선 최고의 성군 세종이 나이도 많고 문제도 많은 노인을 최장수 영의정이자 핵심 참모로서 쓴 이유는 무엇일까? 황희의 처세술은 도대체 어떠했으며, 그가 가진 남다른 장점은 무엇이었을까?

노재상에게 궤장을 하사한 세종

1432년 4월, 세종은 편전에서 자신 앞에 엉거주춤 힘들게 서 있는 노정승 황희를 바라보며 다정하게 불렀다.

"영상."

"예, 마마."

"영상은 건강이 허락하는 한 짐의 곁에서 정사를 보필해주기를 바라오. 승지는 영상께 궤장을 드리도록 하라."

순간 백발이 하얗게 센 노정승 황희의 머리가 땅바닥으로 가라앉을 만큼 깊이 숙여졌다.

그의 짙게 패인 얼굴 주름 위로 감격의 눈물이 흘러내렸다.

궤장이란 군주가 공이 많은 늙은 신료들에게 내리는 의자와 지팡이다. 즉, 조선시대에는 정 2품 이상 고위 관리를 지낸 신하가 퇴직할 뜻을 밝히면 왕이 궤(의자)와 장(지팡이) 또는 가마를 내리기도 했는데 이 궤장은 '의자와 지팡이에 기대 있어도 좋으니 왕의 곁에 좀더 머물러 달라'는 공경의 뜻을 담고 있어 신료들에게는 최고의 명예였다. 세종은 황희가 비록 일흔이 넘었지만 황희만큼 자신에게 가까이 둘 만한 인재가 없다고 여기고 그에게 궤장을 내려 사직을 만류하고 계속 정사를 보게 한 것이었다.

《세종실록》 14년 4월 25일자에 따르면, 세종은 승지를 시켜 영의정 황희에게 다음과 같은 교서를 내렸다.

경은 세상을 도운 큰 재목이며, 나라를 다스리는 큰 그릇이다. 지혜

는 1만 가지 정무政務를 통괄하기에 넉넉하고, 덕은 모든 관료를 진
정시키기에 넉넉하도다. 우뚝이 높은 지위와 명망, 의젓한 전형은 예
스럽다. 몸소 4대의 임금에게 섬겨 충의는 더욱 두텁고, 수는 70세에
이르러 영달英達함과 존귀함을 갖추었으니 진실로 국가의 주춧돌이
며, 과인의 고굉股肱이노라.

고굉은 다리와 팔에 비길 만한 신하라는 뜻으로, 임금이 가장 믿고
중하게 여기는 신하라는 말이다. 황희에게 내린 궤장은 세종이 그를
얼마나 아꼈는지를 보여주는 사례다.

궤장을 하사받은 황희는 5월 3일 자신을 믿고 아껴준 군주에게 감사
의 인사말을 글로 올렸다. "검은 빛 가죽을 씌운 안석과 비둘기를 새긴
지팡이가 의지하고 기대기에 아주 편안하며, 붉은 먹으로 쓰신 아름다
운 편지에는 소상하게 돌봐주고 권장勸奬하시는 뜻을 보여주셔서 감사
하다"는 내용이었다.

군신 간에 주고받은 이 아름다운 편지의 내용은 실록에 남아 지금까
지 그대로 전해져온다.

이날 황희는 궤장을 받는 순간 세종의 높은 은덕에 다시 한번 감사
하며 자칫 원수가 될 수도 있었던 세종과 자신의 첫 만남을 떠올렸다.

1422년 2월, 황희는 유배지 남원에서 5년간 귀양하다 풀려나 서울
로 상경하자마자 태종 이방원이 머무는 수강궁壽康宮(지금의 창경궁)을 찾
았다. 당시 태종은 세종에게 왕위를 물려주고 상왕으로 나와 있었다.

이 날은 마침 세종이 아버지 태종을 뵈러 와 있던 참이었다. 황희는
수강궁으로 들어서자마자 깜짝 놀라 급히 허리를 꺾었다. 주상인 세종

이 상왕 태종 옆에서 온화한 미소를 띠고 서 있었기 때문이다. 황희는 순간 가슴이 서늘해졌다. 세종도 황희가 "충녕대군(세종)이 왕위를 계승하는 것은 적자계승의 원칙에 어긋나고 왕권을 흔들리게 할 소지가 있다"고 강력하게 주장하다가 외지로 귀양 간 사실을 누구보다 잘 알고 있을 터였기 때문이다.

자신이 왕이 되는 것을 극구 반대한 전왕前王의 충복을 곱게 볼 군주가 어디 있겠는가? 황희의 등에서 식은땀이 흘러내렸다. 자신의 관운이 이제 다했다 싶어 몸이 절로 떨렸다.

사실 황희의 관운은 그리 평탄한 편이 아니었기에 한숨이 절로 나왔다.

"사다리에서 미끄러져 내리듯 처박힌 것이 몇 번이던고. 간신히 귀양길을 벗어나 상왕을 뵈러 왔더니 하필 이 자리에 지금의 주상이 와 계시다니."

그때 상왕 태종이 웃는 얼굴로 황희를 보며 말을 꺼냈다.

"마침 잘 들어왔소. 내가 풍양豊壤(포천에 있는 행궁)에 있을 때 늘 경의 일을 주상께 말씀드렸는데 오늘에야 비로소 경이 서울로 돌아왔구면. 정말 잘됐소."

오랜 풍상과 왕족 간의 혈투, 조선 초기의 왕권 강화 작업에 늙고 지친 몸이었지만 상왕의 목소리는 여전히 카랑카랑한 것이 힘이 넘쳐흘렀다.

태종이 양녕대군이 아닌 충녕대군을 다음 보위로 올리자 이를 극력 반대했던 황희였다. 하지만 태종은 그를 아끼고 보듬었다. 일찍이 황희가 예조판서를 지낸 1414년 2월 13일, 병이 들어 사직을 요청하고 물러났을 때 어의를 보내 그를 치료하게 하고 몇 번씩이나 그의 병세를 물을 정도로 황희에 대한 지극함을 보여준 임금이기도 했다. 심지어 황희의 병을 치료한 한성윤漢城尹, 양홍달楊弘達, 조청曹廳에게 그 공을 인정해 저화楮貨를 각각 100장씩 내려주었을 정도였다.

황희가 황송함과 부끄러움에 얼굴을 들지도 못하고 고개를 숙이며 상왕과 세종 앞에 엉거주춤 서 있는데 상왕이 다시금 말했다.

"주상, 황희라는 인물을 잘 봐뒀다가 저 사람을 잊지 말고 중용하시오. 주상에게 큰 역할을 할 사람이라오."

황희는 이 말이 끝나자마자 감격하여 태종에게 깊이 숙여 절하고 다시 세종을 우러러보고 허리를 꺾었다. 자신의 목숨까지 내던지겠다는 완전 항복의 자세였다. 세종은 묵묵히 고개를 숙이며 긍정도 부정도 아닌 미소를 띠었다.

이날 세종과 황희의 만남은 그렇게 짧게 끝났다. 그러나 세종이 지은 미소의 뜻은 곧 밝혀졌다. 1422년(세종 4) 2월 22일, 사간원 지사간 허성許筬이 황희가 서울에 무사히 올라온 사실을 두고 그를 처벌하자고 상소했다. 성격이 강직하고 불의를 참지 않았던 허성은 총명함으로 왕의 총애를 받았던 인물이었다.

형刑에 처하지 않고 다만 외방外方에 내쫓기만 하여 그 목숨을 보전하게 하니, 온 나라 신민臣民이 실망하지 않는 이가 없었습니다. 지금 특별히 용서하여 서울로 불러 돌아오게 하니, 다만 보고 듣는 데만 놀라울 뿐 아니라 실로 종사의 큰 계책에 어긋남이 있습니다. 삼가 바라옵건대, 전하께서 황희를 형에 처하여 신하가 충성하지 못하고 정직하지 못한 자의 경계를 삼을 것입니다.

하지만 세종은 이날 언관의 상소를 막고 이렇게 이야기했다.

"황희의 죄를 충성하지 못하다고는 논할 수 없으며, 또 이미 서울에 돌아왔으니 이를 고칠 수 없다."

이 일이 있고 석 달 후 태종이 세상을 떠났다. 황희는 장례가 마무리되자 곧바로 10월 28일 다른 몇 사람과 함께 관직을 제수받았다. 의정부참찬의 벼슬이었다. 여기서 참찬은 1415년(태종 15) 1월부터 실시된 육조직계제로, 의정부 기능의 약화와 관제 개편으로 의정부찬성사(종2품 두 명)와 좌우참찬으로 분리되어 운영되고 있었다. 이는 황희에게 의정부 업무를 시작하게 하여 장차 삼정승으로 쓰려는 세종의 원대한 계획의 일부였다.

세종은 아버지 태종의 뜻을 받들어 자신의 왕위 등극에 반대한 황희에게 중요한 자리를 안겼다. 세종의 황희에 대한 수용은 특별한 의미가 있다. 황희는 이미 60세였다. 나이를 빌미삼아 얼마든지 거부할 수 있었는데 세종은 황희의 가능성을 보고 그를 품에 안은 것이었다.

이 일은 앞으로 조선 초기의 국사를 통괄 관리하게 될 유능한 인재의 출범을 알리는 서막이었다. 이로써 황희는 충심으로 세종에게 복종해 평생 동지로 함께 갈 수 있는 발판을 마련하게 되었다.

집현전의 기능을 회복시키다

세종은 왕좌에 오르자마자 조선 정치, 사회제도의 개혁을 준비했는데 개혁의 근간에는 인재 양성을 최우선으로 하는 세종의 통치철학이 짙게 배어 있었다. 바로 집현전 기능의 회복이었다. 집현전은 고려 때도 있었지만 유명무실했던 것을 1417년 사간원에서 상소하고 1419년에 인원도 모으고 교육도 시키면서 그해 12월 12일에 유사 10여 명을 뽑아 날마다 강론하게 한 것이 시초이며, 이듬해 3월 16일 직제와 인원을 정비해 본격 출범하게 되었다.

집현전이야말로 세종의 싱크탱크였는데, 세종의 인재를 보는 탁월한 안목이 돋보이는 곳이다. 이후 집현전에는 조정의 중신으로 성장할 동량들이 자라났다. 문제는 이들을 관리하고 감독하는 인물이 필요하다는 것이었다. 집현전 학자들과 비슷한 나이 또래라면 경쟁하려 들테고 나이가 많으면 자칫 배척당할 판이었다.

집현전은 조선의 학자들을 양성하고 학문을 연구하게 하려는 목적으로 설립한 기관이었다. 그러나 사실상 집현전의 가장 중요한 직무는 경연經筵과 서연書筵을 담당하는 것이었다. 경연은 왕과 유신이 경서와 사서를 강론하는 자리로 국왕이 유교적 교양을 쌓도록 하여 올바른 정치를 할 수 있도록 하는 것이고, 서연은 왕이 될 세자를 교육하는 것이다. 제왕에 대한 올바른 교육만이 왕도정치를 펴는 지름길이라는 것이 세종의 생각이었다.

집현전 출신의 학자들은 경연과 서연, 서적 출판 등을 하는 단순한 연구자나 학자로만 있었던 것은 아니고 외교 문서 작성이나 과거 시험관으로도 참여했고, 사관史官의 일을 맡기도 했다. 그리고 중국 고제古制를 연구하고 편찬사업을 하는 등 학술사업을 주도했다. 그러다보니 학자로서 싱크탱크의 역할을 떠나 정치 전면에 이들이 깊숙이 개입할 여지가 컸다. 그래서 이들을 효과적으로 관리할 관리자가 필요했던 것이다.

이런 자리에 황희가 낙점되었다. 황희의 품성은 이 일을 맡기에 제격이었다. 누구의 이야기도 들어줄 수 있으면서 그들이 불만을 쏟아내게 하는가 하면, 불만을 잠재우고 효과적인 결론을 도출하게 하는 관용의 리더십을 가진 인물로 황희만 한 관료는 조정에 결코 없었다.

실제로 황희는 집현전 학자들과 사이좋게 한담하기도 했고, 정치적 논점에 대해 갑론을박했지만 감정적으로 싸우거나 논쟁의 한복판에 휩쓸리지 않았으며, 정치적으로 예민하게 공박하는 별난 신진 학자들을 일부러 멀리하지도 않아 세종의 기대를 만족시켰다. 황희는 따뜻한 가슴으로 날카롭게 날이 선 집현전 학자들을 부드럽게 품어낸 것이다.

세종은 황희가 이 역할을 훌륭히 해내는 것을 보고 그를 깊이 신뢰하게 되었다.

황희는 누구의 이야기도 들어줄 줄 아는, '남에게 베풀어야 하는 배려'를 천성적으로 타고난 인물이었다. 세종은 황희의 강점을 간파한 후 조정 중대사에 갈등이 있을 때마다 그를 내보냈다. 조정의 일은 황희의 중재가 있어야 풀렸다. 누구의 말도 들어주고 배려해줄 줄 아는 식견과 도량 때문에 정치적 식견이 다른 이들이라도 아무도 그를 멀리하지 않았기 때문이다.

황희의 관용적 처세와 성격으로 세종과 신하들 간의 충돌을 막아낸 사례 중 대표적인 것이 내불당 건립 사건이었다. 세종은 조선 초의 숭유억불정책을 근간으로 지켰으나, 말년에 불교에 깊이 빠져 궁궐 안쪽에 불당을 짓도록 명했다.

삼사와 대신들도 이 문제에 적지 않은 불만을 내놓았다. 심지어 세종의 한쪽 팔인 집현전 학사들조차 이 일에 반대하여 짐을 싸서 집으로 돌아가는 소동이 벌어졌다. 의정부와 참찬과 예조판서도 반대하고 나섰다. 그러자 세종은 화가 나서 말했다.

"짐이 아이들이 천자문 외우듯 같은 말을 되풀이할 것 같소? 다시는 이 일로 대답하지 않을 것이오."

당시 86세였던 황희는 임금에게 나아가 이 문제를 주청했다.

"백성들에게 유교를 진작시키면서 상께서 불교를 숭상하시면 이는 모순입니다. 내불당 건립은 없던 일로 해주십시오."

그러나 세종은 자신의 고집을 꺾지 않았다.

"안 되오. 내 부모의 일이오. 자식이 부모를 모시는 마음까지 유생들이 이래라저래라 하는 것은 절대 용서할 수 없소."

황희는 임금의 생각이 절대 바뀔 수 없음을 알자 직접 이를 반대하는 강경한 대신들을 만나 설득하며 이제 그만 왕이 정무에 복귀하도록 설득했다.

결국 이 문제는 후일 세종이 잘못한 일로 실록 속에 언급되지만 당시 내각을 책임진 황희로서는 세종과 신하들의 의견을 절충하여 정사가 돌아가도록 중재했어야만 했다.

집현전 출신들은 다양한 조련 과정을 통해 경륜과 실력이 쌓이면서 직급이 올라 세종 후반기에 정치 전면에 나서서 세종 통치사에 강력한 영향을 미쳤다. 최항崔恒·박팽년朴彭年·신숙주·성삼문成三問·이선로李善老·이개李塏·류의손柳義孫·권채權採·남수문南秀文 등의 인적 자원은 세종의 찬란한 통치사를 빛낸 인물들이다.

그런데 활력과 의욕이 넘치는 젊은 신진 관료들을 기존 정부 조직과 잘 연계해서 적응시키는 것은 결코 쉬운 일이 아니었다. 황희는 의정부를 통해 이들을 적절히 활용하거나 견제하며, 밀고 당김으로써 국정의 안정을 도모했다.

1436년(세종 18), 육조직계제에서 의정부서사제로 정부의 조직체제가 바뀌었다. 의정부서사제란 육조의 판서들이 시행할 정책 관련 사항들을 의정부 정승들이 먼저 심사한 후 국왕에게 보고하고, 또 국왕의 결재도 의정부를 거쳐 육조에 전달되도록 한 제도다. 이 제도는 한마디로 왕권이 약해지고 의정부의 권한이 강화되어 자칫 정국이 소용돌이 속에 빠질 우려가 있었다. 그러나 세종이 의정부서사제 아래 황희를 비롯한 핵심 신료들을 앉혀두었기에 조선 역사상 안정된 통치가 가능했다. 특히 황희가 의정부에서 군건하게 버티면서 집현전과 육조의 여론과 의견을 적절하게 조정 관리해줌으로써 조선 초기 정국의 안정적인 운영이 가능했다.

능력 위주의 인사 정책을 실현하다

——

황희는 세종의 인사 방침을 그대로 실현시켜 능력 위주의 인사정책을 펼쳤으며, 지방이나 가문보다 실력을 우선시하는 정책으로 사람들을 놀라게 했다. 세종 스스로가 왕족의 권한을 축소해 종친이라도 일하지 않는 자에게는 특혜를 주지 않도록 하는 등 공평하고 누구나 공감하는 정책으로 일관했고, 황희는 이를 감시하고 견제하는 역할을 맡았다.

실제로 세종은 황희 등 대신들의 추천을 받아 출신을 가리지 않고 나라의 일을 맡겼다. 그러나 이 제도는 적잖은 불만을 불러일으켰다. 사대부 출신이나 명문 귀족들이 주류인 중신들에게는 마뜩찮은 정책이기 때문이었다. 그 제도 덕분에 무인 집안 출신의 성삼문 같은 뛰어난 인물과 관노 출신의 장영실蔣英實 같은 과학자들이 세상에 빛을 볼 수 있게 되었으나 집안의 배경만 믿고 출세하려던 인물들에게는 마른 하늘에 날벼락 같은 일이었다.

세종과 황희의 인재 등용 정책 가운데 가장 극적인 부분은 역시 장영실을 등용한 대목이다. 조선 초기 분위기로는 절대 있을 수 없는 파격적인 기용이었다. 조정 신료들이 관노에게 벼슬을 내리는 것은 불가하다며 왕명을 거두어달라고 했으나 세종은 그의 재주를 아꼈다.

봉건신분제도가 철저한 당시 사회에서 동래현 기녀 소생의 관노 출신 장영실이 오른 벼슬은 상호군上護軍으로, 무려 정3품 직위였다. 그는 뛰어난 과학 기술적 재능을 발휘하여 제련, 축성과 농기구, 무기 등의 수리에 뛰어난 실력을 보였고, 1432년(세종 14) 중추원사 이천李蕆을 도와 간의대 제작에 착수하고 천문의를 제작, 감독했다. 또 1433년(세종 15)에는 혼천의 제작에 착수해 1년 만에 완성했고, 이듬해에는 동활자인 경자자의 결함을 보완한 금속활자 갑인자의 주조에 힘썼다.

장영실이 발명한 과학기구들은 이밖에도 관천대(관측천문대), 앙부일구(해시계), 자격루(물시계), 수표(하천 수위 측정기), 측우기 등 매우 많았다. 그의 과학적 발명 뒤에는 세종과 황희를 비롯한 후원자들이 있었다.

한번은 영의정 황희와 좌의정 맹사성孟思誠이 한자리에 모였다. 세종은 이들과 함께 장영실의 관직을 올리는 일을 논의했다.

"장영실의 사람됨이 공교한 솜씨만 있는 것이 아니라 똑똑하기가 뛰어나오. 이번에 자격궁루自擊宮漏(자격루의 원조. 시보 신호에 따라 표준 시간을 알리는 종루(보신각)에서 새벽을 알리는 33회의 종소리를 알렸다)를 만들었는데 비록 나의 가르침을 받아 한 일이지만 만약 그가 아니었다면 만들어내지 못했을 것입니다. 내가 들으니 원나라 순제順帝 때에 저절로 치는 물시계가 있었다 하는데, 정교함이 아마도 영실의 정밀함에는 미치지 못하였을 것이오. 만대에 이어 전할 기물을 능히 만들었으니 그 공이 작지 아니하므로 호군護軍(5위五衛에 속하는 정4품의 무관직)의 관직을 더해주고자 하는데 경들의 생각은 어떠하오?"

이에 황희 등이 아뢰었다.

"김인金忍은 평양의 관노였사오나 날래고 용맹함이 보통 사람보다 뛰어나므로 태종께서 호군을 특별히 제수하시었고, 그것만이 특례가 아니오라, 이 같은 무리들로 호군 이상의 관직을 받는 자가 매우 많사온데, 유독 영실에게만 어찌 불가할 것이 있겠습니까."

황희와 세종의 손발이 척척 맞는 장면이다. 두 사람은 인재를 등용할 때마저 부창부수였다. 조선 초 예법과 제도를 정비한 허조, 그리고 앞서 장영실을 추천하고 후원한 이는 황희였다. 황희의 정보력은 막강한 인적 네트워크에서 비롯되었다.

황희는 언제나 풍부한 인적 네트워크를 가진 인물이었다. 그가 다른 사람들보다 훨씬 더 많은 인적 정보를 갖고 이를 활용할 수 있었던 것은 태조부터 시작해 네 명의 제왕을 모신 풍부한 경륜 때문이라고 할 수 있다. 게다가 그는 고려시대 때 이미 출사하여 고려의 멸망을 바라보며 정계를 은퇴하는 등 고집과 관록이 있었다.

경복궁 근정전 내부 조선 왕이 정무를 보거나 사신을 맞이하는 등 나라의 큰 행사가 있을 때 국가 의식을 치르던 곳으로 왕권을 상징하는 장소다. ⓒ박기현

　모든 것을 체념하고 고려 왕조의 몰락을 바라보며 정계에서 물러난 그가 새 왕조에 협조하기를 결심하고 조선 왕조로 넘어왔을 때 그는 새로운 나라를 건설한다는 목표를 가슴에 품고 있었으며, 그것을 위해 같이 일할 동지들을 찾아내 사심 없이 임금에게 천거한 것이다.

　정권이 네 번이나 바뀌는 동안 얼마나 많은 인물들을 추천받았으며 얼마나 많은 인물을 만나보았겠는가? 황희는 성격 또한 온화하여 누구의 어떤 말도 잘 경청해주는 열린 마음을 가진 따뜻한 사람이었다.

　대개, 군주가 바뀌면 세자가 왕위를 이으면서 자신을 가르친 스승들을 중심으로 조직을 재편하는 법이다. 서연을 통해 마음을 주고받았던 스승과 제자, 같은 이상과 목표를 저절로 공유하게 된 세자와 스승의 학연, 이들을 둘러싼 지연과 혈연 등이 작용해 자연스레 새로운 조직과 인물이 중용되는 것이다.

황희는 네 명의 군주가 교체될 때 살아남았고, 자신의 경륜을 마음
껏 펼칠 수 있도록 세종이 후원한 덕분에 18년 동안 영의정을 할 수 있
었다. 황희는 정권의 중심부에 올라섰다가 실각하여 유배당하기까지
한, 실패를 충분히 경험했다는 강점이 있었다. 그는 이러한 경험을 토
대로 개혁을 외치며 의정부를 압박하는, 실패를 모르는 저돌적인 신진
관료들과 변화를 자제하며 기존 질서의 유지를 바라는 의정부 대신 사
이에서 천칭처럼 균형을 잡아냈다.

세종은 이런 황희의 인적 네트워크를 중요시했다. 황희가 추천하는
인물들을 세종이 별다른 거부감 없이 중용한 것은 그만큼 황희의 사람
보는 눈을 믿었기 때문이다. 이런 인재 등용 정책 때문에 청백리의 대
명사인 맹사성과 변계량卞季良·정인지·김종서金宗瑞·최항·신숙주·성삼
문 등의 수많은 실력 있는 인재가 빛을 발했고, 조선 왕조 최고의 번영
을 구가할 수 있었다.

때로는 강하게, 때로는 온화하게

황희는 늘 온화한 인물이었다고 선입견을 갖는 이들이 많다. 하지만
황희만큼 강온 양면을 골고루 갖추고 사람을 대한 인물도 많지 않을
것이다. 황희는 자신이 천거한 몇몇 인물에 대해서는 특별한 애정을
갖고 이들을 보살폈다. 특히 김종서는 후일 그가 교만해졌다는 비판을
받게 되자 황희가 몸소 그를 따끔하게 훈계한 일화가 있다.

당시 김종서는 북방의 6진을 개척한 공로로 병조판서가 되었다. 물

론 황희가 적극적으로 추천했음은 말할 필요가 없을 것이다. 그러자 김종서의 목에 힘이 들어가고 발언도 강해졌다. 어느 날, 영의정 황희가 정승과 판서들이 모여 회의하는 자리에 미리 들어와 있었는데, 잠시 후 김종서가 들어왔다. 김종서는 이 자리에 들어와서도 황희 앞에서 의자에 삐딱하게 앉아 거드름을 피우자 황희는 문밖의 시위를 불러 말했다.

"병조판서께서 의자 다리 한쪽이 짧은 것 같으니 와서 의자 다리 한쪽을 손질해드려라!"

김종서가 놀라서 의자를 얼른 살펴보고는 자신의 거만함을 일깨우는 충고인 줄 알고 놀라며 용서를 구했다.

"병판, 앞으로 의자 다리가 짧거든 반드시 수리하시오!"

김종서는 황희의 이런 모습이 처음이었다. 어디서든 온화하고 듣기 좋은 말을 가려하던 대감이 서릿발 같은 목소리로 훈계하자 가슴이 떨렸다. 그 후부터 김종서는 일생 동안 거만하게 행동하지 않겠다고 맹세했다고 한다.

또 한 번은 김종서가 호조판서로 있을 때, 정승들이 함께 식사를 하는 자리가 생겼다. 김종서는 예빈시(사신이나 공무와 관련된 업무와 신료들의 음식 접대를 맡아보던 기관)에 점심상을 잘 준비하도록 일러두었다. 호조판서의 영을 받은 예빈시에서 이날 점심을 떡 벌어지게 차려왔고, 황희는 이 점심상을 보자마자 김종서를 불러 야단을 쳤다.

"도대체 예빈시가 무엇 하는 곳이오? 국가에 쓰이는 음식을 만드는 기관이 이런 낭비를 해도 된단 말이오? 대감은 대체 무얼 하고 있었소?"

김종서의 얼굴이 벌게지고 좌불안석이 된 건 당연한 일이었다. 옆에서 함께 점심을 먹던 다른 신료들도 낯빛이 어두워졌다. 괜스레 평지 풍파를 만든다는 표정이었다.

맹사성이 황희를 보고 입을 뗐다.

"우리도 다 죄를 지은 셈이 되었군요. 그 정도는 눈감아주십시다."

그러나 황희는 물러서지 않았다.

"그렇다면 우리 모두가 죄를 받아야지요."

"김종서 대감에게 좀 심하셨습니다. 자기 딴에는 잘해보려고 한 일 인데……."

"김종서니까 내가 더 심하게 말하는 게요. 사소한 일일수록 더 잘하는 사람이 큰 그릇이 되지 않겠소?"

김종서의 눈시울이 붉어졌다.

그 후 시중에 이런 말이 퍼졌다.

"김종서 장군은 사나운 호랑이와 여진족을 잡고, 황희 정승은 호랑이 장군을 잡는다."

황희는 내직에 있던 김종서를 발탁해 함길도 관찰사로 보냈고 그가 6진을 훌륭하게 개척하자 이 공으로 도절제사로 삼게 했다. 이어 병조 판서로 영전하게 했으니 김종서의 정치적 후견인이었던 만큼 잔소리를 할 수 있는 충분한 자격이 있었다.

황희가 믿고 추천한 인물 중에는 야인 정벌로 이름을 날린 최윤덕崔 潤德이 있다. 김종서가 문과에 급제한 지식인 출신이라면 최윤덕은 변 방에서 잔뼈가 굵은, 상대적으로 학문이 빈약한 무골 출신이었다. 최 윤덕은 어릴 적 어머니를 여의고 천민에게 키워진 신세임에도 힘이 세 고 활을 잘 쏘았다. 어느 날 소에게 꼴을 먹이러 산에 갔다가 호랑이를 만나 화살 하나로 쏘아 죽였는가 하면 호랑이에게 잡아먹힌 남편의 원수를 갚아달라는 여인의 호소를 듣고 그 호랑이를 잡아서 배를 갈라 남편의 뼈를 찾아 장사를 지내게 해주었다는 일화도 있었다.

황희는 세종을 뜻을 받들어 이 두 사람을 북방 영토의 수호자이자 개척자로 내세웠다. 물론 이 둘은 군주와 참모의 기대를 저버리지 않고 '좌左 윤덕, 우右 종서'로 활약하며 북방을 개척해 조선의 국토를 크게 넓혔다.

후일 황희는 18년간의 영의정 생활을 마치고 물러갈 적에 김종서를 자기 대신 천거했고, 김종서는 그 힘으로 좌의정까지 올랐다. 최윤덕 역시 황희의 믿음을 저버리지 않고 입신출세해 좌의정까지 올랐다.

세종의 이상을 실무로 이끌어내다

——

세종은 훈민정음이라는 세계 문화사상 전무후무한 창작물 때문에 문화 군주라는 이미지가 강하다. 물론 아악을 정리하고, 갑인자·병진자 등의 활자 주조, 4대 사고 정비 등을 이루어낸 점을 보면 그 말도 맞는 말이다.

그러나 이는 한쪽 면만 본 것이다. 세종은 문화뿐 아니라 국방과 경제, 정치와 농업 생산을 모두 하나의 통합된 관점에서 보려고 애썼다. 세종의 이런 생각을 현실 정치에서 뒷받침해준 이가 바로 황희다.

이 영민한 군주와 노재상은 먼저 나라의 힘을 키워야 적들의 침입을 막을 수 있다고 생각했다. 그 결과 남북으로 길게 뻗어 있는 국경을 재정비하고 군대의 규율과 제도를 점검했다. 남으로는 대마도를 정벌하

파주에 있는 반구정 1449년 황희가 87세의 나이로 18년 동안 재임한 영의정을 사임하고 관직에서 물러난 후 여생을 보낸 곳이다. ⓒ박기현

고, 함경도 지방에는 육진을 설치하며 여진족들을 귀화시켜 남침을 예방토록 했다. 또한 최윤덕과 김종서가 북방 4군 6진을 개척해 명실상부한 한반도의 국경선이 정비되었고, 한동안 왜구나 여진족들은 조선을 넘보지 못했다.

이처럼 황희는 세종의 국방·경제정책에 깊이 관여하고 지원하며 자신이 직접 현장에 나가 목소리를 듣고 돌아오곤 했다. 일찍이 그는 1423년(세종 5)에 흉년으로 민심이 어지러워진 강원도에 관찰사로 가서 흉흉한 민심을 다스리고 행정을 안정시켰으며, 어려운 백성들의 살림을 잘 보살펴 체제에 대한 불안을 잠재워 세종에게 이 공을 크게 인정받았다. 세종은 황희에게 1426년에 이조판서와 우의정에 임명했고, 1427년에는 좌의정 자리를 제수했다.

세종은 4군 6진에 사람이 살지 않는 지역이 많다는 점을 고려해 남부 지역의 백성들에게 벼슬을 주어 살게 함으로써 실질적인 영토를 만들어 냈다. 그러나 매서운 추위와 농사가 잘 되지 않는 땅으로 이주하는 것은 쉽지 않았다. 세종은 이때 황희를 시켜 경상, 전라, 충청, 강원 등 각 도의 감사를 챙기고 이주하는 백성들의 아픔을 헤아려주라고 지시했다. 《세종실록》 19년 1월 4일자에는 다음과 같이 기록되어 있다.

> 백성들이 이주할 때 굶주리고 얼어 엎드러져서 넘어지게 될 염려가 있으니, 수령들이 힘써 보호하고 구휼하여 굶주리고 추위에 떠는 일이 없게 하고, 만일 병에 걸린 사람이 있거든 더욱 보호하여 생명을 잃는 일이 없게 하여, 내 뜻에 부합하게 하라.

황희는 이런 세심한 군주의 시책을 누구보다도 잘 이해하고 있었다. 그는 4군과 6진의 점검뿐 아니라 각 도의 풍년과 흉년의 상태를 살펴 세금과 병역의 의무를 적절히 조정했고, 남도의 백성들을 왜구에게서 지키기 위해 세종에게 고해 고흥 땅에 진을 설치하는 등 국방과 경제 문제에 남다른 관심을 쏟았다.

황희는 너무나 인간적인 사람이었다. 그러나 그것이 그에게 여러 가지 멍에가 되어 돌아왔다. 어느 해 사위인 서달徐達이 모친 최씨를 모시고 대흥현大興縣으로 돌아가는 길에 신창현新昌縣을 지나다가 그 고을 아전이 예로 대하지 않고 달아나는 것을 괘씸하게 여겨, 종 세 사람을 시켜 잡아오라고 하는 등 권력을 남용한 죄로 처벌 받는 일이 있었다. 황희의 배경을 믿고 한 철없는 행동이었다.

그런데 황희는 철없는 사위의 행동을 감싸 안았다. 이 과정에서 맹사성에게 부탁해 사건을 무마하려고 했으며 심리를 지연시키기도 했다. 이는 당연히 삼사의 비난을 받게 되었다. 또 1430년 태석균太石鈞의 죄를 가볍게 다스려 달라고 사헌부司憲府에 청탁한 것이 빌미가 되어 탄핵을 받았다. 황희는 이 일에 책임을 지고 사임하지만, 1개월 후에 세종이 다시 그를 불러냈다.

1431년, 실록을 살펴보면 세종이 황희를 어떻게 보는지 상세히 알수 있다. 세종은 황희에 대한 사간원의 비판이 이어지자 이 문제를 정리하고 싶었다. 그해 9월 8일 세종이 황희·하륜·이원李原 등 고금 인물의 옳고 그름을 신하들에게 평론하게 하면서 안숭선安崇善을 불러 말하기를, 황희는 비판받아 마땅하다고 지적하고 있다.

> 황희가 교하交河 수령 박도朴禱에게 토지를 청하고, 박도의 아들을 행수行首로 들여 붙였으며, 또 태석균의 죄를 가볍게 하려 한 일도 의롭지 못한 일이니 사간원에서 비판하는 것이 옳다. 그러나 이미 의정부 대신이고, 또 태종께서 신임하시던 신하인데, 어찌 이런 일로 영영 내치겠느냐.

세종은 이때 양녕대군의 일을 예로 들어 황희를 감쌌다. 일찍이 태종이 행실이 올바르지 못한 양녕대군을 내치고자 할 때 황희와 의논했는데 어떻게 처치하면 좋겠냐고 물었더니, 황희가 "세자께서 연세가 적어서 매나 개를 가지고 노는 정도에 불과합니다" 하므로, 당시에 여러 신하들이 "황희는 늘 중간에 서서 일이 되어 가는 꼴을 보고만 있다"고 비판해 쫓겨난 적이 있었다. 세종은 이 일을 거론하며 황희가 그때 아무 죄도 없었다고 말했다. 그러고는 선왕이 황희의 재주를 지극히 사랑하고 아꼈는데 자신이 어찌 새로 들어온 사간의 말에 따라 갑자기 황희를 끊어내겠느냐고 잘라 말했다. 세종은 황희가 정치는 잘했으나 인간적인 정이 많아 인연을 끊고 맺는데 괴로워했다는 것을 알고 있었던 것이다.

연로한 황희에게 1440년 연말은 더욱 괴로운 해였다. 그에게는 황보신이라는 아들이 있는데 이 아들이 궁중 장물에 손을 댔다는 혐의를 받게 되었다. 이 일은 황희의 첩이 낳은 중생이라는 아들이 궁중에서 시중을 들다가 내탕고의 금붙이 등을 도적질하고는 국문을 받게 되면서 밝혀진 것이다. 수사관들이 문초해보니 장물을 받은 이가 황희의 적자 황보신이었다. 난감한 상황이었다. 언관들이 들고 일어났고 문초가 계속되었다. 그러나 세종은 그 선에서 수사를 마무리하라고 명했다. 황희의 체면을 생각해 황보신을 곤장으로 다스리는 데 그쳤으며, 황희를 파면시키라고 들고 일어난 간원들도 황희에게 더 이상 죄를 묻지 않았다. 80세가 된 황희는 창피한 데다 몸도 늙었기에 사직을 청했으나 임금은 그의 말을 듣지 않았다. 황희는 이런 불미스러운 일에도 군주가 자신을 신뢰하자 더욱 황송하게 보좌하며 자신의 몸을 바쳤다. 그는 의정부 대신이자 일인지하 만인지상의 자리에서 임금을 성심껏 보필했다.

세종은 이처럼 쓰임새가 있는 인물은 작은 허물이 있더라도 덮어주는 아량을 베풀었다. 황희로서는 세종이 아니었으면 관직 생활을 더 이상 하지 못했을 것이며, 오명으로 삶을 마감할 뻔했다.

69세에 영의정에 오른 황희는 1449년 벼슬에서 물러날 때까지 18년간 영의정을 지내면서 농사의 개량, 예법의 개정, 천첩賤妾 소생의 천역賤役 면제 등 업적을 남겨 세종의 가장 큰 신임을 받는 재상으로 명성이 높았는데, 이는 다 세종의 절대적인 신뢰가 있었기에 가능했다.

셈에 밝은 완급 조절의 대가

황희가 세종의 명을 받아 힘을 기울인 정책 가운데 단연 돋보인 것은 경제 분야였다. 무엇보다 큰 업적은 국경지대를 개척해 식량을 증산시켜 국민총생산을 늘린 것이다. 국토의 개척과 확장은 사실 국방 강화 외에도 경제적인 효과가 커서 조선 초기의 국가 경영을 안정적으로 할 수 있게 해주었다. 두만강 방면의 6진, 압록강 방면의 4군을 설치해 두만강과 압록강 이남을 영토로 편입시킴으로써 변방의 혼란을 가라앉히고 조선의 지도를 새로 만들어 국가 경제를 증대시킨 것이다.

여기에 참모 황희의 지원책이 돋보인다. 황희는 세종이 생각한 새로운 조세제도를 현실화했다. 관리가 책상에 앉아서 세금을 매기던 것을 직접 농지를 방문해 풍년과 흉년을 따져 세금을 매기도록 하는 손실답험법을 실시하도록 하는 한편, 출장 나간 관리자들이 부정부패로 농간을 부리지 못하도록 철저히 감시했다. 세종이 아이디어를 내면 황희는 이를 현실 정치에 접목하는 시스템이 세종 재위 기간 내내 작동되었다. 이 제도의 실시는 현장의 목소리를 중요시하는 임금의 철학이 황희와 만나 빚어낸 걸작이라고 평가할 만하다.

세종의 경제 개혁 정책 가운데 빼놓을 수 없는 업적 중의 하나가 공법貢法의 제정이다. 이는 1444년(세종 26)에 실시한 지세地稅 제도로, 종래의 손실답험법의 폐해를 바로잡고자 전국 각 도道를 토질에 따라 나누고, 모두 27종의 전등田等에 따라 각각 다른 세율로 조세를 거두어들이는 제도다. 황희는 연로했지만 셈이 밝아서 이런 복잡한 세율 문제와 회계 문제를 직접 기록하고 정리할 정도로 실무에 능했다. 임금이 나서고 참모가 길을 정리하자 고려 말에 비해 그 당시 토지당 생산량이 네 배나 확대되었다.

한편 세종은 조선 최초로 조선통보라는 엽전을 만들어 경제체계의 일대 변환을 가져 왔다. 즉위 5년 만에 만들어낸 이 정책은 향후 조선왕조 화폐정책의 근간이 되었다. 황희는 이런 세종의 경제정책을 때로는 견제하고 때로는 후원하며 현장의 관리들을 독려하고 다스리는 데 큰 힘을 쏟았다.

또한 황희는 의정부서사제 아래서 육조의 모든 정책 과정을 수렴하며 너무 앞서가는 세종을 잡아끌고 미처 따라오지 못하는 관료들은 밀어내는 등 훌륭한 기관사 역할을 해냈으며 결과적으로 세종의 창조 경영이 성공하는 데 크게 기여했다. 실제로 세종은 번뜩이는 아이디어로 많은 정책과 비전을 제시하는 한편, 새로운 제도의 도입을 적극 주장했다. 그때마다 황희는 "옛 제도라 해서 무조건 바꿀 수는 없습니다. 전후의 사정을 살피고 적응이 가능한지를 물어야 합니다"라며 세종의 정책 강도를 적절히 조정했다.

세종은 왕위에 올라 32년간 이렇게 불철주야로 나라와 백성을 위해 일하다가 1450년에 세상을 떠났다. 황희도 세종이 세상을 뜬 지 2년 만인 1452년 2월, 90세의 나이로 삶을 거두었다. 《세종실록》〈황희 졸기〉에서는 다음과 같이 기록했다.

> 그는 비록 늙었으나 손에서 책을 놓지 아니하였으며, 항시 한쪽 눈
> 을 번갈아 감아 시력視力을 기르고, 비록 잔글자라도 또한 읽기를 꺼
> 리지 아니하였다. 재상이 된 지 24년 동안 중앙과 지방에서 우러러
> 바라보면서 모두 말하기를, '어진 재상[宰相]'이라 하였다. 늙었는데도
> 기력이 강건剛健하여 홍안백발紅顔白髮을 바라다보면 신선과 같았으
> 므로, 세상에서 그를 송宋나라 문 노공文潞公에 비하였다.

황희와 세종은 앞서거니 뒤서거니 하며 세상을 떠났다. 하지만 이
두 사람의 신뢰로 뭉쳐진 특별한 경영 동맹이 깨지자마자 조선 왕조는
다시금 심각한 소용돌이 속에 빠져들고 만다. 현명한 군주와 충성스런
참모의 만남이 얼마나 중요한지 역사는 증명해주고 있다.

세종은 귀천을 불문하고 인재를 가려볼 줄 아는 천부적인 식견을 갖
고 있었으나, 인물의 평판에 대한 사전 정보는 늘 황희가 제공했다. 관
직 생활 동안 황희는 언관들의 비난이 쏟아질 만큼 결점도 적지 않은
인물이었으나 세종과 일하면서 점점 세종의 완벽주의를 닮아가게 되
었고, 말년에 18년간 영의정으로 재직하면서 가장 훌륭한 청백리의 표
상으로 자신을 개혁할 수 있었다. 세종은 자칫 자신의 적대 세력이 될
수 있었던 황희를 중용하고, 웬만한 잘못은 감싸 안아주면서 그를 가
장 훌륭한 왕권의 내조자로 삼을 수 있었다.

세종은 나라와 백성을 위해 좀더 많은 일을 하고 싶어 한, 열정이 넘
치고 재능이 뛰어난 군주였다. 그러나 그 욕심을 모두 실현시키기에는

현실의 한계가 있었다. 그런 군주의 이상과 나라가 처한 현실의 괴리를 교묘하고 적절하게 수용하여 좁혀간 참모가 황희였다.

세종은 완벽을 추구하는 완벽주의자였고 줄기차게 개혁을 밀어붙였지만, 황희는 개혁의 고삐를 늦추었다 잡아당겼다 하며 완급을 조절했다. 그럼에도 황희는 결코 군주의 권위는 건드리지 않았으며 오히려 군주의 의중을 잘 파악해 신하들에게 이를 보필하도록 중간 다리를 놓은 참모 중의 참모였다. 게다가 지나칠 만큼 완벽주의자요, 의심 많고 꼼꼼하기로 소문난 세종을 섬기면서 황희는 숙여야 할 때를 알았고, 한 발이라도 군주보다 앞서지 않고 하늘처럼 섬겼다. 이로써 두 사람은 군주와 신하라는 현실의 한계를 뛰어넘어 소통함으로써 남다른 신뢰를 갖고 살아간 특별한 평생 동지가 될 수 있었다.

04

—

시대의 흐름을 간파해
변화에 대응하다
: 신숙주

—

세조의 오명을 치적으로 덮은
순응의 아이콘

조선의 역대 군주 가운데 세조만큼 인물평이 극단적으로 갈라져 있는 인물도 드물다. 집권 과정에서 조카 단종을 죽이고 사육신 등을 무참히 해친 업보에 대한 비난이 그를 부정적으로 보게 한다. 세조는 이 죄책감을 보상받고자 조선의 어느 군주보다 더 열심히 치적을 쌓았다. 그를 보필한 대표적인 참모는 한명회韓明澮지만, 한명회 못지않게 세조를 정치적 승자로 만들어낸 참모는 바로 신숙주였다. 일개 대군으로 끝나버릴 인생일 수도 있었던 수양을 제왕의 자리까지 올리고, 조정의 내치內治를 맡아 정치와 각종 이권에 깊숙이 관여하면서 일생 동안 부귀영화를 누렸던 인물이 한명회라면, 열정과 죄책으로 계속 일에 몰입한 세조 치하에서 가장 비정치적인 인물로서 순리에 따라 국방, 외치外治, 문화를 맡은 화합의 아이콘은 신숙주였다. 그는 조선 초기 빛나는 국제 외교사와 문화 창달을 이룩한 인물이다.

신숙주는 성삼문과 사육신이 걸었던 길을 따라 죽음으로 명예를 지킬 수 있었지만 정치적으로 세조와 손을 잡았다. 선왕인 문종으로부터 어린 단종을 돌봐달라는 유지를 받았으니 이른바 변절이었다. 하지만 나라와 백성을 위한 큰 그림을 생각하고 조선 초기의 정국을 안정시킨 것은 진정한 참모의 길이기도 하다.

그는 전형적인 공직자로서 참모습을 후대에 길이 남겼다. 그럼에도 평생 친구인 성삼문을 버리고 세조의 혁명에 동참한 이유는 무엇일까?

유능한 군주, 유능한 신하를 알아보다

신숙주가 자신의 목숨과 미래를 세조에게 걸었을 때, 그는 이미 그에게 깊은 호의를 갖고 있었다. 신숙주는 동서고금의 군주론에 대해 깊은 사고와 통찰을 가졌음이 틀림없다. 그는 특히 외교, 즉 국제정치에 민감한 시각을 가진 실력자였다. 사대하고 있던 명나라의 동정을 예리하게 살핀 신숙주는 중국 역사의 흐름을 눈여겨보면서 조선의 정세 변화를 예감했다. 한명회가 중국에서 통하는 일이라면 조선에서도 통할 수 있다는 자신감으로 정변을 계획하고 밀어붙였을 때, 신숙주 역시 시대의 흐름을 읽고 있었고, 이에 반대하거나 거사를 방해하지도 않았다. 세조라면 오히려 세종 이후의 혼란한 정국을 제대로 수습할 군주의 재목이라고 생각했을 수 있다.

15세기 초 조선에서 글줄이나 읽을 줄 아는 사대부라면 명나라에서 일어난 '정난靖難의 역' 사건을 잘 알고 있었다. 정난의 역은 명나라 영락 황제의 황위 찬탈 사건을 말하는데, 이 사건이 조선에 처음 전해진 것은 1399년(정종 1) 3월 1일이었다.

> 요동遼東에서 군인 하나가 도망쳐 왔는데 조선 사람이었다. 명나라 동녕위東寧衛에 소속된 병사로, 요동 땅에서 성벽 공사에 잡다한 노역이 많아지자 도망쳐 돌아온 것이었다. 그가 말하기를, "연왕燕王이 태조 고황제高皇帝에게 제사 지내려고 군사를 거느리고 수도(남경)에 갔는데, 새 황제(건문제)가 부하들을 다 놔두고 홀로 성에 들어오도록 허락하였습니다. 연왕이 그 길에 돌아와 군사를 일으켜 황제 곁의 악한

사람을 모조리 추방하겠다고 위협하며 군사를 일으켰습니다"라고
하였다.

당시 명 태조 홍무제(주원장)는 몽골 세력에게서 자국을 지킨다는 명목으로 변방의 국방을 중요시하여 국경 요지에 자신의 아들들을 왕으로 봉하여 지키게 했다. 각지에 나간 왕들은 많은 병사를 거느리며 큰 지방 정치 세력으로 성장하게 되었다. 홍무제가 죽자 뒤를 이어 황제가 된 손자 건문제에게 변방의 5왕은 근심거리였다. 특히 북경의 연왕은 정권에 야심이 있다는 소문이 끊임없이 나돌아 방치해두면 황제의 자리를 위협할 존재로 부각되었다. 이에 건문제는 변방의 왕들을 폐(삭번)하고 연왕이 모반했다는 이유로 체포 명령을 내렸다. 위기에 처한 연왕은 황제 측근의 악을 숙청한다는 명목으로 1398년 반란을 일으켰다. 처음에는 정부군에 비해 세가 빈약했으나 3년 동안 전쟁을 치른 후 1401년 말, 남경을 함락하고 정권을 잡았다.

이 싸움에서 명나라의 환관이 연왕군과 호응해 전쟁을 종식했고, 건문제는 불에 타죽었다. 1402년, 연왕이 황제 자리에 올랐으니 그가 바로 영락제다. 그러나 영락제는 조카를 사지로 내몰고 왕권을 잡았다는 후세의 비판을 두고두고 들어야 했는데, 역사는 이 사건을 '정난의 역' 또는 '정난의 변'이라고 불렀다.

그로부터 52년 후인 1453년 10월 10일, 조선에서도 조카를 쫓아내고 왕위에 오른 숙부가 있었으니 그가 바로 수양대군, 즉 세조였다. 명나라 영락제와 차이가 있었다면 수양대군은 내란까지 가지 않고 주요 인물들만 숙청하고서도 정권을 잡아내 효율적인 승리를 거머쥐었다는

점이다.

이 쿠데타는 계유년에 일어났다 하여 '계유정난癸酉靖難'이라 부른다. 명나라의 영락제가 했던 황위 찬탈(정난의 역)의 명분은 조선에서도 똑같이 정난이란 이름으로 실행되었다. 신숙주는 물론이고 한명회를 비롯한 쿠데타의 주역들 모두가 영락제에게서 쿠데타의 모티브를 얻어 나름의 명분을 얻었던 것이 분명했다. 이 거사가 성공할 수 있었던 것은, 물론 세조가 등극한 후 반反수양대군 일당들을 모조리 축출하고 죽이는 철권정치를 펼쳤기 때문이지만, 조선의 집권층 역시 영락제의 불법적인 황위 찬탈에 대해 '대세를 거스를 수 없는 어쩔 수 없는 혁명'이라는 식으로 면죄부를 주었듯이 세조의 왕위 찬탈도 순응하며 받아들였기 때문이다. 상대가 사대하던 명나라였기 때문에 명나라의 황위 찬탈을 두고 왈가불가하는 것은 너무 곤란한 일이었다. 혁명 주체 세력들은 세조의 왕위 찬탈도 같은 명분으로 덮을 수 있다고 본 것이다.

이에 앞서 영락제의 찬탈 사건에 대해 당시 조선의 위정자들(태종과 그 신하들)이 벌인 논의를 읽어볼 필요가 있다. 《태종실록》8년 9월 11일자에는 다음과 같이 기록되어 있다.

> 태종 임금이 말하기를, "인심人心은 어짊이 있는 이를 생각하는데, 건문제는 관대하고 어진데도 망하였고, 영락제는 사람을 많이 죽였는데도 흥한 것은 어째서인가?" 하니, 조준이 대답하기를, "다만 관대하고 어진 것만을 알았을 뿐이지, 기강을 세우지 않았기 때문입니다" 하니, 임금이 옳게 여겼다.

신숙주를 비롯한 세조의 쿠데타 세력들은 태종의 이 같은 생각을 이미 알고 있었다.

'도덕적으로는 문제가 있으되, 정권을 쥐고 나면 평가가 달라진다.'

이렇게 정변의 싹은 이미 움트고 있었다.

쿠데타의 시발점은 한명회와 수양대군이 한데 뭉친 데서부터 시작되었지만 사실 신숙주에 대한 수양대군의 믿음도 쿠데타를 일으키는 데 일조했다. 왜냐하면 수양대군이 정권을 잡았을 때, 신숙주 같은 집현전 학사들의 도움이 없다면 결코 문종이나 단종을 넘어서는 정치적 경륜을 펼칠 수 없다고 생각했기 때문이었다. 선왕보다 못한 정치를 펼친다면 정변의 명분은 없어질 테니 무엇보다 절실한 것이 집현전 싱크탱크들의 조력이 필요한 상황이었다. 그 가운데서도 신숙주는 누구나 탐내는 인물 중의 인물이었다. "저런 유능한 신하를 데리고 있으면 군주를 할 만하겠다"는 배포가 생기게 하는 것이 신숙주의 강점이었다.

유능한 군주는 유능한 신하를 알아보는 법이다. 서로 경쟁관계이던 수양대군이나 안평대군 모두 신숙주를 탐낸 것은 당연한 일이었다.

그런데 사실 신숙주의 인물됨을 알고 그를 중용하도록 말한 군주는 세종이었다. 세종은 중국의 문장가이자 학사로 소문난 예겸倪謙이 조선에 오자 신숙주와 성삼문을 보내 그와 학문의 깊이를 겨루게 했다. 명나라의 일급 문신이자 학자였던 예겸은 조선이라는 조그만 땅에 무슨 인재들이 있냐며 거만을 떨었지만 예상외로 강적을 만났다. 신숙주의 말솜씨나 학문적 깊이가 얼마나 깊었던지 예겸은 더 이상 말을 하지 못하고 감탄만 거듭하며 명나라로 돌아갔다. 그는 중국으로 돌아가면서 신숙주를 조선의 '굴원(중국 전국시대의 정치가이자 시인)'이라고 높이 평가했다.

신숙주에 대한 이런 평가는 세종을 즐겁게 해주었고, 이런 평판 덕분에 세종은 신숙주를 집현전 학사의 최고 영예인 직제학으로 제수케 했다. 세종의 두터운 신임은 신숙주에게 큰일을 맡길 만한 인물이라는 평가를 받게 했다. 수양대군은 이를 지켜보며 조정에서 세력을 얻기 위해 신숙주를 어떻게 해서든 자신의 수하로 삼아야겠다고 결심한다. 여담이지만 두 사람은 서로를 잘 알고 있었고, 나이도 동갑이었으며, 수양대군이 종친부의 장자여서 말 섞기도 좋은 사이였다.

수양대군은 세종의 영민한 자질을 이어받아 유교 경전과 사서史書에 능통했고, 무술을 좋아하여 병학兵學·역산曆算·음률音律·의약醫藥·복서卜筮에 이르기까지 널리 통했다. 그러나 세력은 부족해 아직은 엎드려 있는 용에 불과했고, 자신을 도울 유능한 인재가 더욱 필요한 상황이었다. 천하의 책사 한명회가 이 점을 꿰뚫어 보고 권람權擥을 통해 수양대군의 숨겨둔 의기를 불러내자 정변의 싹이 움튼 것이었다.

그러나 수양대군에게는 넘어야 할 산이 너무 많았다. 당시 병약한 문종이 갑자기 죽기라도 한다면 어린 세자가 정치적 소용돌이에 빠져들 것이라는 조정의 우려가 거셌다. 정치적 긴장 상태가 팽팽하게 유지되고 있는 숨 막히는 상황이었다. 어린 세자의 뒤를 봐줘야 할 종친부는 문종의 동생들인 수양대군과 안평대군의 힘 대결로 긴장의 연속이었다.

문종이 등극하던 시점에서는 왕권은 약화되었고, 의정부의 권한은 막강했으며, 종친부의 기세는 하늘을 찌를 만큼 높았다. 이런 변화의 시기에 문종 사후 가장 정치적 입지를 강화할 세력으로 세 부류가 움직이고 있었다. 하나는 좌의정 김종서를 비롯한 의정부의 훈구대신들, 또 하나는 안평대군, 그리고 아직 잠룡에 불과한 수양대군과 등이었다.

그런데 한명회라는 천하의 재사가 수양대군의 수하로 들어가면서 균형을 이루던 정치적 평형이 깨어지기 시작했다.

고명 사은사를 둘러싼 수양대군과 안평대군의 기싸움
——

수양대군에게 한명회가 있었다면, 이미 세를 어느 정도 확보한 안평대군에게는 김종서의 비호를 받는 이현로李賢老가 있었다. 그는 문과 급제자 출신으로 세종 때 집현전 부교리, 병조정랑까지 올라가면서 조정에 이미 이름이 널리 알려져 있었다. 이에 반해 한명회는 학자 집안에서 태어났지만 학문이 깊지 못해 몇 번이나 과거에 떨어졌고 관직이라고는 38세 되던 해인 1452년, 문음門蔭(고려시대와 조선시대에 있던 관리 선발 제도로, 고관직을 지낸 선조나 친척이 있으면 그 후손이 벼슬을 얻는다)을 통해 그나마도 종 9품의 말단직, 경복궁 문지기를 맡은 것이 고작이었다. 그러나 얕은 학문적 깊이에 비해 그는 모략과 사람을 보는 눈, 정치적 전술 전략에 뛰어났다. 권람은 이를 잘 알고 있었기에 그를 수양에게 추천해준 것이었다.

집권 초기에는 이현로가 한명회보다 훨씬 앞서 있었다. 그는 단종의 책봉일을 바꿀 정도로 정치적 힘이 강했는데, 실록에는 다음과 같이 기록되어 있다.

사헌장령司憲掌令 신숙주가 아뢰었다.

"왕세자를 책봉하는 날을 7월 1일로 정하였는데, 지금 들으니 다른 날로 고쳐 정하였다 하니, 대저 국본國本을 정하는 것은 큰일이요, 이미 사직과 종묘와 휘덕전輝德殿에 고하였는데, 음양陰陽의 소소한 구기拘忌로 경솔하게 당겼다 물렸다 하니, 신 등은 불가하다고 생각하옵니다."

임금이 말했다.

"세자를 봉封하는 것은 큰일인데, 불길한 일진日辰에 거행하는 것이 의리에 미안하고, 또 내가 근일에 병을 얻어 몸이 편치 않아서 큰일을 행하는 것도 불가하므로 20일로 정하였다."

결국 왕이 왕세자 책봉일을 바꾼 것은, 이현로가 그날의 운수가 불길하다고 아뢰었기 때문이었다. 사헌부에서 신숙주가 안평대군의 책사 이현로를 보이지 않게 저격한 모습이다. 그러나 정작 정쟁의 상대는 이현로와 한명회였다.

이 두 사람이 처음 맞붙은 것은 명나라에 자신의 상전을 보내는 일 때문이었다. 잠룡에서 깨어나 일전을 준비하던 수양대군과 상당한 세력가였던 안평대군이 고명 사은사(명나라에 임금의 즉위를 알리고 임명장을 받아오는 사신) 파견 문제를 두고 정면으로 부딪힌 것이다. 이 문제는 향후 정국의 주도권 장악이라는 점 때문에 초미의 관심사였다.

수양대군은 여러 정황을 살펴보고 자신이 고명 사은사로 가겠다고 자청했다. 물론 여기에는 한명회의 전술적인 지략이 담겨져 있었다. 명나라에 조선 왕실의 종친부 어른으로서 안면을 트고 오면 후일 거사를 도모했을 때 그만큼 아는 사람들이 많아서 쉽게 명분을 얻을 수 있다고 판단한 것이다.

안평대군은 이 소식을 뒤늦게 듣고 입궐하여 수양대군에게 따지듯 물었다. 그러자 수양대군이 말했다.

"종친이 녹을 먹고 임금을 위해 사신使臣이 되지 않는 것이 옳겠는 가? 이 때문에 계청하였다."

고명 사은사는 원래 삼정승 중에 한 사람이 가는 것이 관례였다. 그러나 황보인皇甫仁이 바로 두 해 전인 1451년 정월에 문종의 즉위를 알리고 임명장을 받아온 터였고 김종서는 대군들 가운데 한 사람이 난을 일으킬까봐 불안해하며 임금의 곁을 지키고 싶어 했다. 그는 다른 신하를 권차權差(임시로 임명함)해 명나라에 보내고자 했으나 마땅한 방도가 없었다. 북방의 호랑이는 경계심이 많아져 결정하는 데 중요한 시기를 놓치고 말았다. 게다가 남지는 예전에 명나라에 다녀온 데다 중풍이 들어 먼 길을 가기 어려웠다. 시국이 수양대군을 불러일으킨 셈이다. 《단종실록》 즉위년 9월 10일자에는 다음과 같이 기록되어 있었다.

이현로는 안평대군에게 이렇게 권했다.

"공의 용모와 수염과 시문詩文과 서화書畫에다 우리들이 배종陪從하고 북경에 가면 가히 해내海內에 명예를 날릴 것이며, 널리 인망人望을 거두어 후일의 기반이 될 것입니다."

이에 안평대군은 수양대군을 만류하고 자신이 가기 위해 황보인의 딸을 초청해 의복을 주면서 그 아버지에게 청하게 하고, 또 이현로에게 황보인과 김종서의 집에 가서 이를 청하게 하는 등 여러 계책을 동원했다. 그러나 이미 때는 늦어버렸고, 수양대군이 명나라에 가는 것으로 결론이 나자 안평대군이 이렇게 말했다.

"형님은 관계된 바가 중대하니, 국론國論도 반드시 따르지 아니할 것입니다."

세조가 웃으면서 말했다.

"이는 내가 피하는 것이다."

이미 수양대군과 안평대군은 서로의 속셈을 너무도 잘 알고 있었다. 그렇기에 먼저 선수를 치고 싶었던 수양대군이 승기를 잡았다. 수양대군은 이 원행에 신숙주를 불러들여 자신의 심복으로 만들었다. 이제 그는 집현전의 고집 센 학자들의 원군도 얻게 된 것이다. 이는 신숙주가 수양대군과 직접적인 인간관계를 맺는 계기가 되었다.

중국에서 의기투합하다

신숙주는 일찍부터 재주를 보여 세종이 문종에게 말하기를, "신숙주는 국사國事를 부탁할 만한 자다"라고 할 정도로 뛰어난 인물이었다. 수양대군은 이 말을 가슴 깊이 묻어놓고 있었다.

명나라에 고명 사은사로 떠나면서 신숙주를 서장관으로 데리고 나가기에 앞서, 수양대군은 1452년 8월 10일, 우연히 집현전 문 앞에 지나가는 신숙주를 만난다.

과연 우연인지는 모를 일이지만, 두 사람의 만남은 다음과 같이《단종실록》단종 즉위년 8월 10일자에 기록되어 있다.

마침 집현전 직제학 신숙주가 문 앞으로 지나갔다.

"신 수찬修撰(조선시대 홍문관弘文館의 정 5품 관직)!"

세조가 부르니, 신숙주가 곧 말에서 내려 뵈었다.

세조가 웃으면서 말하기를, "어찌 문 앞을 지나며 들어오지 않는가?"

하고, 이끌고 들어가서 함께 술을 마시면서 농담으로 말했다.

"옛 친구를 어찌 찾아와 보지 않는가? 이야기하고 싶은 지 오래였다.

사람이 비록 죽지 않을지라도 사직에는 죽을 일이다."

신숙주가 대답했다.

"장부가 편안히 아녀자의 품 안에서 죽는다면 그것은 집에 있으면서

세상을 전혀 모르는 것[在家不知]이라고 할 만하겠습니다."

세조가 즉시 말하기를, "그렇다면 중국으로 가라"고 하였다.

중국으로 가는 사신단은 보통 3~400명 규모의 대규모 집단이었다.
정사, 부사, 수행, 자제군관(개인 수행원), 병사, 역관, 짐꾼, 상인들까지 다
양한 계층이 한데 어울려 4개월쯤 생사를 같이했다. 교통수단이라고
는 말을 타거나 걸어가는 방법 외에는 없었고, 압록강을 건넌 후에는
숙박지도 변변치 않아 노숙하는 것도 예사였다. 도중에 호환을 만나거
나 큰 비, 눈, 전염병 등에 무방비 상태로 노출돼 목숨을 걸고 다녀야
했다. 그래서 사신단에 한 번 같이 다녀오면 사지死地를 다녀온 것이라
해서 평생 동지나 친구로 가깝게 묶이는 경우가 예사였다.

수양대군과 신숙주 역시 같은 처지였다. 신숙주는 먼 장거리 여행길
에서 수양대군의 호방한 성격과 속내를 실컷 들여다보았다. 수양대군
의 배짱과 큰 포부, 인재를 사랑하고 포용하는 능력, 명나라 신료들을

대하는 의젓하고 솔직한 자세 등을 보며 신숙주는 인간적으로 그에게 반했다. 수양대군 역시 명나라에서도 인정할 정도로 신숙주의 빼어난 실력과 야합이나 정치적 권모술수에 능하지 못한 착실한 인성을 발견했다. 그 이후 두 사람은 의기투합했다.

수양대군은 명나라에 도착해 신숙주를 영락제의 능묘에 데리고 갔다는데, 이 두 사람은 '정난의 역'에서 무언가를 느끼고 돌아온 것은 아니었을까? 그 해답은 수양대군과 신숙주가 그 후 급속하게 가까워진 데서 찾을 수 있다.

1417년에 태어난 신숙주는 한명회와 달리 일찍 관운이 트였다. 22세가 되던 1438년 사마시司馬試(성균관에 입학할 자격을 부여할 목적으로 실시한 과거. 소과小科라고 불렀다), 생원시, 진사시 등에 합격했고, 이듬해 진시 문과에 을과로 급제하여 전농시(사농시司農寺, 조선 전기 제사에 필요한 제수를 공급하던 부서) 직장이 되었다. 이후 그는 집현전 학사로 이름을 크게 얻었다. 한글 창제 작업에 투입된 신숙주는 세종의 명을 받아 훈민정음 정리 작업에 참여하면서 명나라 한림학사 황찬黃瓚의 도움을 얻기 위해 13차례나 요동을 다녀오는 열성을 보였다.

이러한 이력은 신숙주에게 외교에 대한 눈을 뜨게 해주었다. 수양대군이 그를 고명 사은사로 데리고 간 것도, 신숙주의 외교적 감각을 높이 샀기 때문이다.

고명 사은사로 다녀온 수양대군은 정치적 세력을 결집하기 시작했다. 한명회가 전면에 나서서 무장 사병들을 모으고 정치적 동지를 규합하고 다녔다. 당연히 이 일은 안평대군의 귀에 들어갔고, 견제와 일촉즉발의 대치 상황이 계속되었다.

안평대군이 어느 날 꿈에 무릉도원을 보고 당대 최고의 화공 안견에게 그림을 그리도록 했다. 3일 만에 완성했다는 〈몽유도원도〉는 그림의 가치만큼이나 찬문을 붙인 23명의 이름으로 유명하다. 발문에 보면 안평대군이 박팽년과 함께 이곳을 보고 그림을 그리게 했다는데 꿈속에서 최항, 신숙주 등이 등장했다는 것이다. 어쨌든 그림을 그린 후 여러 사람에게 보였을 것이고 이 그림을 칭찬하는 찬문들을 사대부들이 즐비하게 달아주었던 것이다.

이 그림이 수양과 한명회의 심기를 건드린 것이라는 말이 있다. 국왕의 아들이면서 그림과 함께 하는 정치인과 문인의 모임을 주도했던 안평대군의 야심이 눈에 거슬렸다는 것이다. 실제 목적이야 어떻든 그 자체가 경쟁 권력으로 보였을 법하다.

팽팽하던 두 집단의 균형이 깨어지는 순간은 의외로 빨리 찾아 왔다. 1453년(단종 1) 10월 10일, 수양대군이 몰래 준비하던 거사가 누설되었다는 이야기가 퍼지자, 수양대군은 급히 병사를 일으켰다. 그리고 문종의 유탁을 받은 세 정승 가운데 가장 강력한 적이었던 김종서의 집을 불시에 습격하여 그와 그의 아들을 죽였다. 이 사변 직후 수양대군은 단종에게 "김종서가 모반했으므로 죽였는데, 사변이 너무 급하게 일어나 아뢸 틈이 없었다"고 상주했다. 그는 다시 임금의 명이라고 속여 중신을 소집한 뒤, 대궐에 들어오던 황보인, 조극관趙克寬, 이양李穰 등을 궐문에서 죽였다. 또 좌의정 정분鄭苯 등을 유배시키는 한편 안평대군을 강화도로 유배시킨 뒤 사사賜死했다. 한명회의 살생부에 오른 이들은 모두 죽거나 유배를 갔다.

삽시간에 실권을 잡은 수양대군은 스스로 영의정부사, 이조·병조판서, 중외병마도통사 등을 겸하면서 실질적인 권력을 모두 장악했다. 조선 역사상 왕족이 영의정 자리를 겸한 것은 수양대군과 임영대군의 차남 귀성군 이준뿐이었다. 결국 1455년, 한명회와 권람 등의 강요로 단종은 수양대군에게 왕위를 물려주고 상왕上王이 되고 말았다. 그 후 1457년(세조 3) 6월 21일에 집권층은 단종을 노산군魯山君으로 강봉했고, 영월寧越에 유배했다가 그 해 10월에 목매어 죽게 했다.

계유정난이 일어났을 때 신숙주의 역할은 애매하다. 그럼에도 그는 이후 동부승지로 제수되었다. 수양대군이 권력의 전면에 서서 피비린내를 풍기며 정국을 수습하고 있을 때 동부승지라는 중요한 직책을 받았다는 것에서 이미 정난을 승인했다고 유추할 수 있다.

그리고 단종이 수양대군에게 왕위를 양위할 때 성삼문 등이 눈물을 흘리고 박팽년이 경회루 못에 빠져 죽으려고 했을 때, 신숙주는 이를 방관했다. 이에 세조는 그를 예문관 대제학으로 올렸다. 이는 학자로서 가장 영예로운 자리이자 가문의 영광으로, 사대부가 고위직으로 올라서는 지름길이 되어 모두가 탐내는 자리였다. 신숙주가 비판받는 부분이지만, 사실 그의 처세술은 운명에 순응하는 것이었다.

신숙주에게 한명회 같은 기질을 요구하는 것 자체는 절대 불가능한 일이었지만 한번 순응하면 그대로 따라가는 것은 신숙주의 처세술이었다. 세조는 자신의 등극을 명나라에 알리는 주문사로의 소임을 신숙주에게 맡겼다. 신숙주는 이미 명나라에 친한 관료들이 많은 외교전문가였다. 그는 명나라에 가서 맡은 바 소임을 다하고 돌아왔다. 세조는 크게 기뻐하여 신숙주에게 토지와 노비를 하사했다.

그러나 성삼문 등 집현전 동료들은 이미 신숙주를 변절자로 낙인찍었다. 그동안 단종 복위 운동이 비밀스레 전개되기 시작했다. 젊고 피 끓는 학사들은 의기투합하면서 세조를 축출하고 단종을 복위하려는 구체적인 거사를 모의했다.

1456년(세조 2) 6월 1일, 명나라에서 사신이 왔다. 세조는 상왕이 된 단종을 불러 사신단 앞에서 연회를 베풀 예정이었다. 성삼문 등 단종 복위 세력(박팽년朴彭年·하위지河緯地·유성원柳誠源·성승成勝·유응부兪應孚·권자신權自愼·허조許稠)은 이때가 거사의 기회라고 보았다. 창덕궁에서 접대 잔칫상이 펼쳐지고 춤판이 벌어질 때 유응부, 성승 등이 운검(임금을 호위하던 운검 무사들이 차던 칼)을 들고 칼춤을 추는 척하다가 세조의 신하들을 모조리 제거하고 단종을 다시 왕으로 복권하자는 계획이었다. 하지만 공모자였던 김질金礩의 밀고로 모두 체포, 처형되었다.

이 계획에서 신숙주도 제거 대상으로 거론되었다. 성삼문은 자신의 오랜 친구요 집현전 동료였던 신숙주에 대해 "친구라도 죄질이 무거우니 죽여야 한다"고 말할 정도였다. 그러나 한명회가 혹시 모를 만일의 사태에 대비해 연회에 참석하는 모든 신하들에게 운검을 들이지 못하도록 하면서 일이 틀어져버렸다. 거사에 참가한 이들이 노심초사하고 있을 때, 김질이 거사의 전말을 털어놓고 말았다. 모든 관련자가 검거되었고 지독한 고문에 이은 참혹한 형이 집행되었다. 일벌백계, 세조로서는 어차피 치러야 할 운명적 결단이 필요한 상황이었다. 끝까지 충성을 맹세하지 않고 세조를 꾸짖으며 단종에게 충성을 맹세한 이들은 죽어서 사육신이 되었다.

신숙주는 이후 단종을 도성에서 내치는 연명서에 동참하며 정권 유지에 힘을 보탰고, 단종을 노산군에서 일반 서인으로 만드는 일에도

서울 노량진에 있는 사육신묘 세조의 왕위 찬탈을 반대한 사육신들은 죽어서도 한데 모였다. 그러나 세월이 흐르면서 역사의 승자인 세조의 치적이 부각되었다.

관여하여 비판을 받았다. 그가 어떤 마음으로 이 일에 동참했는지 알 수 없으나 신숙주의 평소 언동으로 볼 때 자신이 먼저 나서서 피를 보려고 하기보다는 수동적 동조로 일관하며 거사에 동참한 것이 분명한 것으로 보인다.

거사와 변절 사이에서 미적지근한 태도를 보인 신숙주를 세조는 왜 자신의 정치적 동조세력으로 끌어넣은 것일까?

세조, 신숙주의 열정과 독서력을 인정하다
——

세조는 일찍이 수양대군 시절, 똑똑하지만 겸손하고 의외로 정치적 견해를 나타내지 않는 신숙주가 가진 장점을 발견했다. 그것은 다른 누구도 찾아내지 못한 신숙주의 장점, 바로 일에 대한 열정이었다. 신숙주는 정치적 이해타산에는 누구보다 소극적이었지만 자기가 하고자 하는 일에는 그 어떤 사람보다 열정적이었다. 그의 독서에 대한 뜨거운 정열, 끝이 없는 학문적인 탐구심, 그리고 중국을 열세 차례나 찾아가서 필요한 결과를 얻어내고 돌아오는 집념 등을 높이 샀기에, 세조는 그를 무한 신뢰했다.

한명회가 세조의 정치적 왕재王才를 발견해낸 인물이라면 신숙주는 세조의 문화적·외교적 왕재를 발견해 이를 성취하도록 만든 인물이라 할 수 있다. 세조의 무력 쿠데타를 일부라도 정당하게 만든 것은 신숙주였다. 세조도 신숙주의 이런 면을 미리 내다보고 그를 문화적인 조력자이자 화합의 중재자로 활용했다.

세조는 재위 3년 신숙주를 일컬어 "나에게 위징魏徵과 같은 인물"이라고 칭찬하며 이 사실을 일부러 사관에게 기록하게 했으며, 공식 조회 석상에서 세 번이나 그를 위징이라고 칭하며 강력한 신뢰를 보여주었다.

위징은 당 태종의 재상으로, 당 태종이 올바로 서도록 직언하고 정사를 편찬하며 문화 통치를 수행하도록 도움으로써 당나라가 문화선진국으로 발전할 수 있게 만든 인물이다. 세조는 신숙주가 그런 인물이 될 수 있다고 믿었다. 세조가 정권을 잡기 위해 한명회 같은 모사를 썼다면, 정치적 야욕으로 피를 흘린 과거를 지우고 통합과 화합을 이끌어낼 참모로서 신숙주를 썼다. 특히 신숙주는 외교와 문화 통치에서 발군의 실력을 발휘했다.

신숙주는 1447년 집현전 응교가 되었고, 그해에 사헌부 장령, 집의를 거쳐 직제학에 올랐다. 1453년에는 승정원에서 동부승지, 우부승지, 좌부승지를 거쳤는데 계유정난이 일어나자 곧바로 수양대군에 의해 권력의 핵심인 도승지로 올라서게 되었다. 세조 즉위 후 그는 예문관 대제학, 1456년엔 병조판서, 이듬해 좌찬성을 거쳐 우의정, 좌의정, 영의정까지 일사천리로 승진했다. 그가 영의정이 된 것이 1462년으로 겨우 45세였으니, 40대에 정승의 반열에 오른 것이다. 그만큼 세조가 신숙주의 업적과 학문적·인간적 됨됨이를 신임했다는 의미다.

신숙주는 지독한 독서광이었다. 그는 어릴 적부터 경서를 탐독해 7세에 이미 경사經史를 두루 섭렵했고, 글을 한 번 읽으면 결코 잊어버리지 않았다. 그의 아버지도 문장에 뛰어난 사람이어서 그는 어릴 적 아버지의 영향을 많이 받았다. 집현전에 들어간 24세 때부터는 그의 실력이 일취월장했는데 그것은 진기한 서적들이 가득한 궁궐의 장서각에서 귀중한 서책을 마음 놓고 볼 수 있었기 때문이었다. 독서에 대한 그의 집념과 열정은 이 시절 숙직을 일부러 도맡아 가며 장서를 읽은 사실에서도 드러난다.

세종은 신숙주가 독서광이라는 소문을 듣자 이를 확인하기 위해 내시를 시켜 그의 독서하는 모습을 지켜보게 했는데, 과연 그는 첫 닭이 울고 나서야 잠이 들었다. 내시가 이 사실을 보고하자 세종은 그를 아껴 자신이 입고 있던 돈피 갖옷을 벗어 신숙주에게 덮어주라고 명했다. 이 일로 신숙주는 일약 집현전뿐 아니라 대신들의 주목을 한눈에 받게 되었다. 그의 독서광 습관은 웬만큼 술이 취해도 반드시 자다가 깨어 글을 읽고 잘 정도였다고 한다.

이런 독서력은 왕성한 학문적 욕심 때문이었는데, 이런 열정은 세종의 마음을 흡족하게 했다. 그 결과 세종은 신숙주를 훈민정음 창제에 직접 투입시켰다. 당시 중국 학문과 한자에 익숙하던 사대부들은 이를 못마땅하게 생각해 반대의사를 표시했으나 세종은 결코 물러서지 않았다. 오히려 신숙주를 앞세워 한글 운용에 박차를 가하게 했다.《용비어천가》등의 한글 사용도 신숙주의 작품이었고 음운 번역이나 고^古제도 연구도 자연스레 그의 몫이었다. 궐내에서 신숙주를 능가할 학사는 없었다.

14세기부터 15세기까지 조선은 개국 후 몇 번의 내치에서 위기는 있었지만 안정권으로 접어들고 있었다. 이 시기에 조선의 위정자들은 내치가 안정을 찾자 외부 세계로 눈을 돌리기 시작했다. 명나라와 여진, 일본과 유구, 이런 외국과의 관계가 조선의 안정에 직접적인 영향을 미쳤기 때문이다. 그러나 세종 이후 문종과 단종은 단명했고, 세조가 이 임무를 떠맡게 되었는데 세조의 외교적 눈과 발이 된 것이 신숙주였다.

세조는 이미 세종 재위 때부터 일본과 여진, 명나라와의 관계를 설정하는 아버지의 외교적 수완을 보고 배운 바 있었다. 그는 특히 명나라와 일본에 관심이 많았다. 이에 신숙주는 일본에 대한 외교정책을 정립하기 위해《해동제국기海東諸國記》를 집필했다.

이 책은 1471년(성종 2) 12월에 일본 정세에 정통했던 신숙주가 왕명을 받들어 편찬했다. 28년 전인 1443년(세종 25)에 세종의 명을 받들어 27세의 나이에 서장관으로 일본에 파견되었는데, 당시로서는 비교적 짧은 기간 동안에 외교적 목적을 무사히 마치고 돌아온 것이었다. 해동제국은 일본 본국과 일기一岐, 구주九州, 대마對馬 양도와 유구국琉球國

의 총칭이다. 《해동제국기》에 등장하는 일본 관련 항목은 해동제국총도海東諸國總圖, 일본 본국도, 일본국 서해도西海道 구주도九州圖, 일본국 일기도도一岐道圖, 일본국 대마도도, 유구국도 등의 지도 및 일본국기日本國紀, 유구국기, 조빙응접기朝聘應接紀 등이다.

당시 신숙주가 일본을 방문했을 때 해동의 젊고 유능한 학자에게 시한 수나 글씨 한 점을 얻어가려는 일본의 문사들이 끊임없이 몰려들었다. 신숙주를 스승으로 모시겠다고 달려드는 문사들이 있는가 하면, 동료 또는 선후배로 사귀고 싶어 하는 이들도 있었다. 이들을 만나고 대화를 나누는 중에 신숙주는 일본을 속속들이 알게 되었고, 그 경험을 모두 자신의 책에 반영했다. 그는 일본 교토에 도착해 막부 장군을 만나고 돌아오는 길에 대마도 도주와 협정을 맺어 일본과의 교린을 공식화하기도 했다.

《해동제국기》는 일본 지도사에서도 아주 중요한 사료인데, 그 후 몇 번의 수정 보완을 했던 것으로 보인다. 권말 부록에는 1501년(연산군 7) 유구의 사신이 왔을 때 병조판서 이계동李季소의 건의로 선위사宣慰使 성희안成希顔이 사신에게 들은 그 나라의 국정도 추가로 수록되었다. 이 모든 작업의 기초는 신숙주의 왕성한 독서력과 타고난 호학 정신, 외국어 실력을 바탕으로 한 외교정책에 대한 집념과 열정 때문에 가능한 일이었다.

조선 후기 학자 이긍익李肯翊은 《연려실기술燃藜室記述》에서 신숙주의 외국어 실력에 대해 이렇게 평가했다.

공이 한韓, 왜倭, 몽고, 여진 등의 말에 통했으므로 때로는 통역을 빌

리지 않고도 스스로 뜻을 통하더니 뒤에 공이 손수 모든 나라의 말
을 번역하여 바쳤으니 이에 힘입어 스승에게 일부러 배울 필요가 없
었다.

이렇듯 스스로 공부하고 번역하며 책을 집필한 신숙주는 일본에 대
해 예리한 눈으로 동태를 살폈고, 그 느낌과 분석을 후대에 남겼다.

변절자라는 비판에 대한 변명
——

하지만 신숙주에 대한 비판도 적지 않다. 그가 사육신에 끼지 않고 변
절한 것 말고도 세조나 예종의 명령에 순응하기만 해서 잘못된 일을
바로잡지는 못했다는 것이다. 그만큼 그는 복종형의 참모상을 보여주
었다는 것인데, "아니오"라고 해야 할 때에도 가만히 있었기에 세조가
쿠데타를 일으켰을 때 결연히 맞서지 못했다는 지적이다.

세조는 도덕적으로 비판을 받을 만한 왕권 찬탈을 벌인 것이 분명하
다. 하지만 신숙주가 그때 반대했더라면 자신도 죽음을 맞았을 것이다.

"그림을 원래대로 돌릴 수 없다면 그 안으로 뛰어들어 조금이나마
나라와 백성에게 도움이 되는 현실 정치가가 되자."

신숙주는 변절의 비판을 스스로 이렇게 합리화했을지도 모른다.

신숙주는 이런저런 공과가 있음에도 공직 관료로서 가장 적합한 품
성, 즉 스스로를 내세우지 않고 겸손하게 자신을 죽이며, 오히려 군주
를 앞세운 사람이었다. 그의 성격을 살펴보면 의외로 자기 자랑이 없
는 인물임을 알 수 있다. 세종 때부터 여섯 명의 군주를 모시면서도 한

결같을 수 있었던 이유다. 이는 신숙주가 문장에 능숙한 재사였음에도 그의 글이나 사상 등의 표현에서 내로라할 자기 자랑이 없다는 것에서도 엿볼 수 있다.

그는 문사로서 이렇다 할 기록을 남겨두지 않았다. 신숙주는 경사와 고전에 해박한 지식을 가지고 있어서 여러 역사 서적과 예서禮書, 운서韻書, 병서兵書 편찬에 기여할 수 있었다. 그럼에도 그는 자신의 주장과 주의를 내세우지 않았다. 김종직金宗直·송시열宋時烈·이황李滉·이이李珥, 심지어 정도전조차 자신의 철학과 사상을 밝히고 자신의 이름을 내는 데 주저하지 않았고 이것이 학문하는 자의 기본이었다. 자신이 알고 있는 경전에서 글을 가져오고, 이를 비판하거나 수용하여 자신의 사상을 거론하고 학문의 깊이를 자랑하는 것이 성리학을 한 사람들이 즐겨 해온 학문적 습성이었다. 그런데 신숙주에게는 그런 모습이 잘 드러나지 않는다. 그는 자기 자랑이나 학문적 주장을 싫어하고 늘 본론부터 말하는 습관이 있었다.

상소문이나 임금에게 드리는 글에서 보통 사대부들은 《주역周易》, 《서경》, 《논어》, 《맹자》를 거론하며 자신의 철학을 뽐내는 데 비해 신숙주는 현학衒學을 뽐내지 않고 주제로 곧바로 들어가 본론을 이야기하는 실학자적, 현실 정치가적 행태를 보였다. 따라서 그는 학자로서 유학을 숭상하고 즐겨 공부했어도 실질적인 정치와 경제의 결과를 중시하는 경향을 보여주었다. 이 점이 다른 학자들과 근본적인 차이다.

이러한 이유 때문에 그는 유학자이면서도 세종과 세조의 불교 적극 수용 방침에서도 이를 거부하거나 비판하기보다 객관적인 시각을 가진 자로서 이단 논쟁에 깊이 개입하지 않았다. 그의 관심은 불교가 이

단인가 아닌가보다는 백성들에게 어떤 정치를 펼치는 것이 나라에 도움이 되는가에 있었다.

신숙주의 빼어남은 그가 오랫동안 관직에 있으면서 자신이 일한 외교의 노하우를 기록으로 남겨두었다는 점이다. 이것은 조일 무역의 중요성을 알리는 한편 일본의 핵심 지도층들이 권력 분산으로 나누어져 있어 누구를 어떻게 상대하고 파악하는 것이 중요하다고 판단해 작성한 것이니 그의 외교적 식견이 탁월한 경지에 이르렀음을 알 수 있다. 그리고 일본어를 구사하는 소양 또한 뛰어났음을 반증하는 예시다.

그의 주장을 정리해보면 일본은 바다를 사이에 두고 있어 그들이 조선에 오는 것은 무역으로 이익을 꾀하려는 것이므로 보내는 것을 후하게 하고 받는 것을 박하게 하면 회유할 수 있어 침입을 예방할 수 있다는 것이었다. 특히 일본은 회유가 쉽지 않으므로 한 번이라도 그 기미를 잃으면 남쪽을 지키기 어렵다고 보았다. 신숙주는 죽음을 앞두고 있을 때도 성종에게 일본에 대한 경계를 게을리하지 말 것을 요청하는 한편, 일본과의 화평을 해치지 말도록 주청했다.

세조부터 성종까지, 왕들은 그의 외교에 대한 충언을 깊이 받아들였으나 이후 일본에 대한 경계를 게을리함으로써 결국 임진왜란을 겪었고, 그 이후 구한말 한일합방까지 초래하고 말았으니 세조와 신숙주의 외교철학을 군주들이 본받지 못한 탓이다.

신숙주는 명나라와 여진과의 관계도 명확하게 정리하고 있다. 신숙주는 세조에게 북방에 대한 관심을 촉구하며 여진 정벌을 강력히 주장했다.

그는 1460년(세조 6)에 동북 방면으로 자주 침입하는 중국 동북부 지방의 여진족의 토벌책을 제시하고, 같은 해 7월 27일에 강원·함길도 도체찰사 겸 선위사宣慰使로 임명되어 북방 오진五鎭에 이르러 강을 건너가 여진족을 공격해 대첩을 거두고 개선했다.

신숙주 같은 문사가 어떻게 여진 정벌에 나섰을까 의문스럽지만 사실 김종서도 문과에 급제한 학자 출신이었고, 김종서의 참모로서 신숙주가 북방 정벌에 참여한 경험이 있었기에 그가 적임자로 임명된 것이었다.

세조는 이 정벌을 기록으로 남겨두라고 왕명을 내려 신숙주가 1461년(세조 7)에 《북정록北征錄》을 저술한 바 있다. 신숙주가 도체찰사로 여진족을 정벌한 사실은 〈야전부시도〉(고려대학교 박물관 소장)라는 그림에 남아 있다.

한편 그는 수차례 명나라에 다녀오면서 명나라 관료들과 우호적인 관계를 형성하는 한편, 시문과 중국어에 능통하여 중국의 서적을 번역하는 데 전력을 다했다.

신숙주의 졸기에 그와 관련한 기록이 나온다.

> 정음正音을 알고 한어漢語에 능통하여 《홍무정운洪武正韻》을 번역하였으며, 한음漢音을 배우는 자들이 많이 이에 힘입었다.

신숙주의 열정은 숱한 기록물들을 만들어낸 데서 더욱 빛난다. 그는 세조의 문화 통치를 돕기 위해 왕들의 귀감이 될 《국조보감國朝寶鑑》을 편찬했고, 국가 질서의 기본을 적은 《국조오례의國朝五禮儀》를 교정, 간행했다. 또 사서오경의 구결을 새롭게 만들고 훈민정음 확산을 위한

신숙주의 〈몽유도원도〉 찬시 안평대군이 당대 최고의 화공 안견에게 의뢰해 그린 〈몽유도원도〉를 보고 신숙주를 비롯한 여러 사대부들이 찬문을 달았다. 이렇게 그림을 감상하면서 정치인과 문인의 모임은 자연스럽게 이루어졌다(국립중앙박물관 소장).

사업, 고전과 불경의 언해본을 만들어내기도 했다.

신숙주는 이후 예종, 성종을 거치며 모두 여섯 명의 군주를 모시고 경륜을 펼쳤다. 하지만 그는 결코 게으름 한 번 부린 적 없이 쉼 없는 열정으로 치열하게 앞으로 달려갔다. 그리고 1475년에 60세를 넘기지 못하고 세상을 떠났다.

계유정난을 통해 세조의 재상이 된 것에 대해 신숙주는 과연 양심의 가책을 느꼈을까? 아마도 그렇지 않았을 것이다. 오히려 그는 자신의 길을 옳다고 여기고 묵묵히 수행했을 것이다.

아마도 신숙주가 지금 그때의 심경을 말한다면 이렇게 대답하지 않을까?

"군주에게 다 만족하고 그것을 따른 것은 아니었다. 그러나 모시는 분이 군주의 재목이 된다고 판단했기에 따라갔을 뿐이다."

왕족과 조정 신료들 사이에서는 피비린내 나는 정쟁이 벌어졌지만 신숙주는 묵묵히 자신의 길을 걸었다.

사료를 살펴보면 신숙주는 작은 일에 결코 구애받지 않았던 것이 분명하다. 그의 열정은 오로지 백성의 안위와 정국의 안정, 나라의 안위에 쏠려 있었다. 그의 이런 열정은 그에게 쏟아진 많은 비판을 덮을 만큼 화려한 치적들을 만들어냈다.

앞에서도 언급했지만 한명회가 세조를 만들었다면 신숙주는 세조를 제왕다운 제왕으로 가꾸어준 인물임이 분명하다. 신숙주가 비판 없이 단순히 복종만 했다면 과연 이런 치적이 가능했을까? 절대 불가능한 일이다.

신숙주는 세조가 원하는 것 이상을 채워줄 수 있는 실력과 군주가 진정 원하는 것을 읽을 수 있는 안목이 있었다. 그를 통해 세종 이후의 불안하던 정국은 점차 안정되었고, 역사는 다시 흐르기 시작했다. 세조는 명분을 잃고 실리를 얻었고, 한명회는 비난을 많이 받았으나 부귀와 명예를 얻었다. 성삼문처럼 사육신이 되지 않고 권력을 택한 신숙주는 변절자라는 비판을 들었지만 조선 초기의 문화와 외교 정치사에 중요한 디딤돌을 만들어 세조의 오명을 씻어준 진정한 참모였다.

신숙주의 리더십은 한마디로 '순응의 리더십'이라고 정의할 수 있다. 그는 천성이 고매하고, 누구라도 용납할 만큼 도량이 넓었다. 그는 작은 정이나 사사로운 일에 얽매이지 않고 큰일을 결단할 때에는 강물을 트듯 막힘이 없었다. 그는 매사에 긍정적이었으며, 민생을 먼저 생각한 전형적인 공직자였다.

05

부패한 조정에
개혁의 칼을 들이대다
: 조광조

중종의 부족한 역량을 키운
개혁의 아이콘

조광조趙光祖는 불꽃같은 삶을 살았다. 한때 그는 중종의 절대적인 총애를 받았으나 한순간 역모 혐의를 받고 죽음을 맞았다. 중종과 조광조는 친형제처럼 호흡이 척척 맞는 군신간의 아름다운 모습을 보였고, 중종반정으로 권세를 잡은 공신들을 효과적으로 견제하며 정국의 주도권을 잡았다.

중종에게 조광조는 꼭 필요한 참모였고, 조광조에게는 조선 정치의 혁신을 위해 중종의 도움이 절실했다. 이런 간절한 욕구가 두 사람을 한 몸처럼 묶어주었으나 시간이 흐르면서 둘 사이는 조금씩 벌어지기 시작해 결국 돌아올 수 없는 사이로 갈라지고 말았다.

중종과 조광조를 보노라면 '참모의 역할은 어디까지인가? 군신의 관계를 어느 선까지 지켜야 할까?'라는 의문이 계속 든다. 조직의 리더들이 역사에서 교훈을 배우지 못하면 백성들만 고달플 뿐이다. 여기서 백성들이란 한 조직의 구성원, 힘없는 서민들, 한 달마다 월급을 받으며 힘겹게 살아가는 회사원들일 수 있다. 지난 역사에서 우리는 무엇을 배우고 무엇을 버려야 할 것인가?

조광조의 정치 혁신의 실패는 참모와 군주의 한계를 다시금 깊이 생각하게 만드는 사건이었으나 그의 개혁 성향은 조선 중후기 사대부들의 사상과 국가 경영의 틀에 적지 않은 파장을 불러왔다. 그가 남긴 사림의 족적은 후일 긍정과 부정의 다양한 결과로 나타났다. 조광조는 과연 이것을 예견하고 있었을까?

성종, 연산군, 중종으로 이어진 과업

흔히들 연산군의 폭정과 조선 최초의 반정인 중종반정을 이야기할 때 군주 개인의 일탈이나 폭군 성향을 문제 삼는 경우가 있는데, 이는 너무 표면적인 결과다. 중종반정의 시작은 결국 성종이었고 마지막도 성종이었다고 할 수 있다. 성종이 이 사건의 핵심인 이유는 결국 그가 왕권과 신권의 싸움을 시작했기 때문이다.

물론 태종부터 시작된 신권의 싸움은 정도전에게서 완전 승리를 거둔 것 같았다. 사실 세종, 문종, 단종 때에는 신하들의 권한이 강화되었고 세조 때에는 왕권이 강화되었다. 그러다가 세조의 충복들로 구성된 훈구대신들의 득세로 성종 때에는 다시 왕권이 어려움에 처했다고 볼 수 있다.

성종은 누구보다 안정된 정권을 유지하고 싶어 했다. 그는 13세의 어린 나이에 왕위에 올랐기에 집권 초기 신하들의 권한은 강할 수밖에 없었다. 세조 시절에 이미 권력의 정상에 있던 신숙주, 한명회, 홍윤성, 김질 등 9명의 원로대신들이 원상院相(왕이 죽은 뒤 어린 임금을 보좌하여 정무를 맡아보던 임시 벼슬)으로 정책 결정에 참여하고 있었으니 왕의 역할은 한정적이었다.

이런 일시적인 신권 강화 시기는 1476년(성종 7) 성종이 친정親政을 시작한 후 달라지기 시작했다. 성종은 김종직, 김굉필金宏弼 등 사림士林 세력을 등용해 훈구파를 견제했다. 여기서 훈구파는 당연히 신숙주, 한명회 등의 기존 대신들과 추종자들이었다. 그리고 1478년 홍문관弘文館을 예문관藝文館에서 다시 분리하여 왕권을 호위하는 정치 기구를 만들고, 조정 안팎에서 새로운 인물을 과감하게 발탁하는 등 왕권 강화의 정치적 기반을 확대하려는 노력을 적지 않게 기울였다. 그러나 성종이 38세로 사망하면서, 모든 것은 미완으로 끝나버렸다.

성종에 비하면 연산군은 왕재로서의 교육을 충분히 받고 왕좌에 오른 경우였다. 그는 아버지 성종이 못다 한 왕권 강화에 대한 꿈을 기억하고 자신이 완수하고 싶었을 것이다. 물론 연산군 개인의 일탈도 많았지만 그의 머릿속에는 늘 신권을 약화시키고 왕권을 강화해야 한다는 소명감 같은 것이 있었을 법하다.

연산군의 뒤를 이은 중종은 이들보다 더 왕권 강화에 대한 욕심이 앞섰을 것이다. 정권을 잡게 해준 훈구파가 고맙긴 해도 성종이 초기 집권 당시 훈구파에게 기세를 눌렀던 것처럼 자신도 같은 취급당하기는 싫었을 것이다.

개혁자 조광조는 그런 중종에게 가뭄의 단비처럼 느껴졌을 것이다. 중종은 아버지 성종의 과업을 자신도 이어가야 한다고 믿었을 것이고, 이복형인 연산군처럼 실패하고 싶지 않았을 것이다. 중종과 조광조의 밀월은 이런 속내를 숨기고 시작한 한시적인 동거였다.

1515년 어느 날, 성균관에서 5년이란 결코 짧지 않은 학문의 세월을 묵묵히 걸어온 조광조와 중종의 운명적인 만남이 이루어졌다. 조광조는 그동안 성균관을 가끔 찾는 중종을 먼발치에서 보아왔으나 이날은 바로 고개만 들면 눈앞에서 보일 만큼 지근거리에 앉아 있었기에 그의 가슴은 벅찬 희열과 감동으로 두근거렸다.

조광조는 다른 수많은 유생들과 함께 중종 앞에서 과거시험을 치르고 있는 참이었다. 그는 성리학을 공부해온 고집불통의 유생이었다.

조광조는 개국공신 조온趙溫의 후손으로, 금수저 출신이자 훈구파의 후손이었다.

앞서 1498년 무오사화가 일어났을 때 그에게도 인생의 변혁기가 찾아왔다. 어천찰방으로 부임한 아버지를 따라 평안도 희천에 도착한 조광조는 유배된 김굉필에게 성리학을 배우고 이에 심취했다. 김굉필은 김종직의 제자이자 영남사림파 핵심 인물로, 조광조의 학문에 가장 영향을 미친 인물이었다.

조광조는 말만 앞세우고 실천에는 게으른 학자와 정치가는 그만 사라져야 한다고 믿었다. 조광조 자신은 실천을 강조하는 성리학의 도학 정치론에 감화된 신진학자였다.

"학자란 무엇인가? 조선이 오늘날 이 지경이 된 것은 위정자와 학자들이 올바르게 서지 못한 탓이다. 이제는 분연히 일어서야 한다. 내 학문을 바탕으로 혼란에 빠진 나라와 임금을 구해내야 한다."

이런 울분과 의욕이 그의 마음속에 꿈틀거렸다.

29세가 되던 해인 1510년, 조광조는 마침내 초시에 장원 급제하면서 성균관에 입학했고, 5년이 지난 지금, 임금이 직접 참관하는 문과 시험인 알성시에 응시한 참이었다. 내리쬐는 아침 햇빛 속에서 긴장과 초조의 시간이 흐른 후 이윽고 문제가 출제되었다.

"오늘날과 같이 어려운 시대에 옛 성인의 이상적인 정치를 다시 이룩하기 위해서는 무엇을 어떻게 해야 하는가."

이 책문策問이야말로 그동안 와룡처럼 음지에서 엎드려 때를 기다려온 조광조의 입신을 재촉하는 절호의 기회였다.

이날 조광조는 "임금이 마음으로 백성을 감화시켜야 하며 대신을 믿

소쇄원 조광조의 제자 양산보梁山甫가 담양에 건립한 서원으로, 기묘사화로 인해 스승 조광조가 사망
하자 이에 충격을 받고 고향으로 낙향해 지었다.

고 함께 국사를 하며 성실하게 도를 밝히고[明道] 항상 삼가는 태도[謹
獨]를 나라 다스리는 마음의 요체로 삼아야 합니다"라는 요지로 임금
앞에서 자신의 용지勇智를 밝혔다. 이날 시험에서 조광조는 2등으로 급
제하면서 국왕인 중종의 시선을 한눈에 잡아맸다.

5년의 세월을 묵묵히 견뎌온 학자 조광조는 이로써 중종의 파격적
인 신임을 얻게 되었다.

진성대군, 신하의 힘을 빌려 왕권을 잡다
——

중종은 대가 센 사람은 아니었다. 오히려 반정이 일어났을 때 그는 유

약하게 자기 보신에 몰두한 답답한 인물로 그려진다. 그때까지 그는 아직 왕이 될 재목으로 훈련받지 못했으며, 연산의 폭정으로 목숨을 지키기에 급급해 숨죽이고 살던 유약함이 몸에 배어 있었다. 그러나 과연 중종이 유약하기만 한 인물이었을까?

진성대군(중종)은 어릴 적에는 총명하고 어질었다고 한다. 어머니 정현왕후 윤씨는 연산군의 계비로서, 남달리 사람을 배려하고 늘 신중한 자세로 말을 아끼는 사람이었는데 진성대군은 그런 어머니를 상당히 닮았다.

진성대군의 신중함과 조심스런 자세는 연산군이 왕위에 오르며 더욱 강해졌다. 자신을 드러내지 않으면서도 속내를 보여주지 않는 신중함은 후일 그가 왕위에 올라서도 계속되었다. 그러나 그의 몸속에는 성종이 보여주었던 카리스마와 총애하던 폐비 윤씨를 단칼에 쳐내버린 냉혹한 성격도 그대로 전해져 있었다. 중종은 성종처럼 강한 카리스마는 없었으나 한번 하기로 마음먹은 것은 반드시 해버리고 마는 고집스러움이 있었다.

연산군은 진성대군의 배다른 형인데, 그의 어머니 윤씨가 폐출될 당시 만 3세밖에 되지 않은 어린아이였다. 그러나 폐비 윤씨의 죽음을 함구하게 한 성종 때문에 계모인 정현왕후가 친모인 줄 알고 자랐다. 할마마마인 인수대비와 계모 정현왕후는 친아들인 진성대군 못지않게 연산군을 아끼고 감싸 안았다.

그러나 형세가 갑자기 달라지면서 그의 신세는 어려워졌다. 이복형 연산군이 왕위에 오르자 열두 살 터울의 진성대군은 생존마저 위협받을 정도로 어려움에 처했다. 결국 진성대군은 연산군 6년 2월 사저로

출궁하며 궁과 거리를 두려 했다. 연산군이 진성대군을 견제하기 시작했던 것이다. 심지어 진성대군이 정승들과 어울리거나 만나는 것조차 꺼렸다. 《연산군실록》 8년 2월 17일자에는 그 장면을 다음과 같이 전한다.

> "내일과 모레에 승지와 정승은 도성문都城門 밖에 나누어 가서 활쏘기를 연습하라" 하니 승정원이 아뢰기를, "진성대군과 계성군桂城君은 지위가 정승의 위에 있는데 또한 활쏘기에 참여하도록 할까요?" 하니, 아뢰기를 "참여시키지 말라" 하였다.

연산은 진성대군을 한편으로는 무시하고 한편으로는 경계했으며 또 한편으로는 왕실의 권위를 생각해 그를 높여주기도 하는 등 종잡을 수 없는 자세를 보여 당사자인 진성대군을 한없이 불안하게 했다. 어느 날 연산군은 "월산대군月山大君·제안대군齊安大君·진성대군·현숙공주顯肅公主·봉안군鳳安君에게 시장柴場(땔나무를 가꾸는 곳) 이외의 것을 모두 주지 말라"고 핍박했다. 그러다가 갑자기 말 한 필을 진성대군에게 내리는가 하면 진성대군이 사저를 짓고자 백성을 동원하는 것에 원성이 일자 오히려 편을 들기도 했다. 이는 연산군이 진성대군의 생사일탈을 쥐고 있다는 인식을 심어주어 절대 복종케 하려는 고도의 전략이었을 수도 있다.

이처럼 연산이 견제와 폭정과 횡음을 일삼자 진성대군은 점점 자신의 목숨이 위협받고 있음을 느끼게 되었다. 물론 이런 외부적인 압력이 오히려 진성대군의 생존력을 강화시켜준 면도 있었다. 그럼에도 연산군의 재위 기간 내내 진성대군은 불안과 혼란의 연속이었다. 이때 형성된 그의 성격은 후일 중종의 재위 시절에 아무도 믿지 못하게 만들었으며, 신뢰를 주던 조광조마저 친위 쿠데타로 몰아내는 잘못을 범하게 한다.

연산군은 지나치게 독단적이었고 간신배들의 주장에만 손을 들어주었으며, 조정의 공론 따위는 신경 쓰지 않아 내부의 적들을 키우고 있었다. 연산군을 내쫓은 반정공신들이 왕권을 뒤엎어버린 결정적인 이유는 사실 폐비 윤씨가 억울한 죽음을 당한 사실이 알려지면서 그녀의 죽음과 관련 있는 신하들이 차례로 죽음을 당한 데다, 극단적으로 황폐해진 연산군의 종잡을 수 없는 정치 행태 때문이었다. 그대로 가다가는 자신들도 언젠가 죽음을 맞을 수밖에 없다는 절박감이 신료들의 쿠데타를 촉발한 것이다.

반정의 가장 큰 특혜를 본 사람은 진성대군이었다. 잘못하면 연산의 말 한마디에 죽을 수도 있었던 그가 왕권을 잡은 것이다. 하지만 문제는 반정 이후부터였다. 중종은 떠밀려 왕권을 잡았기에 반정 초기 몇 달간은 가시 방석 위에 앉은 것처럼 괴로운 세월을 보내야 했다. 자신의 아내 신씨의 중전 책봉 문제가 정쟁의 한가운데로 떠올랐기 때문이었다.

신씨는 중종반정 당시 쿠데타에 불참하고 연산군을 업고 악행을 일삼았다는 이유로 살해된 신수근愼守勤의 딸이었다. 연산군 시절 이조판서였던 신수근은 자신의 누이를 연산군에게 시집보내 왕후의 자리에 올렸고, 그것도 모자라 자신의 딸을 왕의 이복동생인 진성대군에게 시집보냈다. 일설에는 중종반정의 주역인 박원종朴元宗과 성희안 등이 거사 직전 좌의정이었던 신수근을 만나 반정에 참여할 것을 종용할 때, "누이가 중요한가, 딸이 중요한가"를 물었다고 한다. 하지만 연산군의 처남이었던 신수근은 반정 세력 참여를 거부했다.

사실 신수근과 신수영愼守英 형제는 연산군의 충복으로 외척의 권세를 누릴 만큼 누렸다. 당시 실록은 그들의 처세를 이렇게 기록했다.

> 수근은 연산의 처남이라 총애를 얻어 세력과 지위가 극히 융성하니,
> 권세가 한때를 휩쓸었다. 거리낌 없이 방자하였으며, 뇌물이 폭주하
> 여 문정門庭이 저자와 같았고, 조그만 원수도 남기지 않고 꼭 갚았다.
> (중략) 수영은 수근의 아우이니, 또한 외척外戚이라는 연줄로 갑자기
> 요직에 올라, 총애를 믿고 제멋대로 하였다.

그러나 이와 같은 신수근에 대한 모진 평가는 후일 정조 때 달라진다.《일성록日省錄》정조 23년 5월 28일의 기록을 살펴보자. 정조가 신수근의 묘와 사당에 대해 살펴보라는 하교를 내리자 예조에서 보고한 말이다.

> 좌의정 이병모李秉模는 "(신수근은) 지처地處로 보면 진성대군이나 연산
> 군과 똑같이 매우 가까운 사이였지만 섬기던 임금에게 마음을 다하
> 여 목숨을 걸고 변치 않았으니, 외신外臣이 창졸 간에 절개를 지키다
> 죽은 것과 비교해볼 때 우뚝하고 변함없는 지조를 더 잘 알 수 있습
> 니다. 세상 사람들은 그가 면할 수 없는 지처였다는 것만 알고 구차
> 하게 면하지 않겠다는 것이 그의 한결같은 마음이었음은 모르고 있

습니다. 지금 이렇게 성상께서 특별히 정문을 세워주는 일까지 하문하셨으니 흠앙하며 찬송합니다. 다른 의견이 있을 수 없습니다" 하였다.

우의정 이시수李時秀는 "섬기던 임금에게 마음을 다하는 것은 신하의 큰 절개이고, 충성과 의리에 대해 포상하여 장려하는 것은 나라의 성대한 은전입니다. 신도공 신수근은 성조聖祖(중종)의 국구가 되는 친척으로서 성조께서 즉위하실 때 섬기던 임금에 대한 의리를 지키고 충성을 다하다가 마침내 순절하였으니, 이것은 다른 사람보다 더욱 하기 어려운 일이었습니다" 하였다.

중종을 왕으로 올린 이들과 300년 후 후손들이 보는 시각은 완전히 달랐다. 기이한 것은 정조가 단경왕후 신씨와 중종이 결혼한 해로부터 자신이 신수근의 묘를 돌아보라 한 해는 결혼 300년이 되는 기미년이었다는 것이다. 정조는 이를 기억하고 지나간 역사를 다시 잡도록 한 것이다.

다시 중종 즉위 초로 돌아가보자. 진성대군이 왕위에 올랐으니 부인인 신씨가 중전 자리에 오르는 것은 당연한 일. 여기서 공신들의 고민이 시작되었다. 그녀를 중전으로 올렸다가 만의 하나, 아버지 신수근을 죽인 반정 공신들에게 중전이 언젠가 복수할지도 모를 일이었기 때문이다. 공신들의 의견은 하나로 모아졌다.

"멀리 내다보고 지금 쳐내자. 그러지 않으면 후환이 된다."

공신들은 신씨를 제거 대상 1순위로 올렸다.

정황으로는 어쩔 수 없는 일이나 모든 백성의 어버이라고 할 임금이 스스로 조강지처를 아무 잘못도 없는데 내쫓아야 하는 형국이 벌어진 것이다.

이 일은 거침없이 진행되었고, 유순柳洵·김수동金壽童·유자광柳子光·박원종·유순정柳順汀·성희안 등이 앞장섰다. 그들은 한때 중종의 동지였다. 여기에 김감金勘·이손李蓀·권균權鈞·한사문韓斯文·송일宋馹·박건朴楗·신준申浚·정미수鄭眉壽 등이 무리지어 소를 올리고 육조에서 들고 일어났다. 중론을 업은 말도 안 되는 협박이자 정치적 테러였다.

"거사할 때 먼저 신수근을 제거한 것은 큰일을 성취하고자 해서였습니다. 지금 수근의 친딸이 대내大內에 있습니다. 만약 중전으로 삼는다면 인심이 불안해지고 인심이 불안해지면 종사에 문제가 있을 수 있으니, 정을 끊어 밖으로 내치십시오."

중종은 기가 막혔으나 대답을 둘러댔다.

"그 말이 심히 마땅하지만, 조강지처인데 내가 어찌하랴?"

그러나 중신들은 물러서지 않았다.

"신 등도 이미 알고 있지만, 종사의 대계로 볼 때 어찌겠습니까? 머뭇거리지 마시고 쾌히 결단하십시오."

고민하던 중종은 더 이상 어찌하지 못하고 물러서고 말았다.

"종사가 지극히 중하니 어찌 사사로운 정을 생각하겠는가. 마땅히 여러 사람의 의논을 좇아 밖으로 내치겠다."

그러고는 하성위河城尉 정현조鄭顯祖의 집을 수리한 다음 신씨를 그날 저녁에 옮겨 나가게 했다. 1506년 9월 9일의 일이었다.

신씨는 매일같이 궁이 보이는 인왕산 산마루에 올라 중종을 그리워하며 즐겨 입던 다홍치마를 바위에 걸어두고 자신을 잊지 말라고 목놓아 울었다고 한다.

결국 반정이 일어난 지 일주일 만에 단경왕후 신씨는 폐위되고 말았다. 반정 공신들은 중종에게 자식이 없었기에 신씨를 처리하는 게 오히려 쉬울 것이라 생각했다. 하지만 이 일은 반정 공신들에게 돌이킬 수 없는 실수로 돌아오고 말았다. 중종은 그날의 아픈 기억을 가슴 깊이 묻어두고 있었던 것이다. 중종은 계비 윤씨(후일 장경왕후)와 혼인하면서 자신의 힘없는 왕권을 저주했다.

아무 힘이 없던 중종은 훈구 대신들에 대한 반발을 엉뚱하게 풀어냈다. 그는 새로 왕비를 맞아들이면서 너무나 의외라고 여길 만큼 경빈 박씨, 희빈 홍씨, 창빈 안씨 등 부인 열 명을 계속해서 맞아들였다. 물론 그 이면에는 차례로 후궁을 추천하는 공신들의 강권이 있었을 것이다.

"그래 좋다. 내게 시집오는 여인들이 다 너희 공신들의 딸이자 친인척이 아닌가. 마음껏 받아주마. 언제까지 나를 무시하는지 두고 보자."

이런 복수심이 중종을 더욱 후궁에게 집착하게 만들었다. 중종은 자기 나름대로 복수를 계산했으나 쫓겨난 신씨는 눈물로 세월을 보내다 죽었고, 영조 때에 가서야 왕후로 복원되었다.

어쨌든 중종은 이날부터 자신을 너무나 초라하게 만든 반정 공신들에 대해 이를 악물기 시작했다. 그러나 아직은 때가 아니었다. 왕권을 잡은 지 얼마 되지도 않았기에 언제 무슨 이유를 붙여 자신의 목숨을 날려버릴지 모른다는 두려움을 느꼈다. 중종은 마음속으로 자신의 힘을 키울 수 있는 일이라면 어떤 일이라도 하겠다고 결심했다.

조광조, 중종과 협력하다

———

중종 입장에서 볼 때 조정의 신료들은 그 나물에 그 밥처럼 모두 부패와 권력의 온상이었다. 연산군의 황음을 축출하고 새로운 정치를 펼쳐보겠다고 나선 공신들은 잿밥에 더 관심이 많았다.

공신들은 엄청난 권력과 재물을 얻어 천하에 부러울 것 없는 삶을 살면서도 나랏일은 등한시했다. 실제 왜구가 삼포의 난을 일으켜 양민을 학살하고 관아를 습격하는 일이 벌어졌을 때나 함경도 지역에 난이 발생했을 때, 중종은 반정 공신인 박원종과 유순정에게 난을 진압하라고 지시했다. 하지만 그들은 일신상의 이유를 들어 이를 피했다.

"신들은 본래 병이 많고 암둔하여 일을 처리하지 못합니다. 이런 큰일을 맡았다가는 책임을 감당하지 못할 것 같습니다."

일이 이 지경에 이를 정도로 중종은 힘이 없었다.

'과인의 마음을 위로하고 이 나라를 지킬 신하가 아무도 없단 말인가'

조정에서 중종의 마음을 읽고 힘이 되어줄 신하는 어디에도 없었다. 이미 중종은 함께 생사고락을 같이하며 반정을 일으킨, 지금은 반정 공신으로서 자신을 보위하는 주변의 동지들에 의해 인위적인 장막 속에 파묻혀 있었다. 반정 후 10년의 세월이 흘렀으나 그의 편은 아무도 없었다.

어느새 반정 공신들은 초심을 잃어버리고 임금과 자신들을 동격으로 여기며 임금의 존재를 밤낮없이 견제하거나 무시하기 일쑤였다. 중종은 적과 아군을 구분하기 어려울 지경이었다. 그는 반정공신의 노골적인 위세에 눌려 자신이 주재하는 대신들과의 회의에서조차 편하게 숨 쉬기도 어려울 정도였다.

'과연 이들이 내게 동지인가? 이들이 나와 생사를 같이한, 정말 이 나라의 위기를 함께 구해보겠다고 목숨을 건 동지들인가?'

심지어 조정에 입성한 신진 세력들부터 조정 중신들까지 모두가 기세등등한 반정 공신들의 위세에 짓눌려 자기 목소리를 내는 법도 없었고 군주의 힘을 키워줄 소신 있는 관료들을 찾아보기는 더욱 어려웠다.

중종에게 새로운 대안이 간절히 필요한 시점이었다. 임금의 마음을 꼭꼭 짚어 알아주고 대신들을 견제해줄 믿을 만한 신료는 없는가? 중종의 염원은 기도가 되었고 종묘제례에 그런 간절함을 호소하고 아뢰고 싶은 심정이었다. 그런데 중종의 마음을 읽어낸 신하가 갑자기 나타났다. 반정 후 10년의 세월이 흐른 어느 날, 알성시에 급제한 조광조에게서 자신의 목표를 실현시켜줄 대안을 찾게 된 것이다.

중종은 조광조를 언관직인 사간원 정언正言에 임명했다. 정언은 사간원의 낭사로 정6품에 해당하는 직위다. 직급은 중간 관료였지만 사간원이라는 직책상 대신들을 언로言路를 통해 견제하고, 그들의 전횡을 차단할 수 있는 만만치 않은 자리였다. 중종은 조광조를 훈구 대신들을 잡는 채찍으로 쓰기로 마음먹었다.

조광조는 사실 성균관에 들어와 있던 5년 동안 중종의 눈에 들지 못하고 있었다. 별다른 관직이 없는 그의 행적은 임금의 눈에 들기 어려웠을 것이다. 그럼에도 그는 이미 수많은 관료들에게서 주목 받았고, 자신의 배경인 사림들에게 존경받는 리더로 성장했다.《중종실록》5년 11월 15일자에는 그 당시 조광조의 모습을 이렇게 묘사하고 있다.

임금이 사정전에 나아가 유생들에게 강講(글을 읽힘)을 시키니, 성균관 사성 김안국金安國이 《논어》를 강하여 '통通'하고, 사예司藝 김윤온이 《시경詩經》을 강하여 '통'하고, 진사 조광조는 《중용》을 강하여 '약略' 하였다. (중략) 사신은 논한다. 국가가 무오사화를 겪은 뒤부터 사람이 다 죽어 없어지고 경학經學이 썻은 듯이 없어지더니, 반정 뒤에 학자들이 차츰 일어나게 되었다. 조광조는 소시에 김굉필에게 수학하여 성리性理를 깊이 연구하고 사문斯文을 진기시키는 것을 자기의 임무로 삼으니, 학자들이 추대하여 사림의 영수가 되었다.

이것은 임금 앞에서 성균관 유생들이 그동안 공부한 것을 점검해보는 일종의 테스트 과정이었다. 이 시험을 통과하지 못한 이들은 별도의 학습이나 벌을 받아야 했고 통과한 이들은 상을 받았다. '강'은 임금뿐 아니라 스승들 앞에서 하던 당시 유생들의 시험 방식이었는데 보통 '통', '약', '조粗', '불不'의 네 단계 평가를 받았다. '통'과 '약'은 공부를 열심히 한 이들이 받았고, '조'는 뜻 그대로 학습이 미진한 것이며, '불'은 아예 학습이 제대로 되지 않았음을 나타내는 것이다. 조광조는 이때 '약'을 받아 우수한 성적을 보였는데 그보다 더 뛰어났던 김안국, 김윤온을 두고 사간이 조광조를 별도로 언급한 점이 특기할 만하다. 조광조는 진사시절인 이때부터 이미 실질적으로 사림들의 리더로서 자리 잡고 있었던 것이다.

중종과 조광조는 처지는 다르나 뜻과 꿈은 하나였다. 조광조를 사간원에 채용한 사건이 조정의 평지풍파를 불러올 것이라고 짐작한 이는 중종과 조광조뿐, 다른 아무도 이를 알지 못했다. 중종은 자신이 당한 곤혹스러웠던 신씨 폐비 사건에서처럼 군주를 무시하는 신하들을 조광조를 통해 견제하고 싶었다. 또한 훈구대신들의 위세를 꺾고 싶었다. 조광조는 임금과 뜻을 같이해, 말만 많고 행하지 않으면서 치부와 매관매직에 몰두하는 훈구대신들을 내치고 조정의 위계질서를 바로잡고 싶었다.

두 사람의 뜻이 알게 모르게 일치하고 있었다. 마침 당시 순창군수 김정金淨과 담양부사 박상朴祥, 무안현감 유옥柳沃이 모여 자신들의 목을 걸고 왕에게 상소를 올렸다. 이들 사림은 왕에게 억울하게 폐위된 중종의 왕비, 신씨를 복위하도록 상소했다. "죄 없는 왕비를 내쫓은 것은 유교적 윤리에도 맞지 않고 신하가 임금을 위협해 왕비를 강제로 쫓아낼 수는 더더욱 없다"는 게 요지였다.

중종의 아픈 곳을 시원하게 긁어준 이 사건은 사림과 훈구 세력의 대결 구도로 번졌다. 그럼에도 이 상소의 끝은 허무하게도 공신들의 힘으로 없던 일이 되고 말았다. 공신들의 힘이 군주보다 앞서던 시절이어서 조정은 훈구 세력의 손을 들어주고, 대간들은 상소를 올린 사람들을 오히려 심문하고 유배시켜버렸다.

조광조는 이에 반발하고 상소를 올려 대간 전원의 파직을 요청하는 승부수를 던졌다. 조광조의 거침없는 성격이 드러나는 일화다.

중종 23권 10년 11월 22일(갑진), 조광조가 박상 등의 처리와 관련하여 사직을 청하다.

당시 정언이었던 조광조는 언로가 통하고 막히는 것은 국가 대사에서 가장 중요한 일이며, 통하면 다스려지고 평안하며 막히면 어지러워지고 망하므로, 임금이 먼저 언로를 넓히는 일에 힘써야 한다고 생각했다. 또한 간관諫官을 두고 언론의 책무를 맡기는 것은 이런 언로를 열기 위해서인데 간관의 말이 지나치더라도 전부 마음을 비워놓고 너그러이 받아들이는 것은 언로가 막힐까 염려하기 때문이라고 보았다.

그러나 조광조는 작금의 상황은 그렇지 않으니, 이제부터는 바로잡자며 소를 올렸다.

> 근자에 박상·김정 등이 진언進言하였는데, 그 말이 지나친 듯해도 쓰지 않으면 그만이지, 어찌하여 다시 죄를 줍니까? 대간이 그것을 그르다 하여 죄주기를 청하여 금부禁府의 낭관郎官(정랑이나 좌랑의 자리에 있던 사람을 이르던 말)을 보내어 잡아오기까지 하였습니다. 대간이 된 자로서는 언로를 잘 열어놓은 뒤에야 그 직분을 다해낸다고 할 수 있습니다. 김정 등에 대하여 재상이 혹 죄주기를 청하더라도 대간은 구제하여 풀어주어서 언로를 넓혀야 할 터인데, 도리어 스스로 언로를 훼손하여 먼저 그 직분을 잃었으니, 신臣이 이제 정언이 되어 어찌 구태여 직분을 잃은 대간과 일을 같이하겠습니까? 서로 용납할 수 없으니 양사兩司를 파직하여 다시 언로를 여십시오.

중종 10년 11월 22일, 조광조는 자신의 자리를 걸고 승부수를 던졌다. 정언 신분임에도 조광조는 자신의 자리를 걸고 훈구대신들을 압박한 것이다. 옳은 말을 한 신하를 벌주는 대간들과는 같이 섞이기 싫으니 그만두겠다고 사표를 낸 그를 두고 온 조정이 시끄러웠다.

사간원 신참 관리가 올린 대간 전원의 파직 요청은 조정을 휘저어놓고 말았다. 조정의 논쟁은 몇 달에 걸쳐 계속되었으나, 결국 대의명분이 앞선 조광조의 승리로 끝났다. 사헌부와 사간원의 대간은 전원 교체되었다. 상소를 올린 박상과 김정도 중종 11년 5월 8일, 임금이 용서해주라고 교지를 내려 죄를 면했다. 이 사건으로 조광조는 조정에서 강력한 힘을 얻게 되었다.

중종은 모처럼 기운을 펴고 소신껏 정사를 펼칠 기회를 잡았다. 그는 특유의 신중함으로 속내를 드러내지 않고 조광조의 벼슬을 올려 그를 신임했다.

과거에서 장원 급제하고 조정에 들어와도 고위직인 이른바 정 3품 당상관이 되기 위해서는 아무리 실력이 뛰어나도 보통 10년 이상이 걸렸다. 그런데 중종은 파격적으로 조광조를 신임하여 단 3년 만에 종 2품으로 승진시켰으며, 사헌부 대사헌의 자리에 올려 재상을 견제하는 막강한 힘을 실어주었다. 그동안 조광조는 사간원, 사헌부, 홍문관, 승정원 등에서 요직을 지내고 1518년 홍문관의 장관인 부제학을 거쳐 대사헌이 되었다. 요직을 두루 거쳐 조정의 실세이자 왕의 충복으로 등장한 것이었다.

한편 중종은 조금씩 자신의 자질을 키워가며 군주로서의 자리를 만들어나가기를 게을리 하지 않았다. 재위 10년 차에 이르러 중종은 조광조 등 신진 세력의 힘을 바탕으로 자신의 힘을 키워나가는 한편, 신진 신료들의 마음을 얻는 데 주력했다. 그는 거저 얻은 왕위라는 인식을 지워버리고 싶었고, 그러기 위해서는 어떤 왕보다 더 자신을 갈고 닦아나가야 했다.

중종은 스스로 대신들에게 약점을 잡히지 않으려고 부단히 노력하는 왕이었다. 중종이 어느 날 조강을 나왔는데 사간이 언뜻 보니 세탁한 모시옷을 속에 입었고, 강사포絳紗袍(임금이 신하들로부터 하례를 받을 때 입던 예복. 빛이 붉고 모양은 관복과 같았다)의 색도 바랬다. 중종은 대소신료들 앞에서 스스로 검소한 모습을 보이기 위해 세탁한 모시옷을 속에 입고 강사포를 입은 것이다. 이렇게 중종은 스스로 조정을 개혁적으로 이끌어가고 있었다.

이때까지만 해도 중종과 조광조는 한 몸이나 마찬가지였다. 그는 조광조의 적극적인 지원과 강의를 받으며 임금의 자질을 키워나갔다. 아침, 점심, 저녁으로 임금을 위한 강의는 계속되었다.

조광조는 중종에게 경연에 계속해서 참석할 것을 종용했다. 그는 경연을 통해 왕을 교육시키고 바른 정치를 펼칠 수 있도록 군주의 참여를 채근했다. 제왕은 어릴 적부터 자질 교육을 받아야 하는데 중종은 그렇지 못했기 때문에 나이가 많음에도 교육을 계속해서 제왕의 자질을 만들어가겠다는 것이 조광조의 생각이었다.

경연은 학문을 토론하는 성격을 띠었지만 실제로는 정치현안을 두고 군주와 신하가 의견을 주고받기도 하고 국제정세에 대한 교육이나, 국정의 중요 사안들을 머리를 맞대고 논의하는 교육의 장이었다. 필요한 경우에는 조강, 주강, 석강뿐 아니라 밤에도 경연관을 불러 토론하는 야대까지 열었다. 중종조에 유난히 석강과 야대에 관한 실록의 기록이 많이 있는 것은 조광조가 군주의 교육에 그만큼 정성을 기울였다는 증거다.

이것은 조광조가 적극적으로 군주의 자질을 키우기 위해 중종을 교

조광조 적려유허비 1667년(현종 8) 4월 능주목사 민여로가 건립했다. 적려란 귀양 또는 유배를 뜻하며 1519년 기묘사화로 능성에 귀양왔던 조광조를 추모하기 위해 세웠다.

육시키고자 한 것도 있지만 중종 스스로 협조한 것이 분명하다. 한밤중에 야대에 나가 조광조가 중종의 교육을 앞장서서 시도한 장면은 실록 곳곳에서 눈에 띈다.《중종실록》11년 6월 2일자를 살펴보자.

> 매양 경연에 들어가면 강론이 종용하였으며 상의 학문이 성취되는 것을 자기의 임무로 삼았다.

이 실록은 조광조가 군주인 중종의 학업 성취를 얼마나 애쓰고 염원했는지를 엿볼 수 있게 한다. 조광조는 중종을 성군이 되도록 가르치고 중종은 힘써 배우니 상부상조의 기운이 조정 안에 그득하여 감히 이를 거스를 자가 없었다.

중종과 조광조가 서로 밀착되어 있을 때는 경연의 분위기가 달아올라 밤늦게까지 경연을 하기도 했다. 중종이 신하들을 격려하고 서로 칭찬하기를 마지않으니 중종과 신하들의 대화에서 함께 무르익어가는 군신간의 아름다운 대화의 모습을 엿볼 수 있었다.

이처럼 중종의 힘이 커질 때까지 중종과 조광조는 한 배를 탄 동지였다. 중종은 훈구대신들을 넘어서기 위해 사림들을 대거 중용했으며 그 뒤에는 조광조가 버티고 있었다. 중종 때 등용된 사림파는 100명이 넘었는데, 이들은 대부분 언론 기능을 담당하던 사간원, 사헌부, 홍문관 등 삼사에 포진되었다. 직급은 대신들보다 낮았지만 핵심 부서에 포진되어 있어 함부로 건드리기 어려운 자리였다. 조광조는 이러한 사림의 지원을 입고 중종을 통해 조선의 개혁을 추구했다.

개혁에서 이견을 보인 중종과 조광조

————

중종의 든든한 후원을 등에 업은 조광조는 신진 사림의 선봉에 서서 그동안 익히고 배워온 왕도정치를 현장에서 실현해보고자 본격적인 전략을 펼쳐나갔다. 이러한 갖가지 조치들을 한마디로 요약하면 유교적 이상정치의 실현이라고 할 수 있다. 즉, 군주는 제왕적 리더십을 갖고 도덕적인 가치를 추구하며 성리학의 철학적·사상적 기반을 바탕으로 백성들을 교화해야 한다.

이를 실현하기 위해 조광조는 개혁 성향의 젊은 사림들 예를 들자면 김정·박상·김구金銶·기준奇遵 등을 지지 세력으로 삼아 군주를 교육하며 부정부패의 정점에 있던 반정공신을 비롯한 정승들을 축출했으며, 왕 역시 도덕적으로 완벽해야 한다고 요구했다.

조광조의 첫 번째 개혁은 언로에서 출발했다. 왕을 교육하는 경연과 삼사의 기능을 정상화하면 최소한 조정에 견제 기능이 활성화되리라는 생각이었다. 조정에서 언로가 막히면 독재가 시작되고 제왕의 재목이 잘못되면 나라는 도탄에 빠진다는 것이 그의 믿음이었다. 이미 연산군 시절에 이를 체험한 그는 언론 기능을 맡은 삼사의 기능을 강화하고 그 자리에 신진 사림들을 등용해 군주의 독재를 견제하기 시작했다.

중종으로서는 못마땅한 일이었으나 아직은 조광조를 비롯한 사림들에게 기대지 않으면 반정공신들을 이겨내기 어려운 것이 현실이었기에 조광조의 편을 들 수밖에 없었다. 게다가 중종은 점점 계속되는 강압적인 공부에 피곤해졌다. 나이를 먹고 왕좌에 올라 밤낮으로 정치와 공부를 병행한다는 것은 결코 쉬운 일이 아니었다. 날마다 한밤중까지 계속된 조광조의 중종 교육은 그에게 적잖은 부담이었을 것이다. 중종과 조광조 사이에 서서히 먹구름이 끼기 시작했다.

조광조의 두 번째 개혁은 도교의 제천행사를 주관하는 관청인 소격서를 폐지함으로써 조선 사회를 성리학의 근본으로 바꾸어가는 것이었다. 이것은 얼핏 중요한 일이 아닌 듯 보여도 성리학자의 명분론에서는 가장 중요한 개혁이었다. 소격서는 국가의 천재지변이 있으면 일월성신日月星辰에게 제사 드리는 곳이니 이를 미신이라고 여긴 조광조가 소격서를 두고 개혁을 추구할 수는 없는 일이기도 했다.

하지만 중종은 군주였다. 역대 군주들이 계속해온 소격서를 유지하려는 중종과 조광조 일파의 기 싸움이 시작되었고, 밀고 당기는 쟁론

끝에 중종이 명분에 밀리면서 소격서를 폐지하고 말았다. 그러나 이 싸움에서 조광조는 가장 중요한 군주의 마음을 잃게 되는 단초를 제공하고 말았다.

한편 조광조와 신진 사림은 중종을 앞세워 향촌을 주도할 수 있는 자치규약인 향약의 보급에도 전력을 다했다. 향약을 통해 지방경제와 사회를 활성화하면 지방 유지들과 관료들, 뇌물과 혈연으로 이어진 어두운 세력들의 연계를 끊으려는 의도였다.

"학문은 소학을 가르치고 사람들이 지방 곳곳에서 유교질서를 회복시킨다. 위에서는 조정이 개혁되고 아래에서는 향촌이 개혁되면 조선은 이상적인 나라가 된다."

이것이 조광조의 생각이었다. 중종도 이 부분에 대해서는 어느 정도 수긍하여 유학의 보급과 확산, 향약의 보급을 지지했다.

조광조가 구상한 지방 경제의 활성화와 국고 충당이라는 두 마리 토끼는 균전제라는 이름으로 선보였다. 토지 개혁을 시작하여 토지 자체를 나라에서 균등하게 나눠주는 균전법, 토지 소유 상한선을 정해 땅이 특정인의 소유가 되지 않도록 한정하는 법도 주장했다.

반면 훈구대신들은 점점 더 벼랑에 몰리고 있었다. 여기에 조광조는 한 가지 승부수를 던졌다. 현량과賢良科에 의한 인재 추천 방식을 적용하자는 것이었다.

1518년 3월 11일 조광조가 아뢰기를, "외방의 경우는 감사監司·수령守令, 경중京中의 경우는 홍문관弘文館·육경六卿·대간臺諫이 모두 재주가 있어 임용할 만한 사람을 천거하여, 대정大庭에 모아놓고 친히 대책

對策하게 한다면 인물을 많이 얻을 수 있을 것입니다. 이는 조종이 하지 않았던 일이요, 한나라의 현량과, 방정과方正科의 뜻을 이은 것입니다. 덕행은 여러 사람이 천거하는 바이므로 반드시 헛되거나 그릇되는 것이 없을 것이요, 또 대책에서 그가 하려고 하는 방법을 알게 될 것이요, 두 가지가 모두 손실이 없을 것입니다"라고 하였다.

현량과는 중국 한나라 때의 현량방정과賢良方正科를 본떠 만든 인재 추천제. 학문과 덕행이 뛰어난 인재를 천거에 의해 대책만 시험 보고 채용하는 방식이며, 인재 시험에 있어 어떤 시정문제를 제시하고 그에 대한 대책을 논하게 하여 평가하는 방식이었다. 이때 문제를 써 놓은 글을 '책策'이라 했다.

이것은 과거제도를 기반으로 인재를 등용하던 기존의 틀을 깨는 시도로, 훈구보수파의 반대도 높았다. 추천 방법은 서울은 사관四館이 인재를 성균관에 천거하고, 성균관은 이를 예조에 보고했으며, 지방은 유향소留鄕所에서 수령에게 인재를 천거하면 수령이 관찰사에게, 관찰사는 예조에 보고하는 식이었다.

의정부가 천거 받은 인재를 모아 왕이 참석한 가운데 대책을 시험하여 관리로 선발했는데 1519년 120명의 후보자들을 모아 시험을 본 결과 28명을 선발했다. 이들 가운데는 기호사림파들이 가장 많았으며, 절반 이상이 명망 있는 가문의 자제였다. 현량과에 의해 선발된 인원은 신진 사림 세력들이 주를 이루었고, 자연스럽게 삼사三司를 비롯한 요직에 등용되어 조정의 여론을 장악하게 되니 사림 세력이 크게 늘어났다.

여기서 조광조는 훈구파에 결정적인 개혁안을 던졌다. '위훈삭제'로 불리는 공신들에 대한 적극적인 견제였다. 1519년(중종 14) 10월, 마침내 조광조와 사림은 상소를 올렸다. 반정 자체를 부정하는 것은 아니지만 반정을 업고 부당하게 공신에 책봉된 자가 너무 많으니 이들의 위훈삭제를 요구하고 나선 것이다.

중종은 자기가 원하던 일이긴 했지만 그 조치들이 지나치게 과격하고 사림의 요구가 도를 넘어서고 있다고 보았다. 하지만 조광조의 기세에 눌려 이를 허락하고 말았다. 이로써 전체 정국공신 가운데 일흔여섯 명이 명단에서 삭제되었다.

조정에는 파란이 일기 시작했다. 중종은 중종대로, 훈구대신은 훈구대신대로 이 일의 파장을 심각하게 계산하고 있었다.

중종과 조광조의 동상이몽
———

마침내 조정 대신들 사이에 수군거리는 소리가 높아지고, 훈구대신들의 왕래가 잦아졌다. 뭔가 그들이 일을 꾸미는 모습이긴 했으나 조광조와 사림은 이를 대수롭지 않게 여겼다.

위훈삭제 직후 궁내에는 "주초위왕走肖爲王"이라는 글씨가 새겨진 나뭇잎이 돌아다녔고, 이는 곧바로 중종에게 전달되었다. '주' 자와 '초' 자를 합하면 '조'가 되니 이는 "조씨가 왕이 된다"는 뜻이었다. 조광조가 왕위 찬탈의 야심을 가지고 있다는 말도 안 되는 조작 사건이었으나 중종은 조광조에게서 이미 마음이 돌아서 있었다. 중종은 더는 조광조에게 끌려 다니고 싶지 않았고, 조정의 분란도 지겨워졌다. 이제 자신이 조정을 직접 끌고 가면서 왕권을 스스로 지킬 수 있을 만큼 힘을 갖게 되었다고 판단한 것이었을까?

중종은 위훈삭제의 반발을 조광조 축출의 기회로 삼았다. 1519년 11월 15일 밤, 그는 훈구대신들을 앞세워 조광조 일파를 잡아들이는 친위 쿠데타를 실행에 옮겼다.

《승정원일기》는 위훈삭제가 단행된 지 단 사흘 만에 중종이 홍경주, 남곤, 심정 등 훈구파 대신들을 궁 안에 불러들여 어명을 전달했다고 기록하고 있다. 아무도 예상치 못한 군주의 배신이자 사림에 대한 일격이었다. 중종은 사림이 훈구대신들보다 더 자신을 옥죄는 것을 허락할 수 없었다. 왕권은 보호되어야 한다는 것이 중종의 결심이었다.

"대사헌 조광조와 그의 측근들을 압송하라."

이 사건에 대해 《선조실록》 1년 9월 21일자에 그 음모의 배경이 드러난다.

당초에 남곤이 조광조 등에게 교류를 청하였으나 조광조 등이 허락하지 않자 남곤은 유감을 품고서 조광조 등을 죽이려고 하였다. 이리하여 나뭇잎의 감즙甘汁을 갉아 먹는 벌레를 잡아 모으고 꿀로 나뭇잎에다 '주초위왕' 네 글자를 많이 쓰고서 벌레를 놓아 갉아먹게 하기를 마치 한漢나라 공손公孫인 병이病已(선제宣帝의 어릴 적 이름)의 일처럼 자연적으로 생긴 것 같이 하였다. 남곤의 집이 백악산白岳山 아래 경복궁 뒤에 있었는데 자기 집에서 벌레가 갉아먹은 나뭇잎을 물에 띄워 대궐 안의 어구御溝에 흘려보내어 중종이 보고 매우 놀라게 하고서 고변告變하여 화를 조성하였다. 이 일은 《중종실록》에 누락된 것이 있기 때문에 여기에 대략 기록하였다.

한마디 변명도 할 새 없이 조광조는 의금부로 압송되었다가 전라남도 화순 능주로 재빠르게 유배되었다. 여기저기 조광조를 변호하는 목소리가 올라왔지만 중종은 끄덕도 하지 않았다. 돌부처처럼 돌아섰다는 말이 딱 들어맞는 형국이었다.

그해 12월 16일, 조광조는 왕이 돌이켜 이제나저제나 자신을 불러줄 것이라고 간절히 기다렸으나 중종에게서 날아온 것은 사약이었다. 오죽하면 조광조가 사약을 들고 온 금부도사에게 이렇게 물어보았을까?

"내가 명색이 대사헌을 지냈는데 아무것도 없이 이렇게 달랑 종이 한 장으로 죽으라고 했단 말이오?"

조광조는 죽기 전에 술을 급하게 들이켰다. 그러나 추한 꼴은 절대 보이지 않았다. 조광조는 끝까지 중종을 배신하지 않았다. 사약을 마시는 순간까지 그는 임금에게 충성하는 시 한 수를 써 내렸다. 그는 중종이 온전한 군주가 되어주기를 간절히 소망하며 죽음을 기꺼이 맞은 거인이었다.

하지만 중종은 자신이 죽을 때까지 결코 조광조를 복권시키지 않았다. 자신의 잘못을 인정하기 싫었던 것이다. 실록은 이 부분에 대해 이렇게 쓰고 있다.

전일에 가까이 하여 하루에 세 번씩이나 뵈었으니 (두 사람)의 정이 부자처럼 가까웠을 텐데 변이 일어나자 용서 없이 엄하게 다스렸고 죽인 것도 임금의 결단에서 나왔다.

이는 중종이 용서하지 않고 먼저 조광조를 죽이고 싶어 했다는 말이 아닌가. 조광조의 개혁도 그의 죽음과 함께 끝이 났다.

중종은 그 후로도 25년이나 더 왕위에 있었으나 조광조와 함께했던 4년여의 치적 이상으로 개혁을 이루지는 못했다. 오히려 더 수구적이고 개혁에서 후퇴해 조선의 정치 사회를 어렵게 만들고 말았다.

그럼에도 조광조는 신뢰할 만한 참모 한 사람의 영향력이 나라의 운명을 좌우할 만큼 크다는 것을 몸소 보여준 시대의 개척자였다. 조광조의 충절은 선조 때가 되어서야 신원되었고 영의정으로 추증되어 명예를 회복했다.

조선시대에 군주는 한 나라의 통치자이자 어버이와 같은 존재였다. 유교와 성리학을 바탕으로 한 조선 초기의 제왕적 위상은 중종반정으로 인해 크게 훼손되었다. 왕조 초기의 막강하던 임금의 권세는 사라지고 반정 공신이 조정에 득세해 신권이 왕권을 넘어서던 불안한 시기였다.

이 시기에 쿠데타를 업고 왕위에 오른 중종은 반정공신이 버거울 수밖에 없었다. 그로서는 어떤 수를 쓰든 자신과 대를 이을 제왕들이 지금처럼 위협받지 않고 튼튼하게 바로 설 묘수가 필요했다. 그 절묘한 타이밍에 강직하여 결코 물러서지 않으며 도덕심과 대의명분으로 무장한 조광조가 조정에 입사했다. 이 두 사람의 만남은 조선 중기의 이른바, 신권의 강화를 통한 왕도정치의 개혁적 실현이냐, 수구적인 왕권강화로 돌아가느냐의 갈림길이 되었다.

앞에서도 보았듯이 이 과정에서 조광조는 개혁의 전도사로 철저한 하의상달식 개혁을 추구했다. 군주가 군주답지 못한 점을 보고는 핍박하듯이 중종을 밀어붙였다. 이러한 임전무퇴식의 개혁 주도는 급기야 중종의 반발을 사게 되었고, 끝내 두 사람의 사이를 갈라놓고 말았다.

조광조의 개혁이 실패하자 권력의 중심은 훈구 보수 쪽으로 다시 돌아갔다. 조선이 흥왕할 절묘한 기회를 한 사람은 왕권 강화라는 욕심으로, 한 사람은 우직하게 목표만 좇다가 놓치고 만 아쉬운 순간이었다.

중종은 조광조를 통해 공신들을 견제하고 왕권을 강화하려는 생각뿐이었고, 조광조는 군주를 몰아붙여서라도 고칠 것은 고쳐나가자는 생각뿐이었다. 그의 개혁적 성향은 중종을 계속해서 피곤하게 만들었고, 이것이 둘 사이를 갈라놓는 결정적 계기가 되었다.

두 사람은 군주와 참모로 만났으나 동상이몽의 처지였기에 어느 정도 목표가 달성되자 자연스레 갈라지고 말았다. 그들이 화합하지 못하고 개혁에 실패함으로써 조선의 정치 발전은 다시 후퇴하기 시작했다.

그것은 다분히 조광조의 책임일 수도 있었다. 그는 중종을 너무 몰랐다. 타협이라는 말도 몰랐다. 중종의 품성과 속내를 읽지 못하고 국왕을 명분으로 꺾으려고만 했기에 끝까지 함께하지 못한 것이다.

태종 시절 김지金摯와 이명덕李明德 등의 참모가 남긴 "세 번 간하여 듣지 않으면 물러난다"는 격언을 그는 듣지 못했던가? 조광조의 지나친 조급증과 강한 성격이 개혁의 실패를 불러온 것은 뒤에서 다룰 류성룡柳成龍의 처세와 크게 대비되는 부분이다. 중종과 선조는 얼핏 비슷한 면이 있는 군주였다. 의심도 많고 자질도 부족한 데다 유약한 성격까지 닮은 데가 있다. 그럼에도 전시 상황에서 군주를 잘 보필하고 나라를 누란의 위기에서 구해낸 류성룡의 지혜를 조광조가 조금이라도 닮았더라면 하는 아쉬움이 강하다.

그럼에도 조광조가 제시한 국가 경영의 개혁이라는 명분과 진실이 후대에 전해지면서 조선 중후기 국가 경영의 틀을 짜는 참모들에게 적잖은 영향을 미쳤다는 것은 결코 부인할 수 없다.

역사에는 '만일'이 없다. 중종과 조광조의 '개혁 실패'는 군주를 보필하는 참모의 선택이 얼마나 중요한지 다시 한번 생각해보게 한다.

06

다가올 국란을 대비해
앞날을 준비하다
: 이준경

명종 대의 혼란을 수습한
통찰의 아이콘

조선 역사를 빛낸 재상급 참모들 가운데 이준경李浚慶만큼 앞날을 내다보고 대책을 준비한 인물은 결코 없었다. 통찰력만 보자면 조선 최고의 경지에 올랐던 그는 을묘왜변 때 아직 하급 관료에 불과하던 정걸丁傑과 방진을 발탁했다.

해상과 육상에서 현장 전투 경험을 쌓은 정걸은 후일 이순신李舜臣의 조방장助防將으로 일하며 그의 멘토 역할을 충실히 해냈다. 방진은 보성군수를 역임하고 이준경의 중매를 받아들여 이순신의 장인이 되었다. 그는 문신을 준비하던 이순신에게 무장으로 전환하는 계기를 만들어주고 든든한 후원자가 되었다.

또한 이준경은 임진왜란 때 이순신의 상사인 사도체찰사 이원익李元翼을 발굴하고 명종에게 천거해 이순신을 돕는 후원자로 나섰다. 그는 임진왜란을 예측하고 일본을 경계하도록 예언하는 한편 붕당정치의 폐해를 경고했으며, 유차遺箚를 선조에게 올리며 그의 부족한 점을 신랄하게 꼬집었다.

절체절명의 위기를 앞두고 이준경처럼 청렴하고 올곧으며 예언자적 능력까지 가진 정승이 있었다는 것은 조선의 행운이었다. 그럼에도 그는 임진왜란을 당해 유약하고 줏대 없는 선조를 보위에 세웠다. 과연 그 이유는 무엇일까?

난세가 영웅을 불러내다

—

위기를 맞으면 움츠러드는 것이 보통 사람이다. 그러나 드물게 어려운 일을 당할수록 더욱 강해지고 위기 극복의 종결자로 나서는 인물도 있다. 사화를 당해 집안에서 장성한 남자를 찾을 수 없을 만큼 처참하게 피해를 입었던 소년 이준경은 부단한 노력으로 영의정 자리에 올랐다. 조선 재상 가운데 어린 시절에 누구도 이와 같은 큰 좌절과 죽음의 공포를 겪은 인물은 없었다. 이준경은 그 시련을 딛고 일어서서 명종과 선조의 오른팔이 되었다.

이준경은 자신에게 닥쳐온 파란만장한 인생의 장벽을 어떻게 극복하고 시대를 넘어서는 위대한 통찰력의 대가가 될 수 있었을까? 그의 지난한 성장기를 보면 이 질문에 어느 정도 대답할 수 있다.

어린 이준경을 바라보는 어른들은 한결같이 그의 미래를 안타까워했다. 늘 죽음의 그림자가 그를 따라다녔기에 일가친척조차 이준경을 떠맡지 않으려고 할 정도여서 자신의 신분을 낮추고 살아야 했기 때문이다. 이준경은 어린 시절부터 성장기에 걸쳐 갑자사화와 기묘사화를 몸소 겪은 불운한 인물이었다. 그의 집안은 고려시대부터 유명한 문인과 학자를 배출했던 가문이었다. 그의 가계도에서 주목할 만한 인물이 몇 있는데, 바로 6대조인 고려의 이집李集, 4대조인 이인손李仁孫, 조부인 이세좌李世佐다. 이집은 이색, 정몽주와 교류했던 학자출신이다. 이후 이준경의 집안에는 늘 명성 있는 학자와 관료가 끊임없이 배출되었다. 4대조 이인손은 조선 태종 때인 1417년 문과에 급제해 세조 시절에는 우의정까지 오른 인물이었다. 이때 가문이 크게 번창하여 다섯 아들이 모두 급제했고 그중에서도 맏아들 이극배李克培는 성종 때 영의정에 올랐다. 이때까지는 집안이 번창했으나, 연산군 10년에 온 집안이 멸문지화를 입게 되었다.

갑자사화는 1504년 연산군의 어머니 폐비 윤씨의 복위 문제를 두고 일어난 사화다. 성종이 자신이 아끼던 폐비 윤씨에게 사약을 갖다 주도록 형방승지를 보냈는데 그가 바로 이준경의 조부 이세좌였다. 당시 이세좌는 사약을 들고 가서 윤씨의 사형을 집행했다. 그러므로 어머니의 억울한 죽음을 파헤친 연산군이 사약을 가져간 신하를 가만둘 리 없었다. 연산군에게 밉보인 이세좌는 곤양군 양포역으로 귀양가다 명을 받고 목을 매어 자결했다. 여기에 연좌제로 가족들이 함께 처형되기 시작했다. 이세좌의 네 아들이 모두 참형을 당한 것이다. 이준경의 아버지인 이수정李守貞도 예외는 아니었다. 당시 좌의정을 지냈던 이준경의 종증조부 이극균李克均 역시 사사되는 등 이준경 가문의 여러 가장이 유배와 처형의 길을 걸었다. 특히 이극균은 연산을 바로잡으려 애쓴 것이 화근이 되어 이 사건에 휘말려 죽음을 당했다.

그 와중에 이준경은 일곱 살이었던 형 이윤경李潤慶과 함께 청풍에 유배되어 간신히 살아남았다. 이런 상황에서 벼슬은 생각할 수도 없었고 공부도 마찬가지였다. 공포에 질린 이준경과 이윤경은 중종반정으로 복원될 때까지 숨죽이고 살았다. 사실 살아남은 것이 기적이었다. 그러나 어머니 신씨는 그 와중에도 아이들을 타일러 마음을 가라앉히고 다독였다.

7세가 된 이준경은 아는 사람의 집에서 하루하루를 연명하고 있었는데, 어느 겨울날 집주인의 실수로 화재가 났고, 몸은 간신히 빠져나왔지만 낡은 솜옷이 모두 타버리는 사고가 있었다. 긴 겨울 동안 솜옷 없이 버텨야 하는 안타까운 상황이었다. 초가집 지붕까지 활활 타오르는 불길을 바라보며 처연하게 서 있는 그를 바라보던 이웃 사람들과 돌봐주던 유모가 준경을 위로했다. 이들은 어린 준경의 처지가 딱하고 안쓰러워 눈물을 흘렸다. 오히려 준경은 이들을 위로했다.

"유모, 울지 마세요. 어르신들, 괜찮습니다. 저 옷에 안 그래도 이와 벼룩이 많아서 항상 괴로웠는데 다행히 타버렸으니 이제 밤잠을 설치지 않고 잘 수 있을 거예요. 걱정하지 마세요."

이처럼 준경에게는 모진 고생을 하면서도 동년배 아이들이 흉내조차 낼 수 없었던 어른스러운 면이 있었다. 시련이 어린 준경을 강하게 키웠던 것이다.

친가가 풍비박산 났으나 다행히 외가에서 그를 거두어들여서 도움을 주기 시작했다. 외할아버지와 어머니는 어린 그에게 스승을 붙이고 《소학小學》,《효경孝經》,《대학大學》 등을 가르쳤다. 신씨는 "옛말에 이르기를 과부의 자식이 남다른 소견이 없으면 사귀지 말라고 하였다. 너희들이 이미 아버지를 잃고 나를 따라 살고 있는데 한 가지 행동이라도 잘못하면 반드시 세상에서 버림을 받을 것이니 학문을 부지런히 하기를 남보다 열 배나 더하여 집안의 명성을 떨어뜨리지 말라"고 당부했다. 이 교육이 주효해 그와 이윤경은 어릴 적부터 남다른 학업성취도를 보여주었다. 끔찍한 어린 시절의 경험을 그는 기억 속에 깊이 간직하며 자꾸만 좌절하려는 자신을 다잡았다.

"절대로 남의 눈에 피눈물을 흘리는 일은 하지 않을 것이다. 남을 돕고 공명정대하게 일해서 집안을 일으키고 남보란 듯 살아가겠다. 고생하시는 어머니를 위해서라도……."

소년과 청년이 되었어도, 굳은 각오는 그를 흔들림 없이 붙잡아주었다. 후일 재상에 올랐어도 그는 결코 어떤 사안에 대해 서두르거나 함부로 결정하는 일이 없었다. 관직에 있으면서 자신이 결정하는 일에는 늘 신중하고 심사숙고해서 남에게 피해를 주는 일이 없는지를 먼저 생각했다.

급진적인 개혁의 부작용
——

그러나 관직에 나와 가문을 일으키겠다던 그의 결심이 실행에 옮겨지는 데는 적잖은 어려움이 기다리고 있었다. 이준경은 어린 시절 종형이던 이연경李延慶으로부터 조광조의 성리학을 배웠다. 이연경은 중종의 대단한 신뢰를 받았던 조선 중기의 학자이자 관료다. 그도 이세좌의 손자였기에 연산군 때 섬으로 귀양을 갔지만, 중종이 등극하면서 그를 풀어주고 관직에 등용했다. 이연경은 이후 조광조를 재상에 천거함으로써 조광조의 입지를 강화해주었으나, 중종이 조광조와 사림을 버리고 훈구파의 편을 들자 기묘사화 때 탄핵을 받았다. 이연경과 조광조는 특별히 가까운 사이였기에, 집안의 천재로 불리던 이준경에게 조광조의 성리학 체계와 학문, 사상과 철학을 가르친 것이다. 직접 배우지는 않았어도 이연경을 통해 그의 가르침과 학문적 성향을 그대로 배울 수 있었다.

이때 이준경은 조광조의 성리학론을 배우면서 큰 깨달음을 얻었다. 그러므로 그의 스승은 종형 이연경이었지만, 정신적 스승은 조광조였으며 더 거슬러 올라가 김굉필과 김종직을 꼽게 된다. 특히 이준경이 이연경의 소개로 19세 때 조광조를 찾아가 직접 만나 그로부터 들은 학문의 길과 실천적 가르침은 그에게 조선의 개혁은 물론, 선비로서의 정절과 지조, 학문에 대한 열정을 다시 확인하고 배우는 중요한 계기가 되었다. 당시 중종의 신임을 굳게 받던 조광조의 입신출세를 지켜보며 자신이 걸어가야 할 이정표로 조광조를 목표로 삼고 살았던 것이다. 조광조도 이연경·이준경 형제를 보면서 "두 쌍벽은 봉황과 같고 기린과 같아서 항상 곁에 두고 보아도 싫지가 않다"고 칭찬했다고 한다.

그러나 이준경은 1519년 기묘사화 때 급진적인 개혁론자들의 비참한 최후를 목격하게 된다. 중종은 자신이 형제처럼 아꼈던 조광조를 한순간에 버리고 그에게 사약을 내리는 비정한 군주의 모습을 보였다. 개혁을 밀어붙이던 조광조를 필두로 사림들이 대거 숙청되었고, 기묘 8현과 식솔들, 가문들이 죽거나 내쳐지는 처참한 사화의 현장이었다.

"도대체 이게 무슨 날벼락인가? 내 어린 시절, 아버지와 조부와 가문의 어른들을 한 번에 휩쓸어버린 기묘한 운명의 장난이 어찌 내 스승에게까지 미칠 수가 있단 말인가? 정녕 내가 갈 길은 없는가? 이 저주받은 땅에서 나는 어떻게 살아가야 한단 말인가? 옳은 일에 죽도록 충성한 대가가 이처럼 허망하다면 학문이 무슨 소용이며 과거급제가 무슨 영광이란 말인가?"

그는 방에 틀어박혀 자신과 가문과 스승에게 닥쳐온 비운에 절망하고 또 낙담했다. 조선에서 그가 살아가야 할 이유와 존재감을 잃어버린 것이었다.

조광조는 이준경에게 자랑하듯 이렇게 말한 적이 있다.

"군주의 도덕성과 학문의 깊이는 아무리 강조해도 지나치지 않는 다. 군주가 올바르면 나라가 바로 서고 신민이 모두 평강을 이루는 것이다. 우리 전하께서는 내가 한밤중까지 야강을 하고 학문적인 도리를 가르쳐드리면, 종일토록 정무를 보셔서 피곤하심에도 성체를 흩트리지 않고 기뻐하신다. 이것이 신하된 자의 즐거움이 아닌가. 자네도 열심히 해서 전하 앞에서 학문을 강해하는 큰 학자가 되게나."

조광조가 그토록 자랑하고 충성하며 섬겼던 군주가 조광조를 버렸던 것이니 그의 충격은 더할 수밖에 없었다. 기묘사화의 핏자국은 어린 시절 겪은 충격의 트라우마가 되어 그를 괴롭혔다.

그는 결국 과거를 포기하고 학문을 접으려 했다. 자신이 믿고 알던 대로 공부하면 아버지나 스승 조광조처럼 죽음을 맞을 수밖에 없다는 사실이 그를 자포자기하게 만들었던 것이다. 그는 21세가 되던 해, 2년 동안 칩거하며 학문에 손을 놓고 말았다. 그런 이준경에게 다시 책을 손에 잡게 한 사람은 어머니 신씨와 이연경이었다.

"준경아, 내가 너의 마음을 모르는 바 아니다. 하지만 대장부는 마땅히 갈 길이 있어야 한다. 한번 뜻을 세웠으면 죽음을 맞는 한이 있더라도 그 길을 가야 하지 않겠느냐? 그렇게 해서 죽음을 맞아야 한다면 그 길을 가는 것이 옳은 일이다. 나는 한번도 네 아버지를 원망한 적이 없느니라. 그분들과 똑같은 길을 가라는 것이 아니다. 네가 할 수 있을 만큼, 네 나름의 처신과 적절한 대응만 잘한다면 너는 충분히 군주에게 충성하고 가문도 일으키는 좋은 결과를 얻을 수 있을 게다. 다가오는 과거에는 한번 도전해보거라."

"선비란 모름지기 자신의 할 일을 마쳐야 한다. 가는 길이 험하고 괴로워도 그 사명을 내려놓을 수는 없는 일이다. 정암(조광조)이 그렇게 허무하게 간 것만은 아니다. 이 땅에 사림의 정신을 남겨두었지 않느냐. 너는 열심히 공부해서 정암 선생의 죽음을 헛되게 하지 마라."

누구보다 효성이 지극했던 이준경은 어머니와 형의 충고를 다시 받아들이기로 하고 공부에 매진해 23세에 생원 초시에 합격했다. 그 후 26세에 모친상을 치렀고, 29세에 성균관에 수학했으며, 1531년 31세의 나이로 조금 늦게 식년문과에 급제했다. 과거에 급제하는 과정에서 그는 자신이 앞으로 관료로서 걸어가야 할 길을 나름대로 정리했다.

이준경은 은연중에 이연경의 처세법을 배웠다. 이연경이 두 번씩이나 사화에 휩쓸렸으면서도 중종의 굳건한 신뢰를 받아 살아남지 않았던가. 스승 조광조는 한번에 사약을 받았지만 같은 죄에 연루된 이연경은 군주의 신뢰를 얻어 생존했다. 이준경은 유연하고 신중한 모습을 보인 이연경을 자신의 롤 모델로 설정한 것이다.

"신념이 강하면 남도 죽이고 나도 죽인다. 개혁은 좋지만 급진적이기 때문에 실패한 것이다. 스승님은 그 점이 부족했다. 그러므로 이제부터는 부정적인 현실이라도 발을 빼기보다는 그 속에 깊이 발을 담가야 한다. 그러나 급진적 개혁이 아니라 신중하고 점진적인 개혁을 추구하자. 남에게 피해를 주려 하지 말고 그들의 불편하고 아픈 점을 먼저 헤아리자."

이 결심은 평생 그가 실천할 철학이 되어 그가 살았던 시대뿐 아니라 후세에도 당대 최고의 재상이라는 평가를 받게 만들었다.

현실 참여적인 직업 관료가 되다

16세기 조선은 50년간 네 번의 사화를 겪으면서 역량과 재주 있는 인재들이 죽거나 모두 시골로 은거함으로써 극심한 인재 부족 현상을 겪게 된다. 성혼成渾·이황·서경덕徐敬德·조식曺植·정지운鄭之雲·이항李恒·이지함李之菡 등 16세기 조선을 대표할 만한 지식인들이 모두 출사를 포기하거나 은거함으로써 나라를 경영하는 군주의 입장에선 인재 부족을 여실히 느낄 수밖에 없었다.

이준경은 이들과 뜻을 달리했다. 그는 어머니와 이연경의 권유대로 자신이 걸어가야 할 길이 있음을 깨닫고 그 길을 묵묵히 걸어가기 시작했다. 비록 나라가 어지럽고 간신배들이 들끓는 조정이었지만 하급 관료로부터 한발자국씩 나아가 승진을 거듭하며 현실에 적극적으로 참여함으로써 나라의 위기를 타개하고 몸을 사리지 않고 직업관료의 길을 걸어갔던 것이다.

이준경은 이때부터 이미 관직을 걸어가겠다는 확실한 목표가 있었다. 성공하는 리더에게서 찾아볼 수 있는 확고한 목표의식이 그에게 힘을 주고 있었던 것이다. 그는 검소하고 오락을 물리치며 오직 글 읽는 것을 즐거움으로 삼았고 게을러지면 글씨를 익히며 말하기를 "이 마음이 잠시도 해이하지 않게 하려는 것이다"라고 말했는가 하면, 활을 쏘면서는 "사지가 게을러지지 않도록 하려는 것"이라고 했다.

이준경의 어린 시절 이야기는 그의 미래와 세상을 보는 빼어난 통찰력을 보여준다. 그는 소년 시절 산중에 있으면서 조식과 같이 글을 배운 적이 있었다. 그때 이준경은 자신이 사직을 편안하게 하는 관료가

될 것이라고 말해 남명 조식을 놀라게 했다.《동고유고東皐遺稿》11권에
는 다음과 같이 기록되어 있다.

> "그대의 천성으로는 도를 지키며 암혈巖穴에서 말라죽는 것이야 가능
> 하리라. 이는 나도 할 수 있다."
> 그러자 남명이 묻기를 "그렇다면 어떤 포부를 갖고 있는가?" 했다.
> "나는 나라의 원로가 되어 어진 임금을 만나 백성을 윤택하게 하고
> 사직을 편안케 하는 것으로 즐거움을 삼을 것이다."

 이날 이준경은 조식의 앞날을 예언하듯 장난치며 "너는 바위굴에서
말라 죽을 인물이다"라고 놀렸다. 조식은 이준경을 자신을 알아주는
벗으로 여겼다. 그의 말대로 나중에 조식은 출사를 거부하고 재야에
남아 학문의 대가로 이름을 알렸으나, 이준경은 영의정까지 올라 관직
의 영예를 누리고 나라를 지켰으며, 집안도 함께 일으켰다.
 그러나 이준경의 관직 생활도 편하지만은 않았다. 조정에는 권간權奸
이 권세를 부리고 있었고, 아부와 불법과 눈치가 판을 치고 있었기 때
문이었다. 당시 사림이라고 부르는 이들과 성균관의 유생들조차 이름
앞세우기만 기뻐하지 나라의 운명에 대해서는 관심이 없었다.
 이준경은 성균관 유생들을 비판하고 나섰다.
 "아뢰옵니다. 근년 이래 선비들의 버릇이 야비하고 더러워져서 염치
가 쓸어버린 듯 아주 없습니다. 성균관은 도선導善하는 곳이며 풍속과
교화가 있는 곳입니다. 그러나 성균관 학생들은 학문은 모르면서 벼슬
구하기에만 급급합니다."

이준경의 묘 절조와 행실이 반듯했던 이준경은 관료들의 상소와 논의가 과격하고 예리한 것을 보면 이를 절제하고 조정하며 신중하게 처세했다.

이준경은 1542년 중종에게 차자箚子(조선시대 관료가 국왕에게 올리는 간단한 서식의 상소문)를 올려 여론의 중심 세력을 공격했다. 그는 유생들의 도덕이 땅에 떨어져 있음을 짧지만 정확히 지적했다. 중종은 그의 신중한 성격을 알고 있었기에 그의 차자를 문제 삼지 않고 오히려 사림의 개혁을 지지했다. 사림은 당연히 이준경을 못 마땅히 여겨 그를 배척했다. 그럼에도 그를 비난하고 깎아내리던 반대 세력들이 끝내 이준경을 해치지 못한 것은 그의 절조와 행실이 반듯하고 논의가 한쪽으로 치우치지 않았기 때문이었다.

이준경은 자신의 직계 선조들이 사화로 억울한 죽음을 당했고, 조광조 또한 억울하게 죽었던 것을 생생하게 기억하고 있었기에, 극단적이거나 남을 해치려는 주장을 내세우지 않았다. 중종에게 올린 차자도 불특정한 대상이었지 누구를 꼬집어 비판하지 않았기에 정적들도 비판할 수 없었다.

그는 신진 사림들이나 관료들의 상소와 논의가 과격하고 예리한 것을 보면 오히려 이를 절제하게 하고 조정하려는 입장에 섰다. 그 때문에 적극적인 개혁 의지가 없이 눈치만 본다는 비판도 받았다. 관료가 입바른 말을 하지 않으면 조정에 기가 바로 서지 않는다는 식의 부정적인 지적이었다. 하지만 그에 대해 이준경은 "차라리 남이 나를 저버리는 것이 낫지 내가 남을 저버리지는 않겠다"고 자신의 입장을 정리하곤 했다. 이것은 그가 누구보다 급진적인 개혁론자들의 부정적인 피해를 눈으로 직접 보고 겪어왔기 때문에 불필요한 말로 남을 자극하지 않으려는 조심성이 몸에 배어 있었던 결과였으며, 그것이 곧 이준경의 처세법이자 생존법이었다.

1544년 11월 20일 중종이 죽고 인종이 즉위를 이어받았다. 이준경은 그가 모신 군주들 가운데 인종을 가장 존경하고 좋아했다. 이준경이 47세가 되던 때, 인종이 그를 형조참판에 임명했고, 왕을 지근에서 보필하게 했는데, 군신간에 '지기知己'라는 말을 쓸 정도로 가까운 사이가 되었다. 인종은 그를 적극적으로 지지해주었으나, 다음 해인 1545년 7월 1일 병으로 승하했다. 이준경은 늘 인종을 그리워하면서 그가 상으로 내린 빗을 상자 속에서 꺼내 보며 슬피 울었다고 한다.

조정의 중심에서 개혁을 외치다
——

이준경은 신중한 사람이었지만 국방 면에선 과감한 의식 개혁을 주장했다. 특히 북쪽의 여진과 남쪽의 왜에 대해 경계를 늦추면 안 된다며 국방 강화를 강하게 주장했고, 조정 관료의 부패와 선비정신의 후퇴를 막기 위해 도덕성 개혁을 이루어내야 한다고 밀어붙였다. 조선을 중심으로 한 동아시아 세계가 급변하고 있었기 때문이다.

16세기는 명나라의 세력권 아래 있던 여진족이 힘을 가지면서 급성장해 북쪽에서 무시할 수 없는 큰 세력으로 성장하고 있었다. 서구 열강들도 서세동점西勢東漸의 영토 쟁탈로 식민지 경영을 본격화하고 있었다. 그럼에도 명나라는 내부 분열과 정치적 혼란으로 여진에게 거의 신경 쓰지 못하고 있었고, 동남쪽의 왜국은 오다 노부나가를 앞세워 일본의 천하통일을 이루면서 장차 뒤를 이을 도요토미 히데요시가 부국강병책을 주장하며 동아시아를 위협할 상황이었다.

이런 급변하는 해외 정세를 조선의 관료들이 제대로 눈치 채지 못하고 있음을 통탄하게 여긴 사람은 이준경과 이이 정도에 불과했다. 이준경과 이이는 서로 입장은 달랐지만 왜국의 급변하는 사정을 주의 깊게 살피지 않으면 조선이 위험하다는 사실에는 공감하고 있었다.

특히 이준경은 문무를 겸비한 신료로서 직접 을묘왜변을 진압했던 경험이 있었고, 세 번이나 병조판서를 역임할 정도로 군무에 능숙했으며 탁월한 리더십을 발휘했다. 그때 그는 조선이 실전에 투입할 전력이 턱없이 부족해 국방이 약하다는 것을 깨달았다. 이준경이 무엇보다 안타까워한 것은 수군을 줄이고 육전으로 전쟁을 치르려는 조정의 정책이었다. 그는 이것이 나중에 심각한 위기를 불러올 것이라고 내다보았다. 그의 왜란 경험과 뛰어난 통찰력으로 왜국이 해상에서 공격해올 때 바다에서 막지 못한다면 전란의 승산이 크지 않다는 것을 미리 예측하고 있었던 것이다.

나중에 밝혀진 일이지만 임진왜란이 일어났을 때 바다에서 막지 못해 한양을 20일 만에 빼앗기는 수모를 당한 것을 보면, 이준경의 해군 강화론은 앞날을 예측하는 그의 통찰력을 증명하고도 남는다.

"오늘날 왜구가 또다시 움직인다는 기미가 있으니 미리 조치하지 않으면 일이 닥쳐서는 어떻게 응변하기 어려울 것이다."

흐트러진 군기 속에서 전장에 동원할 군사 수가 부족하고 실력도 형편없다는 것을 알고 있던 이준경은 수군 강화가 가장 급한 과제라고 생각했다. 실제 성종 사후 해상 근무를 기피하는 수군들과 이를 지휘하는 지방 관료들의 부패로 인해 수군은 현격하게 약화되고 있었다. 이준경은 우선 수군의 지휘부 관료들을 문무를 겸비한 인물로 채워 넣고 군제와 세제를 개편하여 실질적인 지원과 작전이 가능하도록 하자는 것, 그리고 수군이 원래부터 천한 일이 아님을 밝히고 일반 장정들이 수군에 배치되도록 하자는 것 등의 개편안을 냈다.

이준경의 제안이 온전하게 받아들여졌다면 임진왜란과 같은 초유의 국난은 피할 수 있었을 것이고 조선은 해양강국으로 거듭났을 것이다. 하지만 이미 조정은 이를 수용하려는 이들보다 자신의 출세에 눈이 먼 관료들로 채워지고 있었으니, 그것이 조선의 비극이었다.

북쪽의 여진에 대해서도 그는 우려의 목소리를 냈다. 날랜 병사들을 모아 그들을 토벌하여 강경한 자세를 보이지 않으면 적들이 조선을 얕보고 장차 침공할 여지를 주게 된다는 것이 그의 생각이었다.

1555년 이준경이 57세 되던 해, 을묘왜변이 일어났다. 70여 척의 배를 몰고 온 왜구는 일시에 전라남도 남해안 쪽에 침입한 데 이어 달량

포達梁浦(지금의 해남 북평)를 공격했다. 서남해의 중심지인 이곳을 공략한 다음 어란도於蘭島·장흥·영암·강진 등 일대를 횡행하면서 약탈과 노략질을 해댔다. 이때 왜구들과의 전투 중에 절도사 원적元積, 장흥부사 한온韓蘊 등은 전사하고 영암군수 이덕견李德堅은 포로가 되는 등 사태는 매우 긴박했다. 이에 조정에서는 형조에 이어 호조판서로 있던 이준경을 도순찰사로, 김경석을 우도방어사로, 남치근을 좌도방어사로 임명해, 왜구를 토벌하고 영암에서도 왜구를 섬멸토록 명했다.

《명종실록》10년 5월 10일자의 기록을 살펴보자.

전라도 도순찰사 이준경이 배사拜辭하고, 이어 아뢰었다.

"그전에는 변방의 환란이 있을 적에 진장鎭將이 살해된 적은 있었지만 주장主將이 죽은 일은 없었습니다. 신이 나주羅州로 먼저 가서 군마를 점검하고 싶지만 혹시 늦어질까 염려됩니다. 군관 김세명金世鳴과 정걸丁傑 두 사람을, 숙배肅拜를 생략하고 먼저 내려 보내 깊은 지역의 각 고을들이 미리 군마를 정돈하여 대기하도록 하는 것이 어떻겠습니까?"

임금이 답했다.

"아뢴 대로 하라. 요사이 왜변이 이러하므로 위에서도 근심과 염려가 한이 없다. 이는 곧 그전에는 없던 변이니, 경이 가거든 마음을 다해 조치하여 승리할 계책을 마련하라" 하였다.

준경이 또 아뢰었다.

"요사이 태평한 지 오래되어 군정軍政이 해이해졌습니다. 지금 계본啓本을 보건대 '군졸들이 모두 나가서 싸우지 않았다'고 했으니 극히 놀랍습니다. 이제 신이 제 생각대로 처리하도록 소임을 맡았으므로 엄격하게 군법을 밝혀 한번 나아갔다 한번 물러섰다 하는 것에 있어서도 조금이라도 영을 어기는 자가 있으면 모두 한결같이 군율대로 하고자 합니다.

다만 곤외閫外(성문 밖, 지방)의 소임을 맡아서 꼭 군법대로만 일을 하려고 하면 반드시 권세에 줄을 대어 훼방을 많이 받을 것인데, 신은 이를 헤아리지 않고 그대로 하고자 하여 감히 미리 아뢰는 것입니다. 또 그곳의 군졸들은 굶주림이 아주 심하여 쓸 수 없을 것이니, 날래고 용감한 군사 5백 명을 가려서 보내도록 명하소서."

그러자 아뢴 대로 하라고 답하였다.

이때 주목할 만한 인물인 정걸과 방진이 등장한다. 이들은 이준경이 직접 발굴해낸 초급 관료들이었다. 김경석, 남치근을 방어사로 내세웠지만 야전에서 활약할 용맹한 장수들이 필요한 상황이어서 용맹스럽고 지혜로운 정걸과 방진을 발탁한 참이었다.

정걸은 〈상춘곡〉으로 유명한 정극인丁克仁의 5대손으로, 왜란이 일어난 전라남도 현지 사정에 아주 밝은 무장이었다. 정걸과 방진은 이준경의 군관으로 내려가 영암성을 방어하도록 명령받고 군사를 이끌고 현지로 먼저 내려갔다.

당시 영암성을 지키던 이는 이준경의 형, 전주부윤 이윤경이었다. 그가 순찰사인 동생에게 보낸 보고서에 정걸이 등장하는데 을묘왜변에서 정걸이 가장 뛰어난 계책을 보였다고 칭찬할 정도로 그는 전투를 승리로 이끌었고, 왜구들이 녹도와 제주로 물러나자 이들을 추격하여 왜구를 생포하는 데 결정적인 공을 세웠다고 한다.

정걸은 이후 1572년 경상우수사, 1577년 전라수사, 1579년에는 경상우수사로 승진을 거듭하고 장흥부사도 역임했다. 그 후 서울에 장수들이 부족하자 경장京長으로 발령받았다가 임진왜란이 발발하자 전라좌수사 조방장이 되었다. 전란이 나면 당시 '제승방략'이라는 국가전란 대비책에 따라 방어군이 편성된다. 제승방략은 전란이 일어나면 조정이 있는 중앙에서 도원수, 순변사, 방어사, 조방장 등이 파견되고 현지 수령과 장졸들이 함께 배치되어 전투를 치르는 전략 방어체제다. 말하자면 조방장 정걸은 경장으로서 이순신에게 배속되었는데, 해전에 밝지 못한 이순신을 보좌하는 고문 역할도 맡은 것이다. 정걸은 이후 충청수사가 되어 행주산성 전투 막바지에 화살이 다 떨어졌을 때 배에 화살 2만 개를 실어 왜구의 후면을 습격해 권율權慄의 행주대첩을 도와준 위대한 영웅이 되었다.

방진에 대한 기록은 많지 않으나 을묘왜변에서 정걸과 함께 싸운 동년배였고 제주로 도망간 왜구를 추격한 공로 덕분인지 훗날 '제주목사 보성군수를 지낸 조선 제일의 궁수'라고 알려져 있다. 훗날 이준경은 좌의정이 되었을 때 방진을 불러 미리 점찍어 두었던 이순신을 방진의 딸과 혼인하라고 권해 결혼을 성사시켰다. 당시 문과 시험을 준비하던 이순신은 21세에 무과로 방향을 전환하고 조선을 살리는 영웅이 된다.

또 이준경은 명종에게 한 명의 선비를 천거했는데 그가 바로 훗날 영의정이 된 이원익이었다. 이원익은 젊고 유능한 데다 청렴하고 공명정대하여 훗날 광해군 시절의 정적들조차 그를 대할 때 우러러보지 않을 수 없었다고 한다. 이원익은 임진왜란이 발발하자 사도체찰사로 나서 이순신의 상관이 되어 그를 돌봐주었다는 기록이 이순신 행장에 나온다.

도대체 이준경은 어떤 통찰력을 가졌기에 이런 인물들을 발굴하고 후원한 것일까? 그는 인물을 한 번 보면 그 됨됨이를 알아차렸다고 하니 그의 탁월한 통찰력과 관찰력은 임금에게 꼭 필요한 참모의 조건이었다.

조선 내부의 붕괴부터 막다
———

그가 당장 고쳐야 한다고 생각한 문제는 내부의 붕괴를 막고 조선 변경을 제대로 지켜내는 국방의 일과 조정의 신뢰 회복이었다. 조선 내부의 붕괴는 곧 도덕성 문란의 문제로 이어졌다.

우선 그는 조선의 힘을 키우고 국방과 재정을 튼튼히 하는 비결로 군주와 관료에 대한 백성의 신뢰를 회복해야 한다고 생각했다. 전란이 나면 목숨 바쳐 싸울 사람은 백성들 아닌가. 그들이 존경하지 못하는 지도부를 앞에 세워놓고 전쟁을 할 수 있을 것인가? 이준경은 늘 이런 고민에 사로잡혀 있었다.

이순신, 이원익, 정걸, 방진 등 그가 발굴해낸 인물은 모두 백성들의 존경을 받았던 영웅들이었다. 또 군주의 도덕성 회복도 가장 중요한 관심사였다. 연산군의 실정을 직접 겪고 심각한 피해를 직접 겪었던 그는 군주가 얼마나 민심을 읽고 헤아리며 신하가 이를 제대로 받쳐주느냐가 중요하다고 보았다.

"덕은 임금과 신하가 함께 부족한 것을 닦아야 물고기와 물처럼 즐거움을 누릴 것이다.”

그의 사상은 여민동락與民同樂, 민심이 곧 천심이라는 생각으로 이어졌다. 그러다보니 임금이 바로 서서 도덕성을 회복하고 신하들이 성심껏 보필하여 백성을 보살피는 데서 나라가 힘을 찾게 된다는 결론을 내려 이를 권하고 충고했다.

그는 개혁 사상을 바탕으로 신료들을 감싸 안으며 조화로운 정책을 추진함으로써 조정 안팎에서 최고의 재상이라는 평가를 받았다. 그 스스로도 도덕성을 지키기 위해 최선을 다했다.

그는 당대의 정승들 가운데 누구보다도 청렴결백하여, 영의정 시절에도 검소하게 살았다. 그래서 사람들이 그의 집을 멀리서 보고는 주택이 아니라 곡식이나 물건을 내다 쌓아둔 창고처럼 보았기에 그를 가리켜 동고東皐라는 호 대신 동고東庫(동쪽 창고)라 부를 정도였다.

이준경은 일생을 청렴하고 정직하게 살았다. 격동의 시기에 관료의 길을 걸었으나 비난 받을 일은 하지 않았다. 그는 1533년 중종의 경연에 나아가 기묘사화 때 화를 입은 사류들의 무죄를 역설하다가 김안로 일파의 모함을 받고 집권자들의 질투와 정치적 야합으로 파직당하는 어려움을 겪기도 했다. 또한 1550년에도 영의정 이기의 모함으로 충청도 보은으로 유배당하기도 했다. 하지만 이런 어려움을 겪고도 참고 절제하면서 그는 자신의 관직 생활을 차분하게 전개해나갔다.

특히 그는 친구 사귀기를 믿음으로 하고 검소한 선비로 살아가기를 힘썼으며 화려한 것은 줘도 받지 않았다. 그가 높은 관직에 오르자 수많은 이들이 그를 찾아와 인사 청탁을 넣었다. 정중한 거절로 그들의 부탁을 흘려보내던 그는 하루는 정말 거절하기 어려운 고위직의 청탁을 받자 꾀를 내어 청탁받은 인물을 만나보기로 했다.

이준경이 감사로 있을 때 일이었다. 한 재상의 추천을 받은 무사가 그에게 오자 이준경은 시종에게 자신의 방으로 바로 데려오지 말고 빙빙 돌려서 데려오라 일렀다. 한참을 걸려 돌아 들어온 무사에게 이준경이 물었다.

"지금 내 방이 어디에 위치하고 있는가?"

무사는 너무 많은 방을 거쳐 돌아오는 바람에 제대로 위치를 말하지 못하고 우물거렸다. 이준경은 그를 돌려보내고는 서찰을 써서 추천자인 재상에게 돌려보냈다.

"추천해주신 무사는 동서남북을 구분하지 못하는 인물이라 차마 쓸 수가 없습니다."

이 소문이 나면서부터 그에게 들어오는 청탁이 확 줄어들었다고 한다. 그는 자신의 아들조차 인사와 관련하여 구설에 오르지 않도록 노심초사했다.

영의정으로 있을 때 마침 후보자 명단에 자신의 아들 이름이 올랐다. 그는 이것을 듣고는 직접 후보자 명단에서 아들의 이름을 빼버렸다. 사연을 묻는 좌중에게 그는 자신의 아들이 적합하지 않은데 어떻게 알고서 추천자 명단에 넣어두겠느냐고 했다. 사람들은 그가 공평하고 의로운 사람인 것을 깨닫게 되었다.

그가 남긴 탁월한 업적 가운데 판옥선(조선시대 수군의 대표적인 전투선으로 왜선을 무찌르기 위해 만들어졌다)이 있다. 실록에서는 자세히 볼 수 없었지만 그가 해전과 명종 때 개발된 판옥선에 대해 관심을 가졌던 것은 분명하다. 《동고유고東皐遺稿》를 보면 그가 전라감사로 있던 이윤경에게 보낸 서신 속에 판옥선 건조에 대한 당부가 곳곳에 남겨져 있다.

당시 이준경은 이윤경에게 여러 통의 편지를 보내면서 수군과 육군의 협조와 병사 훈련 또 배(판옥선) 건조의 숫자를 염려하곤 했다. 배가 너무 많아도 배를 다룰 수군이 없음을 걱정했고 배가 지나치게 크면 안 된다고 당부하기도 했다. 또 배 만드는 일이 급선무이지만 공정기한만 잘 감독하라고 권하기도 했다.

후대인들이 극찬한 이준경의 통찰력

그가 빼어난 인물이라는 점은 특히 조선 사대부의 대표주자들이 그를 칭찬하는 데 인색하지 않았다는 점에서 알 수 있다. 명종 시절, 이황은 명종의 교서를 통해 이준경을 극찬했다. 교서란 임금의 발표문서인데, 신하가 글을 써서 올리면 임금이 검토하고 고칠 것은 고치고 삭제하여 내리는 공식 문서다. 이황은 이때 임금의 지시를 받아 이준경에 관한 글을 썼는데, 이준경이 함경도 순변사로 있을 때 그에 대한 평가가 어떠했는지를 보여주는 자료다.

> (동고는) 하늘과 사람을 꿰뚫는 능력이 있으며 문무의 자질을 겸비하였다.
> 기대승은 퇴계와 함께 이름을 크게 얻었던 성리학자로, 명종 시절 이준경이 우의정이 되자 이렇게 그를 평가했다.
> "조정의 표준이며 백관의 우두머리를 이제야 얻었도다."

한참 후대의 일이지만 정조 역시 이준경을 극찬한 바 있다. 정조가 쓴 시문집인 《홍재전서弘齋全書》에서는 이준경을 조선의 일대를 빛낸 인물로 묘사했다.

> 타고난 성품 자질이 맑고 높으며 마음 씀씀이가 넓고 공평하다. 한 몸으로 나라의 안위를 맡아 있음에도 목소리와 얼굴빛을 내지 않았고 태산과 반석과 같은 평안함에 국세國勢를 두었다. 매번 사람들 사이에서 조정하고 키워내는 것을 일로 삼아 혹 비방이 있어도 그 문장과 조정의 사업이 일대를 빛냈다.

이준경에 대한 좋은 평가는 급기야 국경을 넘어 중국까지 널리 알려져 중국의 사신들이 이준경을 모르는 이가 없을 정도였다.

1545년 7월 1일 인종이 세상을 떠난 뒤 당시 12세였던 명종이 즉위하고 나서 20년 동안 문정왕후가 수렴청정으로 섭정 통치했다. 그러다 문정왕후 사후 혼란스러운 시기가 안정화되자 명종과 이준경은 호흡을 맞추며 조선을 개혁하고 강한 나라로 만들어가는 데 힘을 같이 했다. 그러나 명종은 홀로서기 2년을 채우지 못하고 1567년 6월 18일 세상을 떠났다. 그의 불운이자 인종과 죽음으로 헤어졌던 이준경의 불운이었다.

명종이 갑자기 승하하고 후사를 잇지 못한 조야가 당황하고 있을 때 마침 조선을 방문한 중국의 사신들이 조선 관료들에게 물었다.

"조선에 왕세자가 정해져 있소?"

"아직 없소이다."

"허허, 큰일이 아니오? 그렇다면 지금 재상은 누가 맡고 있소?"

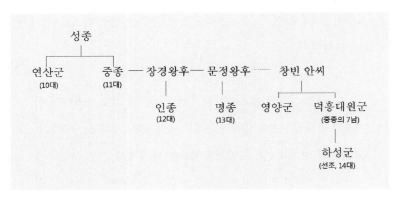

```
              성종
       ┌───────┴───────┐
    연산군         중종 ── 장경왕후 ── 문정왕후 ······ 창빈 안씨
    (10대)        (11대)      │          │         ┌────┴────┐
                           인종       명종      영양군   덕흥대원군
                           (12대)     (13대)            (중종의 7남)
                                                          │
                                                        하성군
                                                      (선조, 14대)
```

성종의 후계 왕가 관계도 누구보다 안정된 정권을 유지하고 싶었던 성종은 왕권을 강화하고 신권을 약화시키면서 중종반정이 일어나는 데 영향을 미쳤다.

"이준경 대감이오."

"그래요? 그 사람은 문장과 덕이 높고 나라의 기둥이니 당신들 나라 는 걱정이 없겠소."

그 말대로 명종의 후사로 덕흥대원군(중종의 일곱째 아들)의 셋째 아들 이던 하성군을 추대해 왕위에 올린 이도 이준경이다. 중종부터 선조까 지 네 명의 왕을 섬긴 재상으로서 그는 선조가 즉위하는 데 결정적인 역할을 한 주역이었음을 《연려실기술》에서 찾아볼 수 있다.

하루는 명종이 여러 왕손들을 불러 놓고 가르치다가 임금이 쓰는 관 인 '익선관'을 써보게 했는데 여러 왕손들이 돌아가며 익선관을 써보 았으나 유독 나이가 어린 하성군은 "상께서 쓰시는 것을 보통 사람이 어찌 이를 쓰겠습니까?"라며 어전에 도로 갖다놓았다고 한다. 명종은 이후 하성군을 유심히 지켜보게 되었다.

그러나 1567년 명종은 재위 23년 만에 불과 34세의 나이로 승하하면서 왕세자를 세우지 않고 세상을 떠나버렸다. 조정 관료들은 누구를 임금으로 할 것인지를 두고 이해관계에 따라 이합집산하며 커다란 분란의 조짐을 보였다. 이때 이준경이 평소 명종의 생각을 헤아려 중종의 손자인 하성군을 다음 군주로 영입迎立하여 조정의 분란을 잠재우고 나라의 종사를 바로 세웠으니, 그가 바로 제14대 임금 선조다.

이준경이 아직 과거에 급제하지 않았을 때, 그의 장인이 평양감사가 되자 이준경은 인사차 평양에 들르기로 했는데 가문이 빈한하니 아무것도 없어서 동서의 말을 빌려 타고 갈 정도였다. 처가 식솔과 동서들이 그를 무시했으나 장인은 그를 예사롭게 보지 않았다. 장인은 다른 동서들을 돌려보내고 이준경을 불러 남몰래 둘만의 대화를 나누었다.

그때 장인이 그해 이준경의 급제를 예언하면서 이준경과 동갑인 심통원이라는 인물을 어떻게 처리할 것인지를 물었다. 심통원은 아직 과거에 급제하지 못한 전혀 알려지지 않은 인물이었으나 이준경은 한참을 생각한 후 "제가 마땅히 별당에 가두어 그의 계획을 저지하겠습니다"라고 대답했다. 장인은 그를 기특하게 여기고 돈과 말을 주고 돌려보냈다.

후일 이준경이 명종 때 영의정이 되었을 때 장인이 이야기하던 심통원은 약방 도제조가 되었다. 심통원은 외척으로 부를 쌓으며 윤원형과 권력을 남용한 인물이었는데 명종이 죽음을 앞두자 심통원은 따로 생각이 있어서 이를 실천에 옮기려 했다. 아마도 그가 밀고자 하는 인물이 따로 있었던 모양이었다.

그러나 이준경은 명종의 유지를 받지 못했던 터라 즉석에서 기지를 발휘하여 심통원에게 임금에게 드릴 환약을 가지러 가게 했다. 그런

다음 약창고의 문을 잠가버리게 한 후 죽음을 앞둔 명종에게 달려가
유지를 받았다.

이 일에 대해《선조수정실록》은 정확한 기록을 남겨 이준경의 업적
을 이야기하고 있다.

> 왕비 심씨沈氏가 대신인 이준경과 심통원을 급히 불러 침전으로 들어
> 오게 했다. 상(명종)은 이미 인사불성 상태였다. 준경이 앞으로 나아
> 가 큰소리로 "신들이 왔습니다" 하였으나 상은 반응이 없었고, 준경
> 이 또 사관을 시켜 두 사람 이름을 써서 올리게 하였으나 상은 역시
> 살피지 못하는 상태였다. 그리하여 준경이 왕비에게 아뢰기를, "일이
> 이미 이렇게 되었으니, 마땅히 사직의 대계大計를 정해야 합니다. 주
> 상께서 고명顧命을 못하실 입장이니, 당연히 중전께서 지휘가 있으셔
> 야겠습니다" 했다.

자칫 하면 왕위를 둘러싼 억측과 모반이 일어날 어지러운 상황이었
으나 이준경은 당황하지 않고 차분하게 일을 진행하기 시작했다.

> 왕비가 답하기를, '지난 을축년(명종 20년)에 주상으로부터 받아 둔 전
> 지가 있으니, 모름지기 그 사람을 사군嗣君으로 정해야 할 것입니다'
> 하였다. 이는 을축년 9월 상의 병세가 위독했을 때 중전이 봉서封書
> 하나를 대신에게 내린 바 있었는데, 하성군河城君 이균李鈞을 다음 보
> 위로 한다는 내용이었다. 그러자 준경 등은 배사拜謝하며 아뢰기를,
> '사직의 대계는 정해졌습니다' 하였다.

새벽에 상이 승하하였다.

이날 실록은 말미에 이준경의 업적을 다음과 같이 적었다.

이준경은 평소 중망重望이 있어 나라 사람들이 그를 믿고 의지하였으
며 그에게 마음을 기울여 모두 하는 말들이 "이때에 이 사람이 있으
니 나라가 안정될 것이다" 하였다. 사위嗣位(다음 보위)가 정해지자 인
심이 그대로 안정을 유지했던 것은 다 준경이 사람들을 진정시킨 공
로였던 것이다.

그런데 왜란은 예측하고 이를 대비할 계책과 재상과 장수들도 준비
한 그가 하필이면 하성군, 즉 선조를 다음 보위로 올렸을까? 선조가 역
대 어느 임금보다 검소하고 영민했던 좋은 군주의 자질을 가졌을지라
도 임진왜란 당시 보여준 피란생활과 몽니와 비겁함은 역사에 오명으
로 남을 일이 아니던가. 그 점이 이해하기 어렵다.

선조의 가계를 살펴보니 선조의 아버지는 덕흥군으로 명종의 배다
른 형제였다. 명종이 부인 심씨 사이에 아들 순회세자를 두었으나 13
세에 세상을 떠났기에 왕세자를 세우지 못해 늘 노심초사하고 있었다.
그러던 차에 명종이 덕흥군의 세 아들을 불렀다는 것이다. 앞의 익선
관 이야기는 덕흥군 아들들의 이야기였다는 것이 사가의 기록이다.

덕흥대원군 이초는 중종대왕의 7남으로 3남을 두었으니 장남은 하
원군이고, 차남은 하릉군, 셋째가 하성군이다. 이준경이 이들을 자세히
살펴보니 하원군은 초년 시절부터 왕재는 아니라는 평가를 받았고, 둘

째는 덕흥군의 형제인 숙부 금원군에 양자 입적해버려서 하성군 말고는 추천할 만한 왕재가 없었던 것이다.

이준경은 그럼에도 유약하고 귀가 얇으며 고집 센 선조의 결점을 미리 알고 있었다. 그러나 최선책이 없으니 차선책으로 선조를 택한 것이었다.

선조에게 따끔한 유언을 남기다

선조는 처음에 기존 훈구세력들을 멀리하고 이이 등을 중심으로 하는 사림세력을 많이 등용했으며 이준경을 중용해 전국에서 덕 있는 선비들을 많이 불러들였다. 그러나 사림들의 세력이 커지면서 이들과 훈구세력간, 또한 이들 사림 내부간의 갈등이 자주 표출되기 시작했다. 이준경은 이를 염려하여 자신의 마지막 유언으로 임금에게 글을 올렸다.

인생 말년인 1570년 12월에 이황이 앞서 세상을 떠나고 2년 후 2월 8일 조식마저 세상을 떠나자 자신도 곧 세상을 떠날 것임을 예감했다. 그는 병석에 누운 지 한 달이 되자 의원을 물리치며 말했다.

"나의 수명이 이미 다하였다. 어찌 약을 먹어 목숨을 연장할 수 있겠는가. 오직 우리 임금에게 한 말씀 올리고 싶을 뿐이다."

그는 직접 글을 쓸 기력이 없어 아들을 시켜 차자를 쓰게 했다. 차자란 신하가 임금에게 올리는 글이다. 죽음을 앞두고 썼으니 유차라고 해도 좋을 것이다.

"흙 속에 들어가는 신(이준경)은 삼가 4건의 일을 갖추어 유차를 올리니, 전하께서는 조금이라도 살펴주십시오."

그가 올린 네 가지 유언은 임금과 나라의 앞일에 대한 것이었다.

첫째, 제왕은 무엇보다도 학문하는 일이 가장 크며 선조의 학문은 수준 이상이지만 능력과 품성을 기르는 함양의 힘은 미치지 못하는 점이 많이 있다고 지적했다. 그러면서 매우 준엄하지만 아랫사람을 대할 때 포용하거나 공순하게 하는 면이 부족하니 이를 노력하라고 부탁했다. 선조 나이 겨우 20세였으니 74세의 노신이 어린 임금을 아껴 간곡하게 부탁하는 말이었다.

둘째, 아랫사람을 대할 때 위의威儀가 있어야 한다고 지적했다. 위의는 위엄과 엄숙한 태도를 말한다. 선조는 젊은 시절부터 이 부분이 약점이었던 모양이다. 이준경은 아무리 뜻에 거슬리는 말이 있더라도 신하의 주의를 환기시키는 일은 있을 수 있지만 사사건건 직설적으로 드러내면서 스스로 잘난 체하는 것을 아랫사람들에게 보여서는 안 된다고 충고했다. 그는 "계속 지금처럼 하신다면 백관이 맥이 풀려 수없이 터지는 잘못을 이루 다 바로잡지 못할 것입니다"라며 선조의 가벼움을 나무랐다.

셋째, 군자와 소인을 분간하라고 말했다.

"참으로 군자라면 아무리 소인이 공격하는 일이 있더라도 뽑아 써 의심하지 마시고, 참으로 소인이라면 비록 개인적인 정이 있으시더라도 단호히 물리쳐 멀리하여야 합니다. 이와 같이 한다면 어찌 하북 조정(북송)과 같은 어려움이 있겠습니까."

이미 이준경은 충신들에 대한 임금의 편견과 속좁음을 알아차렸던 것이다. 그리고 그는 장차 있을 붕당의 폐해를 직접 경고하고 나섰다. 《선조수정실록》 5년 7월 1일자 기록을 살펴보면 다음과 같이 말했다.

사사로운 붕당을 깨뜨려야 할 것입니다. 지금 세상 사람들이 혹 지나
친 행동이 없고 법도에 어긋나는 일이 없는 사람이라도 자기네와 한
마디의 말이라도 합하지 아니하면 배척하여 용납하지 않습니다. 자
기들은 행실을 닦지 아니하고 글 읽기에 힘쓰지 아니하며, 거리낌없
이 큰소리치며 당파를 지으면서 그것이 높은 것이라고 하며 헛된 기
풍을 양성하고 있습니다. 따라서 이들이 군자라면 함께 서서 의심하
지 마시고 소인이거든 버려두어 저희끼리 흘러가게 하심이 좋을 것
입니다. 이제야 말로 전하께서 공평하게 듣고 공평하게 보아 주시어
힘써 이 폐단을 제거하실 때입니다. 그렇지 아니하면 반드시 국가의
구제하기 어려운 근심이 될 것입니다.

그의 충정 어린 유언이 조정에 들어가자 선조는 옳게 여겼다. 선조
는 이준경의 충고가 날카로웠지만 평소에 그의 품행을 알고 있었고 그
가 아니면 임금의 자리에 오를 수 없었기에 각별하게 그를 아껴 죽음
이후에 벌어진 논쟁에서 오히려 그를 두둔했다.

"임종 때까지 충성으로 상하에 모두 병통病痛이 있다고 말한 것은
우국충심에서 비롯된 것이며 조정의 화평을 바라는 뜻이 그 바닥에 있
었기 때문이다."

그럼에도 사림들 간에는 이준경의 유차로 인해 격렬한 논쟁이 벌어
졌다. 대신들 가운데서 이준경의 관작을 추탈하자고 주장하는 이도 나
왔다. 심의겸沈義謙이 대표적인 인물이었다.

영의정 류성룡은 "대신이 죽을 때 말씀 올린 것에 부당함이 있으면
변명할 것이지, 죄를 묻자고 청하기까지는 하는 것은 조정에서 대신을

대접하는 체모가 아니니 여러분은 너무 심한 짓을 하지 마시오"라고 말렸다.

좌의정 홍삼도 이를 거들었다.

"이준경은 신과 같이 조정에 가장 오래 있었습니다. 평일에 매양 군자로 자처하고 성질이 강직하여 식견이 높았으니 이제 와서 그를 학식이 없다고 할 수 없으며 나라를 근심하는 마음이 죽을 때까지 변함이 없었는데 어찌 사람에게 화를 끼칠 마음이 있어서 그런 말을 했겠습니까? 이제 만일 그를 소인이라고 지목한다면 그는 지하에서도 불복할 것입니다."

이준경을 비판하는 세력 중에는 이이도 있었다. 이이는 그를 가리켜 "머리를 감춘 채 귀신과 여우처럼 말한 것"이라고 통박하고 이준경의 말이 시기와 질투의 앞잡이요, 사악한 표본이라고 힐난하고 나섰다. 이이는 '사람은 죽을 때는 선한 말을 하는데 이준경은 죽을 때도 악하다'고 차마 입에 담지 못할 말을 퍼부었다.

이이 같은 진보적인 개혁자이자 대학자가 왜 이렇게 자신을 다스리지 못하고 심한 힐난을 이준경에게 퍼부었을까? 일부 학자들은 이 부분에 대해 이준경의 지적이 좀 지나친 면이 있는 데다 아마도 이이 역시 붕당의 조짐을 알고 있었지만 그의 발언이 오히려 붕당의 피해를 확산시키고 이를 틈탄 사림의 일부가 분쟁거리를 만들 것을 우려했기 때문이라고 보고 있다.

《연려실기술》을 쓴 이긍익은 이에 대해 이렇게 율곡의 잘못을 지적했다.

율곡이 동고를 부정적으로 평가한 부분이 많다. 그러나 동고는 어진 정승인데 율곡이 드러내어 공격하여 자기 감정을 한껏 푼 것이다.

사실 이준경은 이미 왜구의 침입을 수없이 경고했고, 병조판서 시절부터 왜국의 동태를 걱정하고 있었기 때문에 그의 미래를 내다보는 신통력을 의심할 필요도 없을 것이다.

그는 신중론자였지만 비판론자들의 말처럼 안일한 자세로만 살았던 것은 결코 아니다. 선조를 명종의 후사로 정하여 군주로 올린 뒤, 처음 한 일이 조광조 등의 기묘사화로 인한 피해자 복권을 성사시키는 것으로 이어진 것을 보면, 그는 오히려 옳다고 믿는 일에서는 뒤로 물러남이 없고 흔들림 없이 자기 주장을 개진하는 인물이었음을 보여준다.

기묘사화 이후 아무도 논의조차 꺼내지 못하고 있을 때 김굉필과 조광조 등 사림파의 희생자들을 역사적으로 재평가하고 정당하게 대우하자고 주장했다니 그가 아니면 당시로서 누가 이야기조차 꺼낼 수 있었겠는가. 당연하게도 그에 대한 비판은 적지 않았다. 《지봉유설芝峰類說》은 이러한 모습의 그를 객관적으로 기록하고 있다.

> 공이 노성老成(많은 경험으로 세상에 익숙함)한 체통과 정중한 몸가짐으로 인해 후배들과 뜻이 맞지 않아 당시 사람들에게 거슬리어 죽은 후에도 헐뜯는 말이 그치지 않았다. 그러나 지금 재상으로서의 업적을 말하자면 공을 제일이라고 한다.

이런 논란 속에 이준경은 조식이 죽고 다섯 달 만인 7월 7일 세상을 떠났다.

그가 죽고 사후 불과 4년만에 당쟁이 발생했다. 1571년(선조4) 인사권을 담당하는 이조전랑 자리 문제 때문에 사림은 동인과 서인으로 갈라지게 되었던 것이다. 그의 탁월한 통찰력과 예언이 딱 들어맞은 것을 보면서 후대인들은 이준경의 예지력에 감탄할 수밖에 없었다. 사실 이준경은 이미 사림들간의 주고받는 대화와 생각들 속에서 당쟁의 조짐을 충분히 발견하고 이를 지적했다. 이이는 이 일 이후에 자신의 잘못을 깨닫고 당쟁의 폐해를 줄이는 데 더욱 힘을 쏟았다고 한다.

한편 이준경은 막내아들을 사랑하여 직접 학문을 가르쳤는데 자신의 형제 이윤경이 후사가 없어 이 아들을 달라고 간곡히 부탁하자 눈물을 머금고 막내아들을 양자로 입적시켜주었다고 한다. 그가 바로 《양호당일기養浩堂日記》의 저자인 이덕열李德悅로, 임진왜란 때 성주목사로 왜군을 격파했고 명군과의 소통에 나섰던 인재로 이준경을 그대로 닮았다는 평판을 얻었다.

이준경의 말소리는 큰 쇠북같고 눈빛은 자줏빛 번개같이 빛나서 가까이서 그를 보면 그 위엄에 저절로 압도될 정도였다. 이준경은 사화 이후 악화일로를 걷던 조선 조정의 외척 발호, 즉 명종의 외숙 윤원형을 중심으로 한 훈구세력의 발호를 종식시키고 사림 정치를 시작하게 한 출발점으로 자리매김된다. 그리고 후사 없이 승하한 명종의 뒤를 이어 선조를 즉위케 함으로써 조정의 안위를 튼튼하게 세운 공을 인정받고 있다.

그는 북측의 여진 경계와 남측의 왜구에 대한 경계를 강화했고, 사림들의 당쟁을 염려하고 조정 관료의 부패의식과 도덕성 타락을 지적했으며, 조정 전반에 위기의식이 부족함을 통탄했다. 특히 무너져가는 군제와 국방체제를 개혁하려고 최선을 다했고 수군 재건의 노력을 기울여 판옥선을 실전에 활용토록 한 개혁관료이자 현실참여적인 학자로서 모범을 보인 인물이었다. 특히 정걸과 방진, 이순신, 이원익으로 이어지는 임진왜란의 영웅들을 발굴해낸 점은 전적으로 그의 업적이라고 생각한다.

이준경의 말과 행동, 지식이 당대의 표준이 되었다. 이황조차 형제의 상을 당할 때 예법을 묻는 질문에 이준경의 예를 들어보면 알 수 있을 것이라고 말했을 정도로 이준경은 곧 시대의 표준이 되어 있었다.

이긍익은 《연려실기록》에서 그가 사림 중에서는 부족하다고 여기는 이들이 있었지만 청덕淸德이 있어서 대문에 뇌물이 오가지 않았으니 사람들이 다 그를 어진 정승이라고 칭했다고 기록했다. 그만큼 그는 스스로 절제하고 관직에서 공평하게 처신했기에 후일 조선의 어진 재상을 일컬을 때 절대 그를 빼놓지 않았다.

같은 시대에 살았던 이황이 관직에서 물러나 학문에 전념한 반면 그는 고난을 딛고 일어나 관직에 몸을 바치고 특히 앞을 내다보는 통찰력과 예지력으로 당쟁의 피해를 예견하여, 당대의 존경을 받았다. 고난과 혼돈의 시기에 군주와 나라를 지켜낸 이준경이야말로 어릴 적 시련을 딛고 좌절을 극복한 진정한 인생의 승리자였다.

07

—

국가 누란의 위기 앞에서
나라의 중심을 잡다
: 류성룡

—

선조를 붙잡고 국란을 수습한
지혜의 아이콘

류성룡은 임진왜란 때 이순신과 권율을 승진시켜 전란에 대비하게 하고, 달아나는 선조를 만류한 뒤 그를 설득해 전국에 의병을 요청하는 한편, 명군을 불러 초유의 국란을 극복하는 등 진정한 참모의 리더십을 보여주었다. 그 어떤 참모보다 류성룡이 더 높은 평가를 받는 이유는 그가 평상시 조정을 이끈 참모가 아니라 임진왜란과 정유재란이라는 7년 전시의 위기 상황을 목숨을 바쳐 구해냈기 때문이다.

류성룡은 도성이 함락되고 선조가 의주까지 피신하는 초유의 난리를 겪으면서도 조정의 중심을 굳건히 잡아 나라의 위기를 지켜냈다. 흔히 이순신을 임진왜란 당시 최고의 명장이라고 칭송하지만, 류성룡이 없었다면 나라 자체가 없어질 수도 있는 상황이었다. 그럼에도 류성룡은 그 화려한 업적에 비해 초라하게 말년을 보내며 조정과 담을 쌓고 조용히 생을 마감했다. 그러나 절체절명의 위기 상황을 슬기롭게 이겨낸 류성룡의 업적은 조금도 축소되거나 왜곡되지 않고 역사에 길이 남았다.

특히 그가 남긴 《징비록懲毖錄》은 조선의 지도층 가운데 처음으로 자신의 과오를 기록했다는 점에서 기념비적이다. 류성룡은 전쟁을 마치고 은퇴 후 10년간 임진왜란의 배경과 전개, 수습 과정들을 다큐멘터리처럼 생생히 기록으로 남겨 후세에 경고했다. 그의 기록이 없었다면 우리는 이순신이 얼마나 뛰어난 영웅이었는지 몰랐을 것이고 임진왜란을 단편적으로만 바라보았을 것이다.

류성룡, 판세를 정확히 읽어내다

——

왜병이 물밀듯이 밀고 들어와 한양 도성까지 쳐들어올 것이라는 장계가 올라오자 선조는 물론이고 모시던 수하 중신과 비빈들, 내관들까지 온통 얼굴이 흙빛이 되어 안절부절못했다. 이에 선조는 달아나듯 급하게 한양 도성을 떠났다. 1천 명 이상인 대궐의 식솔들 가운데 황급하게 선조를 모시고 도성을 빠져나온 이들은 겨우 100여 명이었다. 《선조실록》 25년 4월 30일자에서는 당시 상황을 이렇게 전한다.

> 새벽에 상(선조)이 인정전에 나오니 백관들과 인마人馬 등이 대궐 뜰을 가득 메웠다. 이날 온종일 비가 쏟아졌다. 상과 동궁은 말을 타고 중전 등은 뚜껑 있는 교자를 탔었는데 홍제원洪濟院에 이르러 비가 심해지자 숙의淑儀 이하는 교자를 버리고 말을 탔다. 궁인宮人들은 모두 통곡하면서 걸어서 따라갔으며 종친과 호종하는 문무관은 그 수가 100명도 되지 않았다. 점심을 벽제관에서 먹는데 왕과 왕비의 반찬은 겨우 준비되었으나 동궁은 반찬도 없었다. 병조판서 김응남金應南이 흙탕물 속을 분주히 뛰어다녔으나 여전히 어찌해볼 도리가 없었고, 경기 관찰사 권징權徵은 무릎을 끼고 앉아 눈을 휘둥그레 뜬 채 어찌할 바를 몰랐다.

남원의 의병장인 조경남趙慶男이 쓴 《난중잡록亂中雜錄》에도 송악을 떠난 선조의 행렬에 대한 슬픈 정황이 기록되어 있다.

하루는 산골짜기에 머무르고 있었는데, 밤새도록 식사를 올리지 못해 촌 여인이 울면서 조밥을 드렸다. 임금이 그것을 드시고 이르기를, "이 맛은 팔진미보다 낫다. 조의 귀중함이 이와 같구나, 이와 같아" 하였다. 또 하루는 비가 심해 떠날 수가 없어서 길가 촌집에 머물게 되었는데, 임금은 방앗간[杵室]에 들고, 거가를 호종한 자가 10여 명이었다. 신하들은 빗속에 엎드려 종일 굶주렸다. 비통하다.

류성룡은 이 아수라장의 한복판에서 정신을 차리고 왜란의 수습책을 침착하게 준비하고 있었던 몇 안 되는 인물 가운데 하나였다. 그가 침착할 수 있었던 것은 전쟁이 날 것을 이미 예상하고 있었기 때문이었다.

그는 전략과 지모가 단연 뛰어났다. 하지만 전략과 지모보다 더 돋보이는 그의 장점은 나라의 미래를 내다볼 수 있는 안목을 갖추었다는 것이다. 그는 이른바 판세를 정확하게 읽는 눈을 가졌기에 정쟁과 전쟁의 소용돌이 속에서 중심을 잡을 수 있었다.

임진왜란이 일어나자 선조를 비롯한 대부분의 조정 중신들은 국가가 누란의 위기에 처했어도 도망갈 궁리만 했다. 그러나 세자 광해군은 아버지 선조와 달리 류성룡처럼 나라를 지키고 패전을 극복하고 승전을 이끌어내고자 고심하며 다음 수순을 어떻게 준비해야 할지 대책 마련에 분주했다. 예조판서 윤근수尹根壽, 이원익 같은 사대부들도 적극적으로 항전의 의지를 표명했다. 하지만 선조는 더 안전한 곳, 이를테면 명나라로 갈 생각밖에 없었다. 이를 입 밖에 먼저 낸 것은 선조였다. 그는 이미 체통을 잃어버리고 나라의 존망이나 국민의 안위보다는 명나라에 기대어 자신의 안위를 찾으려 하는 필부의 모습과 다름없었다.

그는 먼저 승지였던 이항복李恒福에게 속마음을 슬쩍 흘렸다. 그러고는 류성룡과 중신들에게 의견을 물었다. 《선조수정실록》25년 5월 1일자 기록에는 다음과 같이 나와 있다.

선조는 이항복에게 "승지의 뜻은 어떠한가?" 하고 물으니, 이항복이 "어가御駕가 의주義州에 머물 만합니다. 만약 형세와 힘이 궁하여 팔도가 모두 함락된다면 바로 명나라에 가서 호소할 수 있습니다"라고 대답했다. 이에 선조가 다시 류성룡과 중신들에게 의견을 묻자 류성룡이 단호하게 말했다.

"안 됩니다. 어가가 우리 국토 밖으로 한 걸음만 떠나면 조선은 우리 땅이 되지 않습니다."

류성룡은 사태의 심각성을 깨닫고 있었다.

'만일의 경우, 국경을 넘는다면 선조는 이제 군주로서의 위엄과 체통은커녕, 성난 백성들의 칼이나 창을 받을지도 모를 극한 상황에 처하게 될 것이다. 그뿐인가? 언젠가 전쟁이 끝나고 나면 군주가 없는 조선 땅은 어느 전선을 택해 명나라 땅과 일본 땅으로 갈라질 운명이 뻔한 것 아닌가?'

그래서 류성룡은 선조의 면전에서 자신의 주장을 굽히지 않고 각을 세운 것이다. 그러나 선조는 "내부內附(중국에 가서 붙는 것)하는 것이 본래 나의 뜻"이라며 자신의 생각을 밀어붙였다. 그러자 류성룡은 계속해서 반대하며 승지 이항복을 꾸짖었다.

"지금 함경도 등 관동과 관북 지역이 그대로 있고 호남에서 충의로운 인사들이 곧 벌 떼처럼 일어날 텐데 어떻게 이런 말을 갑자기 할 수 있는가. 어떻게 경솔히 나라를 버리자는 의논을 내놓는가. 자네가 비록 길가에서 임금을 따라 죽더라도 궁녀나 내시의 충성밖에 되지 못할 것이다. 이 말이 한번 퍼지면 인심이 와해될 것이니 누가 수습할 수 있겠는가."

이 말에 놀라 이항복이 얼른 사과했다.

"대감 말씀이 맞습니다. 제가 경솔했습니다."

류성룡의 이런 단호함에 밀려 조정에서는 더 이상 어가가 압록강을 건너야 한다는 말이 나오지 않았다. 아무리 황망한 도주길이라 해도 조금만 생각해보면 알 것을 모두가 경망하게 자신들의 안위만 걱정하다보니 국경을 넘자는 몰염치한 소리가 임금의 입에서 자연스럽게 흘러나온 것이다.

만약 선조가 의주를 지나 명나라로 들어가면 그때부터 조선은 중국과 일본의 전쟁터가 되고 말 것이며, 누가 이기든 조선은 승자의 것이 될 것이 분명했다. 류성룡은 이를 내다보고 "아직 기회가 있다. 군사도 있고 의병도 있다. 싸워보기도 전에 도망갈 궁리부터 하느냐?"고 질책한 것이다.

그는 황망한 중에도 앞일을 내다보고 큰 그림을 보는 식견으로, 선조와 조정의 여론을 항쟁으로 돌려놓는 데 중요한 전기를 마련했다.

《연려실기술》에 기록된 류성룡은 어릴 적부터 지나치게 어른스러워 동네 어른들로부터 큰 재목이 될 아이라는 평을 들었다고 한다. 그는 6세 때《대학》을 배웠고 8세 때《맹자》를 읽었다. 류성룡은 이때 "백이 伯夷(상(은)나라 말기 고죽국의 제7대 군주였던 아미亞微의 장자)가 눈으로는 나쁜

214

색을 보지 않았으며 귀로는 음란한 소리를 듣지 않았다"는 대목을 읽은 뒤로부터 마음에 크게 깨우치는 바가 있어 백이의 인격을 사모하여 평생 잊지 않았다.

그는 9세 때 《논어》를 읽고, 16세 때 향시에 합격하여 출중한 실력을 과시했다. 젊어서는 총명하고 박학하여 이황이 그를 한번 보고는 "이 사람은 하늘이 내셨다"고 말했다. 또한 정경세鄭經世는 "남과 교제함에 있어 넘쳐흐르는 봄기운이 사람에게 덮치었고 탐하고 인색한 말을 하지 않았으며 태만한 기색을 나타내지 않아서 그를 대하는 사람이 자연 엄숙히 존경하는 마음을 갖게 하였다"라고 류성룡을 평가했다.

이런 기질과 품성은 한평생 그에게 벗처럼 함께하여 조정 안팎으로 그를 존경하지 않는 이들이 많았다. 그는 재물을 탐하지 않고 청빈하게 살았는데 과거에 급제했으나 부귀와 영달에는 관심이 없었고 늘 경세제민의 일만 궁리하며 백성을 섬기는 정책을 연구했다. 그러다 보니 백성의 곤궁을 늘 돌아보기 바빴고 그의 재능이나 실력도 정치적 쟁론에 휩싸이기보다 족히 실무에 깊숙하게 관여하고 정책을 사물에 응용하는 데 발휘되었다.

또한 그는 임금을 진심으로 섬기고 임금의 마음을 바로 잡는 데 힘을 썼으며, 일심정력으로 성의를 갖고 진술했기에 선조도 류성룡에 대해 함부로 하지 못했다. 선조가 "(이 사람을) 바라보면 자연 경의敬意가 생긴다"고 여러 번 탄복했을 정도였다.

류성룡의 최대 강점은 늘 겸손하게 자신을 낮추면서 군주를 대한 것인데, 이는 선조뿐 아니라 다른 사람도 섬겼기에 본받을 점이 많은 인물이었다.

한편 《선조실록》 〈류성룡졸기〉에서는 그의 빼어난 학식과 품성에 대해 이렇게 기록한 것을 읽을 수 있다.

> 류성룡은 조정에 선 지 30여 년 동안 재상으로 10여 년을 지냈는데, 상의 권우眷遇(특별히 은혜로써 후하게 대우한다는 의미)가 조금도 쇠하지 않아 귀를 기울여 그의 말을 들었다. 경악經幄에서 선한 말을 올리고 임금의 잘못을 막을 적엔 겸손하고 뜻이 극진하니 이 때문에 상이 더욱 중히 여겨 일찍이 말하기를 "내가 유모柳某의 학식과 기상을 보면 모르는 사이에 심복心服할 때가 많다"고 하였다.

선조는 이산해李山海, 류성룡, 이항복을 아꼈는데, 특히 류성룡을 늘 지근에 불러놓고 작은 일, 큰일을 상의하곤 했다. 전쟁 중에 류성룡이 보여준 놀라운 과감하고 적극적인 수습책들은 위기를 만난 참모들이 어렵게 얽힌 정국을 어떻게 풀어나가야 할 것인지를 극명하게 보여주는 사례다.

임진왜란에 철저히 궤멸당하다

———

임진왜란은 조선이 겪은 최대의 난국이었다. 함경, 전라, 충청 지역 일부를 제외하고 전 국토가 일본에 유린당했고 국가 경제력의 70퍼센트가 궤멸되었다. 선조는 한 나라의 지도자로서 국방 태세를 점검하고 지켜내야 할 책임이 있었지만, 그는 적어도 국방 분야만큼은 속수무책으로 사태를 방관했다.

당시 조선의 병력은 얼마나 되었을까? 명색이 정규 군제를 갖춘 국가의 방위 태세가 어떻게 이렇게 쉽게 무너지고 뚫릴 수 있었을까? 이에 앞서 조선의 방어 전략을 살펴봐야 이 문제에 대한 의문이 풀린다.

당시 조선이 취한 방어 전략은 '제승방략制勝方略'이었다. 세조 때부터 조선의 국가 방위 개념은 진관鎭管 체제와 이를 보완한 제승방략 체제였다. 진관 체제는 평시에는 농사를 짓다가, 유사시에는 군사 체제로 전환하는 향토 단위의 방어 전략이었다. 제승방략이란 진관제도와 보완해 군대를 효율적으로 움직일 수 있도록 하는 군 동원 체제 개념이다. 즉, 제승방략은 각 진관의 병력이 적은 단점을 보완하기 위해 전쟁이 발발하면 각 지역의 군대가 특정한 집결지로 모여 중앙에서 내려온 장수의 지휘를 받는 체제다. 각 지역군을 하나로 모아 한 명의 지휘관이 통솔하는 형태라서 훈련만 잘하면 이처럼 효과적인 전략은 없을 것이다. 하지만 현실은 달랐다. 지휘관이 도달하기도 전에 군사들이 도망치거나 모이지 못했기 때문이다.

실제로 임진왜란 개전 초기에 상주 땅은 조선의 중앙 방어군과 왜군이 처음 맞부딪친 곳이다. 전쟁 대응 지침에 따라 순변사 이일李鎰은 중앙 병력을 모아 상주로 내려가야 했다. 그러나 중앙의 병력은 고작 60여 명뿐이었다. 이 소수의 병력을 이끌고 상주로 내려갔지만 모여 있는 군사라고는 800여 명의 훈련받지 못한 농사꾼들이 대부분이었다.

모이기로 했던 병사들은 다 어디로 간 것일까? 그들은 장수가 제때 도착하지 않자 제각기 살길을 찾아 달아나버렸다. 이런 모양새로 전쟁을 시작했으니 전쟁이라고 할 것도 없이 조선군은 괴멸되었다. 훈련도 부족하고 병기도 부족한 데다 이를 이끌 지도력 있는 장수들이 많지 않은 탓이었다. 사전에 방어 훈련을 시키고 준비하지 않은 탓에 정작 전쟁이 터지자 훌륭한 제도는 유명무실해지고 말았다.

류성룡이 파악한 병부상의 기록을 보면, 당시 조선군 총 병력은 14만 5천 명이나 되었지만 수도 방위와 북방 수비대 등 2만 3천 명이 전쟁에 참여할 수 있는 수준이었고, 그나마 보급 인원 등을 빼고 나면 칼을 들고 전장에 나갈 수 있는 병력은 8천 명 수준에 불과했다. 이것 또한 장수가 제때 도착하지 않아서, 점호가 제대로 이루어지지 않아서 등의 이유로 적기에 소집할 수 없었던 형편이었으니, 개전 20일 만에 수도를 빼앗기며 속수무책으로 패배하고 만 것이었다.

류성룡은 일찍이 나라의 위기 상황에 대비해 두 가지 방책을 제시했다. 하나는 인재 추천, 다른 하나는 전략 전술의 변화다.

우선 류성룡이 추천한 인재들을 살펴보자. 먼저 그는 홍문관 제학일 때 이순신을 그 자리를 감당할 만한 인물이라고 하여 조산만호로 천거함으로써 이순신에게 실질적인 관직을 열어주었다. 어린 시절 친하게 지낸 이요신의 동생이 이순신이었고, 그때부터 이순신의 지혜와 정직함, 겸손함, 물러서지 않는 단호함을 지켜보면서 그가 앞으로 큰일을 할 것이라는 믿음을 갖게 되었다. 시간이 흘러 문과에서 무과로 전향해 벼슬을 하기엔 늦은 나이로 전국의 변방을 돌던 이순신을 눈여겨보다가 정읍 현감으로 추천한 이도 류성룡이었고, 그를 다시 임진왜란 직전에 전라좌수사로 파격적 특전을 내려 전라도 초입을 지키게 한 이도 류성룡이었다. 호남의 곡창과 서남해 국경을 지킬 인물로 그만한 인재가 없다고 여겼던 것이다.

한편 권율은 하급 무관에 불과했으나, 류성룡의 추천으로 의주목사가 되었다가 훗날 육군을 주장하는 장수가 되어 행주대첩을 승리로 이끌어냈다.

그다음 류성룡이 제시한 다른 방책은 제승방략 체제의 한계를 개선하자는 것이었다. 그는 "제승방략의 체제로 전쟁을 치를 경우, 전쟁이 나면 군사들이 모여 지휘관이 언제 오는지를 기다리는 형편이 됩니다. 적군은 물밀듯이 밀려오는데 장수없이 부하들만 기다리다가 적의 공격을 받으면 군대는 흩어지고 결국 패하게 됩니다"라고 지적했다.

그의 말대로 다음 해 임진왜란이 벌어지자 각지에서 장수가 없는 군병이 곳곳에 뭉쳐 있다가 약속과 기율, 호령도 없이 벌판에 어지러이 흩어진 채 장수를 기다려도 3~4일이나 되도록 오지 않으니 적의 선봉은 이미 육박해 오는 판에 굶주림과 목마름은 계속되어 새와 짐승처럼 놀라 서로 잇따라 무너지고 흩어지고 만 것이다.

류성룡은 "그런 연후에야 이른바 서울의 장수들이 단기單騎로 달려온들 이미 흩어진 군병은 그 누구도 불러 모을 수 없는데 적의 선봉은 이미 닥쳐 오게 되는 것이라 임진년 여름에 적병이 승승장구하여 곧바로 경성에 당도하게 된 것도 대체로 이러한 이유입니다. 제승방략은 소소한 적을 겨우 상대할 수는 있어도 대적을 제압할 방략은 못 된다는 것을 알지 못하였던 것입니다. 국가의 일이 이 지경에 이르게 된 것은 비록 다른 일의 잘못도 많지만 대개는 '제승방략'이 그르친 것입니다"라고 지적했다.

이에 그는 대책을 위한 방안으로 첫째, 현재로는 한 도의 군병을 미리 순변사·방어사·조방장과 병사·수사에게 분속시켜 적에 관한 정보를 듣기만 하면 적군의 많고 적음과 적의 정세와 지세地勢의 험함, 평이

함을 살피지 아니하고 일제히 징발해 모두 국경 부근에 결집시키는 문제점을 지적했다. 둘째, 순변사에 소속된 군병을 중간급 대장이 지휘하고 싶어도 제도적으로 할 수 없는 데다 중앙에서 장수를 보내봐야 아침에 출발해도 저녁에 도착하기 어려우니 신속한 출병은 꿈도 꾸기 어렵다는 점도 지적했다. 또 한 차례 군병을 동원할 때마다 일개 도의 병력이 모두 움직이므로 다시 뒤에 남은 힘이 없어 후방 경비나 후속 지원은 아예 불가하다고 문제점을 짚으며 이를 해결하기 위한 방안들을 구체적으로 제시했다.

이렇게 류성룡이 전쟁의 핵심을 파악했기에 임진왜란 초반을 제외하고는 후반부터 조선의 전쟁 대응이 비교적 활기를 띠고 이루어질 수 있었다. 적재적소에 걸출한 무장들을 배치하려는 그의 노력 덕분에 승전보를 들을 수 있었던 것이다.

류성룡은 임진왜란이 일어난 첫해에 평안도 도체찰사, 그 이듬해인 1593년(선조 26) 1월 삼도 도체찰사가 되어 명실상부한 전쟁 총지휘관이 되었다. 그로부터 시작된 훈령과 지침이 곧 승전의 결정적 전략 전술이 되었음은 두말할 필요도 없을 것이다.

임진왜란의 맹장들, 즉 파죽지세로 밀로 올라오던 왜군을 초토화한 장수가 권율과 이순신이었다면 이들을 적재적소에 세워 승전고를 올리게 한 야전군 총사령관은 류성룡이었다. 류성룡은 무장 출신이 아니면서도 전술과 용병술에서 탁월한 실력을 보였다. 한마디로 그는 제갈량 이상의 책략가이자 협상과 설득의 대가였다.

돛대가 부러지고 배 안팎으로 물이 스며들어오는 데다 선장은 도망갈 궁리나 하는 상태에서 적과 싸워야 했기에 류성룡의 능력은 더욱 돋보이며, 그가 얼마나 큰 그릇이었는지 깨닫게 한다.

의병과 연합군을 모아 전세를 역전하다

류성룡은 임진왜란 초기 전시 상황을 파악한 후 전쟁에서 승리할 수 있다는 확신을 갖게 되었다. 비록 나약하지만 각지에서 들려오는 무명 의병들의 승전 소식과 자신이 믿고 밀어준 권율, 이순신 등의 실력을 알고 있었기 때문이었다. 이순신이 호남의 곡창만 뺏기지 않으면 승전 가능성이 있었다. 또 함경도의 의병들은 왜군을 밀어내고 자력으로 영토를 지키고 있었으니, 명나라가 원병을 보낸다면 이 전쟁은 반드시 승리할 수 있다고 본 것이다.

류성룡이 파악한 대로 아직 함경도, 전라도, 경상도 일부는 그대로 남아 있었다. 왜적은 파죽지세로 도성으로 밀고 올라왔으나 주요 거점 몇 군데를 제외한 나머지 지역은 여전히 조선이 다스렸고 정예군이나 의병으로 나설 선비들과 용감한 청장년들도 건재했다.

류성룡은 결사항전의 의지를 불태우며 전쟁에서 이길 수 있는 회심의 전략을 수립하기 시작했다. 그는 일본에 맞서 싸우기 위해 구체적으로 두 가지 계책을 준비했는데, 명나라와 조선군의 연합 반격을 주축으로 하되, 후방과 적의 진퇴를 괴롭힐 게릴라전도 염두에 두고 있었다. 또한 정식으로 전쟁을 대비하고 방어, 공격하며 병권을 지휘할 지도부를 제도적으로 준비했다.

류성룡은 병에 걸려 고생하면서도 제도 정비와 두 가지 작전을 교묘하게 구사할 수 있도록 전략을 세워나갔다. 그 결과 명군과 조선군의 연합군이 승리를 거두기 시작했고, 함경도·강원도·전라도·경상도 등 전국에서 의병들이 들고 일어나 왜병들을 격파했다. 특히 정문부는 함경도에서 의병을 일으켜(북관대첩) 임해군臨海君을 구출하는 등 지역 의병으로서 제 역할을 톡톡히 해내고 있었다. 류성룡은 강원도의 사냥꾼들을 징병하여 게릴라전에 동원했고, 호남에서 군량미를 실어 날라 병참을 지원토록 했다.

이런 활동들을 통해 1593년(선조 26) 평양을 수복했고, 전세가 다소 유리해지자 군사 훈련과 우수한 병기를 제조하는 것이 시급하다고 판단해 훈련도감을 설치하자고 나섰다. 왜군의 재침을 우려한 그는 국방의 새로운 활기를 불어넣을 군사조직의 필요성을 절감하고 있었다. 여기에 명나라 장수 낙상지駱尙志가 권유하면서 드디어 훈련도감 설치가 본격화되었다. 처음에는 낙상지의 지휘 아래 절강병에게서 전투 기술을 배웠다. 절강성의 군사들은 날래고 진법과 창검술이 뛰어나 이들을 조선 정예군의 모델로 삼은 것이다.

류성룡은 절강병들에게서 조선군이 전투 기술을 제대로 배울 수 있도록 직접 행동에 나섰다. 그는 절강병력이 철수하지 못하도록 낙상지를 설득하는 한편, 선조가 서울로 돌아오기 전 자신이 먼저 서울로 돌아가 금군 한사립韓士立에게 장정 70명을 선발토록 한 뒤 이들이 명군에게서 직접 전투 기술을 배우도록 했다. 이들은 후일 조선군의 훈련 조교가 되었다.

그는 임금이 떠난 뒤 어수선한 한양을 정비하고, 두려움 없이 혼자 뛰어들어 훈련도감을 설치할 준비를 착착 진행시켜나갔다. 선조도 류성룡의 의견을 받아들여 이해 8월 19일, 드디어 훈련도감 설치를 정식으로 하교했다. 그동안 명나라 군대만 바라보며 2년을 지냈는데 군사 한 명을 훈련시키거나 병기 하나 제대로 수리할 겨를이 없었던 것이다.

그러나 훈련도감 설치는 쉽지 않았다. 아직 한양의 치안이 엉망인데다 도성을 버리고 떠난 군주와 조정 지도부를 백성들이 용서할 분위기가 아니었다. 한양은 물론이고 피난 도중에 지나친 평양 백성들조차 임금을 해하겠다고 할 정도로 민심은 흉흉한 상태였다.

한편 평양에선 선조가 의주로 피신하기 전에 조상들의 위패인 신주를 옮기려다가 발각되어 대신들이 매를 맞는 불상사를 겪었고, 신주가 땅바닥에 내동댕이쳐지기도 했다. 임금이 임금다운 처신을 못 하니 백성들에게서 외면받고, 손가락질당하고, 급기야 버림받게 된 형국이었다.

《징비록》은 당시 상황과 자신이 직접 나서서 화가 난 평양 군중을 무마하여 간신히 화를 면했다고 기록하고 있다. 한양도 이미 아비규환의 전쟁을 겪고 난 뒤라서 불량배와 배고픈 백성들이 유리걸식하며 떠돌아다니고 있었다. 이들이 만일 폭도로 변하면 선조와 조정의 백관들은 다시 수도로 돌아올 수 없었다.

류성룡은 자신이 먼저 도성 형편을 살핀 후 임금에게 이렇게 건의했다.

"지금 도성에서 굶고 유랑하고 있는 백성들의 배고픔을 해결해주고 이들 중 건장한 이들을 골라 도성 방위와 화포훈련병으로 활용하는 것이 좋겠습니다."

류성룡은 당시 삼도 도체찰사였다. 선조는 그의 말을 옳게 여겨 류성룡을 도제조로 임명하고 이 임무를 맡도록 했다. 도제조란 정승 출신이 맡는 각 부서의 최고 관직으로서 일종의 명예직이었으나, 류성룡은 현장에 나가서 직접 관리 감독하는 등 솔선수범하며 임금의 명령을 전했다. 배고픔도 해결하고 나라도 지키라는 제안에 많은 백성들이 몰려 왔다. 이들은 후일 훈련도감 정예병의 밑천이 되었다.

또한 그는 임진왜란에서 화포와 조총의 위력이 가장 크다고 판단했다. 이미 동아시아 전쟁에서 총과 대포가 새로운 주력 무기로 등장하는 시대가 찾아온 것이다.

그는 이런 경험을 바탕으로 싸움에 뛰어난 절강성 병력을 모체로 하여 드디어 훈련도감을 설치했다. 편제는 3대로 나누었는데, 병사를 포수砲手·사수射手·살수殺手의 삼수병三手兵으로 분류해 부대마다 특별한 장점을 갖추도록 했다. 병력 인원은 약 4,500명으로, 이들은 초기의 군대와는 달리 급료를 받는 직업 군인이었다. 이 제도는 나중에 제도를 보완해 조선 말기까지 그대로 존속되었다.

선조, 류성룡을 견제하다

1593년(선조 26) 3월 27일 전쟁이 아직 마무리되지도 않은 상태에서 이상한 인사이동을 실시하려다 비변사의 반대에 걸렸다. 사연인즉 류성룡이 "싸움을 이길 기이한 계책을 한 번도 세워 적을 격파한 적이 없다"며 "아마도 실패할 것이다"라고 말했다는 것이다. 그러면서 싸움에 임하면서 장수를 바꾸는 것은 염려스러운 일이라고 스스로 변명하면서 류성룡을 도체찰사직에서 파면하겠다고 갑자기 밝혀버렸다.

"류성룡의 사람됨은 내가 자세히 아는데 적을 헤아려 승리로 이끌어 가는 것은 그의 장기가 아니다."

선조의 하교는 당시 상황이나 전세로 보아 도무지 앞뒤가 맞지 않는 엉뚱한 소리였기에 모든 백관들이 의아한 눈초리로 그를 바라보았다. 한창 전쟁 중이고 일도 열심히 하는 류성룡을 경질하자는 것이 삼사에서 나온 의견도 아니고 임금의 입에서 나왔다는 것이 놀라운 일이었다.

"류성룡은 적을 이길 수 없을 듯하다."

이 말의 속내를 자세히 들여다보면 선조가 류성룡을 자신의 신하인데도 경쟁자라고 느끼고 있었음을 알 수 있다.

선조는 앞서 보았듯 중국 땅으로 피신하려다 백관들 앞에서 류성룡에게 저지당하면서 망신살이 뻗친 임금이었다. 류성룡은 전쟁이 시작되면서 백관들, 특히 전장의 장수들에게 신뢰를 높이 산 데 반해 선조의 체신은 땅에 떨어지고 있었다. 국난을 당했을 때는 급한 김에 류성룡을 의지해왔으나 이제 어느 정도 전세가 역전되었으니 류성룡이 더이상 국난 극복의 중심에 서는 일은 없어야 한다는 생각에 어떻게든 밀어내고 싶었는지도 모른다. 하지만 비변사는 그 자리에서 임금의 경질 의사를 반대했다.

"체찰사 류성룡은 대신으로서 막중한 임무를 받아 비록 특별한 공을 세운 것은 없지만 큰 실책도 없었습니다. 그가 강화의 의논에 쟁변하지 않은 것은 반드시 창졸간에 일어난 것이어서 그랬을 것이니 어찌 다른 뜻이 있겠습니까. 이 일로 대신의 병권을 가벼이 체직(그만 두게 하는 것)한다는 것은 미안할 듯합니다. 더구나 서울과 경기의 백성들은 날

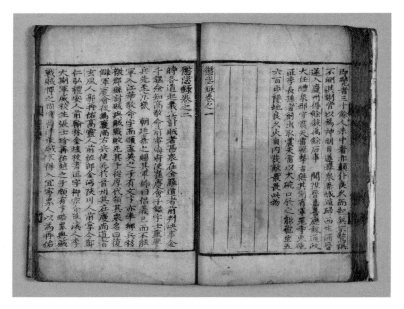

《**징비록**》 류성룡이 임진왜란의 원인, 경과, 영향, 복구사업 등을 기록한 이 책은 국보 제132호로 지정될 정도로 우리 역사에서 큰 비중을 차지하는 귀중한 자료다(국립중앙박물관 소장).

마다 관군이 구제해주기를 바라고 있는데, 이제 불의에 체직한다면 불안과 실망이 전날보다 더 심할 것입니다. 신들의 어리석은 생각에는 다만 글을 내려서 성룡을 크게 책망하여 스스로 제 잘못을 알게 하는 것이 괜찮겠습니다."

결국 선조는 반대 의견에 밀려 자신의 의지를 관철시키지 못했다. 그러나 류성룡의 관운에는 먹구름이 끼고 있었다.

같은 해, 조선의 전쟁 상황이 다소 나아지자 명나라는 조선의 의지와는 관계없이 왜와 강화를 서두르기 시작했고, 왜군은 명군과의 협상을 통해 서울에서 무사히 퇴각했다.

그해 4월, 명나라는 참장參將 주홍모周弘謨와 기패관旗牌官 주조원朱朝 元이 왜로 행하다가 파주에서 류성룡과 맞닥뜨렸는데 양측의 입장이 극명하게 갈렸다.

류성룡은 파주에 있는 권율의 진중에서 적의 동향을 살피며 명과 왜 가 강화하려 한다는 이야기를 듣고 몹시 불안해하고 있었다. 이제 겨 우 전쟁의 승기를 잡으려는 차에 명나라가 찬물을 끼얹으려 한다는 생 각에 그는 치솟아 오르는 화를 억누르고 있었다.

그때 마침 명나라의 주홍모와 주조원이 왜로 행하다가 그와 맞닥뜨 렸다. 류성룡은 명나라 장수들에게 종사관을 보내 문안케 하였으나 이 들은 류성룡이 직접 기패에 대해 고두례叩頭禮를 하라고 강요했다. 고 두례는 "궤跪"라는 명령을 듣고 무릎을 꿇은 후 "일고두 一叩頭", "재고두 再叩頭", "삼고두三叩頭"의 호령에 따라 양손을 땅에 댄 다음 이마가 땅에 닿을 듯 머리를 조아리고 "기起"의 호령에 따라 일어서는 것이다. 기패 는 곧 명나라 황제의 얼굴과 같은 것으로 명나라의 국기와 경략 송응 창의 전군 명령서를 말한다. 당연히 속국인 조선의 신하는 기패 앞에 머리를 조아리고 절을 해야 한다. 그러나 류성룡은 절하지 않았다.

"기패에 대하여 고두례를 행하는 것은 어려운 일이 아니나 이것이 왜군의 진영으로 가는 기로서 왜는 우리와 불공대천의 원수가 되었는 데 어찌 이에 절하겠는가?"

한마디로 왜군과 강화를 명한 명령서에는 절을 하지 못하겠다고 버 틴 것이다. 도체찰사 류성룡은 외교적으로 큰 결례이며 커다란 파장을 몰고 올 이 사건을 왜 일부러 만들어 시비를 붙인 것일까?

그것은 명나라의 일방적인 강화 강요에 대해 도체찰사로서 대내외에 결전의 의지를 보여주기 위한 것으로 해석할 수 있다. 명나라 장수들이 가져간 기패의 명령서에는 군공을 탐하여 왜국을 살육하거나 왜군을 함부로 보복하거나 사건을 야기하는 자는 참형에 처할 것이라는 문구가 분명하게 들어 있었다.

조선 땅을 온통 도륙한 왜군을 승기를 잡은 상태에서 그냥 돌려보낸다는 것은 있을 수 없는 일이었다. 류성룡은 이런 안타까운 심정을 선조에게 올렸다.《선조실록》26년 4월 20일자를 살펴보자.

> 지금은 계절이 순풍이 불 때인데다 흉적이 온갖 계책을 내고 있으니 어찌 이런 걱정이 없을 수 있겠습니까. 마땅히 시기를 놓치지 말고 서둘러 공격하여 저들의 사기를 빼앗아야 할 터인데 중국 장수들은 일을 처결함에 결단성이 없어 싸울 것인가 강화할 것인가의 계책을 뒤섞어내어서 여러 번 기회를 잃었습니다. 근일 정병을 나누어 파견하여 용산 등지에 있는 적을 도모하려 하고 있으며, 또 별군別軍을 한강 이남에 파견하여 상당히 많은 적병을 참획斬獲하였습니다. 그러나 용산은 심유경이 현재 그곳에 있기 때문에 제장들이 경솔하게 손을 쓰지 못하고 있습니다.

전쟁의 총괄 지휘를 맡고 있는 체찰사의 강경함이 이와 같자, 명나라 장수들은 류성룡을 힐책하고 비난하며 심지어 그를 모함하고 체벌하려고 시도한다. 명나라는 류성룡의 입을 다물게 하면 왜군과 적당히 강화하고 빨리 고향으로 돌아갈 생각이었다. 물론 이 와중에 적잖은 왜군의 뇌물과 조공 약속, 애걸과 협박 등이 있었음은 당연한 일이었다.

류성룡은 이여송李如松에게 적에 대한 공격을 강화해달라고 요청하는 한편 명군이 한강에서 적을 쫓을 수 있도록 도강선을 준비해주는 등 모든 지원을 아끼지 않았다. 그러나 명군은 이 핑계 저 핑계로 군을 제대로 움직이지 않았다. 그는 답답한 나머지 조명연합군의 명령체계를 어기고 도체찰사의 권한으로 한강에서 퇴각하는 왜군을 단독 공격하도록 명령했다가 명군에게 저지당하는 등 좌절을 겪고 병을 얻었다.

상당히 큰 피해를 입은 왜군은 강화가 급했다. 류성룡은 달아나려는 왜군을 붙잡고 싸우는 한편, 화해 전략으로 싸움을 피하고 있는 명군 지도부를 설득하고 굶주리고 비탄에 빠진 백성을 돌봐야 하는 삼중고에 시달리고 있었다.

사람이 사람을 잡아먹을 정도로 심각한 식량의 위기를 겪을 정도로 전란의 참상은 이루 말로 표현하기 어려웠다. 실록에서는 "부자간에도 서로 잡아먹고 성내에서는 시체를 뜯어 먹는 일도 있다"고 하며 참담한 현실을 기록했다. 이들을 어떻게 하면 빨리 배불리 먹이고 전쟁을 제대로 끝마칠까 하는 점에 임금의 관심이 쏠려 있어야 했다. 그러나 선조는 명분과 체면만 따지고 있었다.

명나라는 선조의 이 같은 이중적인 모습을 못마땅하게 여겨 아래 지방 3도의 경영을 광해군에게 맡기는 것이 어떠냐는 제안을 조선에 보냈다. 선조는 재위 1593년 8월 30일, 이를 기회로 자신의 양위를 발표했다. 이날 서둘러 발표한 선조의 양위 선언문은 가히 한 나라의 군주가 발표한 것이라고 보기엔 치졸하고 조잡했다.

선조는 이 글에서 자신이 젊어서부터 병이 많아 반생을 약으로 연명하고 있는데 난리를 만나고부터는 온갖 고생을 다하여 지금까지 죽지 않은 것 자체가 이치 밖의 일이라고 토로했다. 그리고 자신이 아픈데도 말하지 않은 것은 원수인 적을 토벌하지 못하였기 때문에 의리상 병을 말할 수가 없었다고 변명했다. 또한 자신은 피난길에 몇 달을 먹지 못했고, 지금도 오직 죽만 마실 뿐이며, 밤이면 병풍에 기대어밤을 새우고, 낮이면 정신이 혼란하여 멍청이가 되며, 정신병·눈병·콧병·습병·중풍·한병寒病 등 온갖 병이 함께 일어나 버티기가 어렵다고 강변했다.

"지금은 흉적이 이미 물러갔고 옛 강토疆土도 수복되었으므로 나의 뜻이 이미 결정되어 다시 돌이킬 수 없다. 세자가 장성하여 난리를 평정하고 치적을 이룩할 임금이 되기에 충분하니 선위禪位에 관한 여러 일들을 속히 거행하도록 하라."

신료들은 이것이 선조의 진심이 아님을 금방 알아차렸다. 류성룡과 신료들이 나서서 선조의 사의를 만류하고, 광해군이 직접 용서를 빌었다. 선조는 마지못해 다시 정사를 잡았다.

1593년 10월 27일, 선조는 류성룡을 영의정으로 불렀다. 선조는 대내외의 온갖 어려움이 산적한 이때 군무와 정치를 함께 통괄할 실질적인 리더가 필요했기 때문에 그를 불러낸 참이었다.

이미 그는 1590년에 우의정을 제수 받아 재상으로서는 상당히 젊은 나이로 조정과 군주의 신뢰를 받았다. 그리고 다음 해 이조판서를 겸임했고, 1592년에 좌의정, 그리고 다음 해 영의정이 되었다. 이에 대해 심수경沈守慶은《견합잡록》에서 이 부분을 이렇게 칭송했다.

당대(선조)에 박순朴淳은 겨우 50세, 유전柳㙉은 55세, 이산해李山海는

50세, 정철鄭澈은 54세, 류성룡은 49세, 김응남과 이원익은 각각 50세에 정승이 되었으니, 이는 근래에 드문 일이다.

한편 명나라에는 왜의 조선 침공을 다른 시각으로 보는 세력이 있었다. 이 기회를 잘 이용하면 조선을 쪼개 명나라의 완전한 속국으로 만들 수 있다고 보았기 때문이다. 선조는 류성룡의 지혜를 이용하여 이를 저지하고 자신의 정치적 생명을 더 이어갈 생각이었다.

명나라에서 다시 사신이 왔는데 사헌이라는 인물이었다. 명나라는 선조와 조선의 진실한 의중을 알고 싶었다. 류성룡이 이 일에 책임을 지고 나섰다.

사헌을 만난 자리에서 필답을 통해 류성룡은 명나라의 생각을 파악한 뒤, 명나라의 욕심 일부를 만족시켜주고 조선의 실리도 지켰다. 즉, 파병을 계기로 조선을 쪼개어 속국화하려는 생각을 포기하게 만들고, 광해군을 하삼도에 보내 아래 지방을 다스리도록 하는 한편, 선조의 선위 소동도 가라앉혔다. 나라일은 선조가 그대로 하고 광해군에게 지방 정사를 일부 보좌하게 하여 국정 수습의 임무도 나눠 갖게 한 것이다.

그의 이런 현명한 일처리에 대해 명나라는 안심하게 되었고, 뒷날 사헌이 중국으로 돌아갈 때 극진하게 대해준 류성룡의 인품에 감격했다.

사헌이 귀국한 뒤 명나라에 널리 퍼졌던, 조선이 일본과 손을 잡고 명나라를 치려 한다는 헛소문이 바로 잡혀졌고 이여송과 송응창宋應昌이 중간에서 꼼수를 부리며 조정을 농간하던 일이 밝혀졌다. 이 모든 일을 바로 잡는 데 류성룡이 큰 몫을 담당한 것이다.

당시 정황은 《선조수정실록》26년 윤 11월 1일자에 이렇게 실려 있다.

사헌은 경성에 머문 지 7일 만에 돌아갔다. 사헌은 성품이 광려狂戾 (매우 망령되고 말이 도리에 어긋나며 사납다)하고 말 달리기를 좋아하였는데, 오르내리는 가파른 길을 질주하여 하루에 이틀 길을 갔으므로 반사伴使가 겨우 뒤따라갈 수 있었다. 사헌이 올 때에는 국내의 정세도 아울러 기찰譏察하여 변치變置(사태를 바꾸어 놓다)하려는 마음도 갖고 있었다. 그런데 상(선조)이 진정으로 왕위를 내놓으려고 하면서 먼저 사피할 의사를 보이고, 대신들이 또 그 사이에 미봉을 하였으며, 사헌 역시 상을 보고 마음이 흡족하였으므로, 칙명만 선포하고 돌아갔다.

전란 수습책으로 민생을 앞세우다

———

류성룡은 위기 관리의 책임자로서 선조가 하지 못한 여러 가지 일들을 앞장서서 처리했는데 그중 전란 수습책으로 민생을 회복하는 데 총력을 기울였다는 점이 돋보인다.

당시 조선은 반란이 일어나기 직전으로 일촉즉발의 상황이었다. 명나라 군대는 아직 다 물러가지 않고 양식만 축내고 있는 데다 거의 모든 전답과 가옥이 불타 없어지고 노비문서와 호조의 세금 대장들도 불타 없어지는 바람에 국가 재정은 황폐할대로 황폐한 상태였으며 백성들 개인의 살림도 사는 꼴이 말이 아니었다.

류성룡은 제일 시급한 문제는 백성들의 살림 안정이라고 보았다. 그는 전쟁이 수그러들자 급한 전황을 마무리하는 한편, 조세 문제에 대해 자신의 의견을 선조에게 올렸다. 지방의 관료들이 눈앞의 이익과 향토 명문의 권세가의 눈치를 보느라 공납제도를 엉터리로 운영하고

안동에 위치한 옥연정사 류성룡이 조용히 거처하며 《징비록》을 집필한 곳으로, 1586년 완공되었다.
ⓒ박기현

있는 점을 통렬하게 지적한 것이다.

당시에는 가난한 백성이 세금을 더 내고 양반들은 덜 내는 말도 안되는 차별이 성행했다. 류성룡은 이를 바꾸어 전체 면적을 계산해서 생산량을 계산한 다음 이를 균등하게 나누어 내도록 하자고 제안했다. 그러나 수익자의 형평을 지켜 세금을 내도록 하자는 이 원칙적인 대동법은 격렬한 저항을 받았다.

양반 사대부들이나 관료들, 경작 면적이 많은 농민들로서는 세금 부담이 늘어나는 형편이라 반대하지 않을 수 없었다. 저항이 얼마나 거셌던지 류성룡은 몇 차례나 선조에게 이 문제를 거론하며 대동법 실시를 강력하게 재촉했다. 그러나 진통 끝에 겨우 시작된 조치는 류성룡

집권 시절에 어느 정도 지켜지다가 그의 실각 후 슬그머니 자취를 감추었다.

류성룡은 왜군이 반드시 재침할 것을 믿고 있었기에 그들의 재침을 막고자 훈련도감을 설치하고 정예군을 훈련시켰으며 화포와 신무기 개발을 독려했다. 그러나 선조를 비롯한 정치적 반대파들은 그의 실각을 교묘하게 준비하고 있었다. 민생은 뒷전이고 정치적 이득만 챙기는 못난 모습이었다.

그 시작은 이순신이었고, 최종 목표는 류성룡이었다. 이 음모는 먼저 임진왜란의 선봉에 섰던 무장인 고니시 유키나가小西行長의 간교한 술책에서 비롯되었다. 고니시의 통역사였던 요시라要矢羅는 조선어를 잘하는 이중간첩이었다. 이 스파이가 경상 우병사 김병서의 환심을 얻은 후 왜군 내 불화설이 심각한 양 거짓 정보를 흘려내기 시작했다. "가토 기요마사加藤淸正가 바다를 건너올 때를 가르쳐줄 테니 조선군(이순신)이 제거해달라. 고니시가 이를 원하고 있다"는 내용이었다. 조선의 조정 대신들은 일본의 양대 대장이 갈등을 일으켜 서로 죽이려 한다는 사실을 믿었다. 조금만 생각해봐도 일본의 간계임을 알 수 있을텐데, 선조와 일부 무장들은 이를 곧이곧대로 믿었다. 권율은 아예 대놓고 이순신에게 이 기회를 놓치지 말라고 독려할 정도였다.

이순신은 이 말을 듣고도 적극적으로 나서지 않았다. 조금 깊이 생각해보면 적의 함정이라는 것을 금방 눈치 챌 수 있었기 때문이다. 이순신은 그 계책을 간파하고도 남았다.

"바닷길이 험하고 왜적이 필시 복병을 설치하고 기다릴 것이다. 전함을 많이 출동시키면 적이 알게 될 것이고 적게 출동하며 도리어 습격을 받을 것이다."

이순신은 그저 적의 동태를 관망하고 있었다. 하지만 조정에서 이일을 도리어 문책하기 시작했다. 귀가 얇은 선조는 한 술 더 떠서 이순신을 힐책했다.

"이순신은 처음에는 힘껏 싸웠으나 그 뒤에는 작은 적일지라도 잡는데 성실하지 않았고 또 군사를 일으켜 적을 토벌하는 일이 없으므로 내가 늘 의심하였다."

적을 앞에 두고 자신의 수하를 믿어야 할 선조가 앞장서서 장수를 모욕하는 상황이었다. 《징비록》에서 류성룡은 이 상황을 이렇게 설명했다.

> 조정의 논의는 두 갈래로 갈라져 각각 주장하는 바가 달랐는데, 이순신을 천거한 사람이 나라서 나와 사이가 좋지 못한 사람들이 원균과 합세하여 이순신을 몹시 공격했으나 오직 이원익만은 그렇지 않다고 밝혔다.

류성룡은 임진왜란의 분수령이 될 이 사건에서 몸을 사리지 않고 이순신을 거들고 나섰다. 자신이 천거한 사실을 선조에게 고하고 선처를 당부했으나 선조는 마음을 바꾸지 않고 이순신을 아예 죽이려 들었다. 류성룡은 어쩔 수 없이 마지막 카드를 꺼냈다. 사직서를 내면서까지 이순신을 지키려 했던 것이다. 여기에 우의정 정탁도 합세했다. 이 두 사람의 목숨을 건 지원이 없었다면 이순신은 죽고 말았을 것이며 임진왜란의 향방도 다르게 전개되었을 것이다.

선조는 1597년 2월 6일 류성룡을 경상도 순시에 내려 보내고 전격적으로 왕명을 내려 이순신을 잡아오도록 했다. 이순신은 감옥에서 모진 고문을 받았다. 정탁이 나서서 그를 구원해주기를 간절히 상소하자 4월 초하루, 선조가 마음을 바꾸어 그를 백의종군으로 풀어주었다. 그는 풀려나와 권율이 있던 밀양으로 가던 중에 아산으로 배를 타고 올라오던 모친 초계 변씨를 만나러 나선다. 그러나 이미 멀미와 풍랑으로 싸늘하게 운명한 모친의 주검을 발견하고 통곡하며 이별한다.

류성룡은 시를 써서 자신의 답답한 심정을 토로했다.

> 나라에 보답하려는 마음은 남아 있어도
> 정녕 필요할 때 아무런 계책이 없네.
> 1년을 남북으로 바쁘게 다녔으나
> 만사에 병과 근심뿐.
> 방초는 길가에 길에 늘어졌는데
> 넘어가는 해 만이 옛 역루를 비추는 도다.
> 쓸쓸한 바람은 하늘 끝에서 불어오는데
> 말을 세우고 일부러 머뭇거리네.

선조와 정적들은 이순신을 내쫓고 나자 그의 실각을 차츰 표면화하기 시작했다. 조선 사대부들은 류성룡의 토지 조세 정책이 자신들에게 정치적·경제적 사형을 선고한다고 믿었다. 그 결과 류성룡이 명나라에 사신으로 들어가야 할 때 들어가기를 꺼렸다는 말도 안 되는 조목을 들고 나왔다. 조선과 왜가 한통속으로 명나라를 칠 생각이라는 헛소문이 명나라에 돌았을 때 이를 변호하기 위해 이원익 등이 명나라에 가 있었는데 류성룡이 자진해서 명나라에 들어가지 않았다는 것이다.《선조실록》31년 10월 31일자를 보면 국가를 위해 목숨을 바치는 의리를 지키지 않았다는 극히 애매모호한 비난만 기록하고 그의 잘못을 구체적으로 지적하지 않았다.

그 사이 원균은 삼도수군통제사가 되어 7월 14일 부산의 왜군과 대대적인 전투에 나섰다가 대패하고, 칠천량으로 상륙했다가 휘하 장수들과 처참하게 살육당하고 만다. 200여 척의 조선 해군은 이제 12척만 남게 되었다.

이순신은 8월 3일 삼도수군통제사로 재임명되었다. 선조는 자신의 잘못을 솔직히 사과했지만 이순신에게 남은 배는 배설이 탈영하여 남긴 12척뿐. 그는 330킬로미터의 해안선을 따라 고을을 돌며 군사 1천여 명과 1개월분의 식량, 무기, 화살, 화약을 모아 명량해전에 나섰고, 9월 16일 왜의 수군 133척을 대파하는 승전을 거두었다.

조정 멀리서 그를 바라보던 외로운 류성룡은 감격하였고 기운을 얻었다. 그리고 8월 18일 도요토미 히데요시가 죽자, 퇴각이 일어나기 시작했다. 이순신은 한 명의 왜적도 살려 보내지 말자고 다짐하고 명군의 진린제독과 노량해전으로 맞섰다. 그 전투에서 8월 19일 이순신은 적탄에 맞아 숨을 거두었다.

류성룡에게도 불운의 파고가 밀려오기 시작했다. 1598년 10월 3일, 집의 송일宋馹이 와서 아뢰기를, "대의大義를 멸시하여 임금을 잊고 국가를 저버린 죄를 징계하지 않을 수 없으니, 류성룡을 파직시키라 명하소서"라며 불을 지폈다. 선조는 망설였으나 그로부터 한 달 여 동안

사헌부 사간원과 문신들이 류성룡의 파직을 상소했다.

여기저기 탄핵의 목소리가 올라오자 선조는 기다렸다는 듯이 그해 11월 19일 그를 파직했다. 1598년 겨울, 을씨년스러운 날씨에 파직까지 당한 류성룡은 그 이튿날 도성을 떠났고 곧바로 삭탈관직당했다는 이야기까지 듣는다.

한평생 군주를 모시고 전쟁을 수습해온 그였기에 말로 다할 수 없는 실망감이 그에게 몰려들었다.

이항복은 류성룡을 막다 못해 그 역시 사직을 청한다. 영의정으로 있던 이덕형은 다음 해 윤 2월 선조에게 사직을 청하며 이렇게 부당한 인사를 우회적으로 비판했다.

> 근래에 수상의 교체가 너무 잦아 인원수나 채우고 궐원이나 보충하는 것이 일반 관리들과 같아서 마침내 경력이 없는 어리석은 신에게까지 돌아오게 되었습니다. 신은 문아文雅와 재망才望은 류성룡만 못하고, 충심과 근신함은 이원익만 못하며, 너그러우면서도 기량이 있는 것은 이항복만 못한데 그들이 물러나게 된 자리를 무릅쓰고 있게 되었으니, 어찌 홀로 우뚝 서서 마침내 전복됨을 면할 수 있겠습니까. 바라건대 성자께서는 빨리 성명을 거두시고 어진 덕을 지닌 사람을 다시 뽑아, 한편으로는 세도世道를 다시 넓히고 한편으로는 미미한 목숨을 보전하게 해주소서.

류성룡은 선조가 자신을 버린 사실을 확인하고 그 후로 다시는 관직을 받지 않았다. 간사한 자들의 참소와 선조의 좁은 속이 유능한 참모

한 사람을 관직에서 떠나게 했고, 백성들을 진정 사랑하던 정치가의 정치 생명을 끊어낸 것이었다. 그는 모든 버슬을 버리고 안동의 옛집으로 돌아갔다.

그 후 선조는 나라가 어지럽고 문제가 생길 때마다 그를 불러내려고 했으나 한번 돌아선 류성룡의 마음을 돌이키지는 못했다.

1607년(선조 40), 관직에서 물러난 지 10년 만에 류성룡은 세상을 떠났다. 그는 자신의 재물을 쌓지 않았고 명예만 좇지도 않았다. 그는 30여 년의 관직 생활 동안 선조 앞에서 군주의 잘잘못을 가리며 마냥 겸손한 말로 보듬고 껴안아 어려운 난국을 잘 헤쳐나간 구국의 영웅이었다.

류성룡을 평가하는 두 가지 시선

류성룡은 군주가 어떠하든 참모로서 해야 할 일을 게을리 하지 않았다. 그는 평생 얼굴색 한번 변해본 적이 없을 정도로 겸손한 모습으로 군주를 섬겼다. 평생 청빈했으며 인재를 추천하는 데 게으르지 않았다. 나라와 백성들을 위해서라면 전쟁 중임에도 최전선에 나서 앞장서서 지도력을 발휘했고, 전란의 피해를 고스란히 받아야 했던 고단한 백성들의 삶에 관심과 애정을 보여주었다.

그러나 이에 대한 반발도 없지 않았다. 선조는 정사를 훌륭하게 처리하고 명나라 사신마저 감복하게 만드는 류성룡의 인기가 날로 부담스러웠다. 게다가 비변사를 비롯해 군부의 실력자들 상당수가 류성룡을 흠모했고 선조의 위상은 날로 추락하고 있었다. 이때부터 선조는 류성룡의 실각을 마음속에 품고 있었다. 참모는 충성으로 군주를 돌보는데 군주는 참모를 질투하여 멀리할 방법은 없을까를 생각하며 몽니를 부리는 희한한 모습이었다. 그렇다고 류성룡이 군주의 영광을 자신이 대신 받았다든가 군주를 넘어서 월권을 행한 기록도 발견할 수 없다.

특히 북인들은 그를 곱게 보지 않았다. 《선조실록》을 집필한 기자들은 대부분 북인들이었는데, 류성룡이 맑고 바른 인물이라 대놓고 폄하하진 못했지만 아래 기록처럼 칭찬을 한번 하면 이어서 부정적인 말을 붙여 쓰고는 했다.

> 규모가 조금 좁고 마음이 굳세지 못하여 이해가 눈앞에 닥치면 흔들림을 면치 못하였다. 그러므로 임금의 신임을 얻은 것이 오래였지만 직간했다는 말을 들을 수 없었고 정사를 비록 전단專斷하였으나 나빠진 풍습을 구하지 못하였다. 기축년의 변에 권간權姦(권력과 세력을 가진 간신)이 화禍를 요행으로 여겨 역옥逆獄으로 함정을 만들어 무고한 사람을 얽어서 자기와 다른 사람을 일망타진해 산림山林(학식과 덕이 높으나 벼슬을 하지 아니하고 숨어 지내는 선비)의 착한 사람들이 잇따라 죽었는데도 일찍이 말 한마디 하거나 한 사람도 구제하지 않고 상소하여 자신을 변명하면서 구차하게 몸과 지위를 보전하기까지 하였다. 임진년과 정유년 사이에는 군신君臣이 들판에서 자고 백성들이 고생을 하였으며 두 능陵이 욕을 당하고 종사가 불에 탔으니 하늘까지 닿는 원수는 영원토록 반드시 갚아야 하는데도 계획이 굳세지 못하고 국시國是가 정해지지 않아서 화의를 극력 주장하며 통신通信

하여 적에게 잘 보이기를 구하여서 원수를 잊고 부끄러움을 참게 한 죄가 천고千古에 한을 끼치게 하였다. 이로 말미암아 의사義士들이 분개하고 언자言者들이 말하였다.

《선조수정실록》은 짧은 비판을 붙여 그의 면모를 지적했다.

국량局量이 협소하고 지론持論이 넓지 못하여 붕당에 대한 마음을 떨쳐버리지 못한 나머지 조금이라도 자기와 의견을 달리하면 조정에 용납하지 않았고 임금이 득실을 거론하면 또한 감히 대항해서 바른 대로 고하지 못하여 대신大臣다운 풍절風節이 없었다.

하지만 류성룡은 유약하고 자신 밖에 모르는 군주를 끝까지 섬기고 보필하면서 자신을 버리는 유연한 사고로 대처해낸 경이로운 처세술의 소유자였다. 이는 자기주장만 강하게 펴다 개혁에 실패한 조광조와 대비되는 대목이다. 그는 속 좁은 선조에게 관용을 베풀며 양보할 것은 군주에게 양보하면서도 실리는 챙기는 재능과 지혜가 있었다.

앞서 이야기한 것처럼 선조가 요동 땅으로 도망갈 궁리를 하고 있을 때, 아직 빼앗기지 않은 땅과 병사와 의병들 이야기를 하며 선조를 달래고 사기를 불어넣은 것이나, 대신들이 광해군을 세자로 세우는 일을 결정해달라고 하자 세자에게 아예 양위하겠다며 몽니를 부리는 선조를 달래 양위 소동을 중지시킨 것도 이를 증명한다.

또한 훈련도감을 설치하자고 제안한 것도 사실 류성룡이지만 선조가 제안한 것처럼 실록은 기록했다. 이때 류성룡은 훈련도감 제조였다. 그럼에도 류성룡은 이를 탓하지 않았고, 오히려 훈련도감의 훈련 과정과 방법을 충실하게 꾸려가는 데 힘썼다.

그뿐 아니라 대동법 실시, 노비를 양민으로 바꾸어주고 세금과 병역 의무를 지게 하는 제도 역시 류성룡이 제안한 것이다. 기득권층의 강력한 반대 여론에 망설이는 선조를 설득하고 시행하게 한 이도 류성룡이었다. 콧대 높은 명나라 사신들 앞에서 주눅 든 선조를 지키고 그의 위엄을 살려준 것도, 심지어 명나라에 파견하는 사신이나 외교문서의 작성에서 선조를 세우고 중요한 전술 전략을 제시한 것도 류성룡이다.

이처럼 류성룡은 전란의 위기 현장에서 선조와 줄다리기를 하면서도 군주 섬기기에 최선을 다했다. 다만, 군주의 재목이 부족해 지혜로운 참모를 끝까지 견인하지 못한 것이 선조에게나 류성룡에게나 불행이자 불운이었다. 류성룡은 정치에서 물러난 후에도 군주에 대한 불평이나 불만 없이《징비록》등을 집필하며 후손들이 다시는 같은 어려움을 겪지 않게 하려고 애썼으며, 후학들을 길러내는 데 전력했다.

류성룡은 어떤 환경의 어려움이 닥쳐와도 자신의 할 일을 묵묵히 해냄으로써 참 신하의 도리가 어떠해야 하는지를 몸소 보여준 우리 역사의 몇 안 되는 참 영웅이자 리더다. 류성룡이 보여준 놀라운 참모상과 리더십은 불안과 경쟁의 시대를 살아가는 우리에게 위기를 극복하는 관용과 인내, 슬기로운 지혜의 처세를 배우게 한다.

08

—

명분보다 실리를 앞세워
절체절명의 조선을 구하다
: 최명길

—

인조를 섬기며 역사의 오명도 감내한
희생의 아이콘

병자호란으로 나라가 위기에 처하고 군주와 백성의 생사가 백척간두에 서 있을 때, 조선의 사대부들에게는 화친과 저항 두 가지 선택이 기다리고 있었다. 대다수의 주류 사대부들은 지조와 절개를 내세우며 오랑캐라 부르던 청나라에 복속하는 것을 죽음보다 더 큰 치욕으로 느끼고 온 몸으로 화친을 막고자 했다. 반면 주화론을 주장한 몇 안되는 사람들의 의견은 목소리 큰 사람들의 삿대질에 파묻히고 말았다.

끝까지 척화야말로 나라와 백성을 죽이는 길이라며 주화론을 주장한 최명길崔鳴吉은 국가와 백성을 전란의 위기에서 구하려다가 조정과 사대부 등 여론의 집중포화를 맞았다. 이단을 넘어 역적 취급을 받은 그는 역사에 길이 남을 비겁한 사대부의 오명을 썼다.

과연 그는 반대파들의 주장대로 전쟁이 두려워 화친을 주장한 겁쟁이였을까? 그가 아니었다면 조선은 초토화되어 지도상에서 사라져버렸을까? 역사에 가정은 없는 법이지만 최명길의 주화론이 아니었다면 조선의 모습은 어떻게 변했을까? 최명길의 시대는 지금 통일을 두고 명분과 실리 속에 고민하는 시대와 닮아 있다.

세상의 변화를 읽지 못한 지도부

1636년 12월, 병자호란으로 온 나라는 유혈이 낭자했다. 강화로 피난하려다 청군에게 길이 막혀 남한산성으로 급히 피신한 인조는 주화와 척화를 주장하는 신하들 사이에 끼어 이러지도 저러지도 못하는 진퇴양난의 순간을 맞고 있었다. 이미 1627년 정묘호란으로 한 차례 청나라 군대의 말발굽에 짓밟혔던 조선은 그동안 척화와 주화를 두고 다투기만 했지, 전쟁에 대한 대비도 변변하게 해놓지 못했던 것이다.

성을 지키는 병사들은 겨우 1만 명도 채 못 되는 데다 성안에는 한 달도 버티지 못할 식량만 남아 있었다. 그럼에도 죽으면 죽었지 오랑캐인 청군에게는 항복하지 못한다는 여론이 대세를 이루었다.

척화론을 주장하는 신하 가운데서도 김상헌金尚憲은 일찍이 절개가 하늘을 찌를 정도로 의기충천하여 조정과 백성의 신망이 드높았다. 성 밖에서는 아녀자들이 겁탈당하고 무고한 백성들이 피의 살육에 무방비상태로 놓여 있는데 성안에선 아무런 대책 없이 주화와 척화의 논쟁만 가열되고 있었다. 청군은 성을 포위한 채 조선의 무조건 항복을 요구했다.

청나라와의 화친을 주장한 최명길은 직접 청군 진영을 출입하면서 조금이라도 나은 조건의 화친 조약을 맺기 위해 애쓰고 있었다. 1637년(인조 15) 1월 18일, 이조판서 최명길은 청나라의 항복 요구에 대한 답서를 쓴 다음 우의정 이홍주와 함께 청 태종에게 전해주려고 했다. 그때 김상헌이 달려와 답서를 읽어보고는 그 자리에서 통곡하며 최명길을 꾸짖었다.

"죽기를 각오하고 싸우면 그뿐이오. 조선의 남아들이 어찌 오랑캐에게 무릎을 꿇는다는 말이오? 사대부 집안의 명망 있는 아들로 태어나 어찌 이런 일에 나설 수 있단 말이오?"

말을 마친 김상헌은 임금이 보는 앞에서 국서를 찢어버리고 통곡하며 항복을 만류했다.

모두가 당황하여 어쩔 줄 모르고 서 있는데 최명길은 그를 물끄러미 바라보다 가라앉은 목소리로 말했다.

"어쩔 수 없는 일이오. 찢는 사람이 있으면 붙이는 사람도 있는 법이오. 내가 다시 붙이겠소."

《인조실록》 1637년 1월 18일자에는 당시 인조의 굴욕스러운 국서 내용이 다음과 같이 기록되어 있다.

조선 국왕은 삼가 대청국 관온 인성 황제에게 글을 올립니다. 삼가 명지明旨를 받들건대 거듭 유시해주셨으니, 간절히 책망하신 것은 바로 지극하게 가르쳐주신 것으로서 추상과 같이 엄한 말 속에 만물을 소생시키는 봄의 기운이 같이 들어 있었습니다. (중략) 성에서 나오라고 하신 명이 실로 인자하게 감싸주는 뜻에서 나온 것이긴 합니다만, 생각해보건대 겹겹의 포위가 풀리지 않고 황제께서 한창 노여워하고 계시는 때이니 이곳에 있으나 성을 나가거나 간에 죽는 것은 마찬가지일 것입니다. 그래서 용정룡정(용을 그려 왕의 상징을 나타내는 것)을 우러러 보며 반드시 죽고자 하여 자결하려 하니 그 심정이 또한 서글픕니다.

옛날 사람이 성 위에서 천자에게 절했던 것은 대체로 예절도 폐할 수 없지만 군사의 위엄 또한 두려웠기 때문입니다. 그러나 소방의 진정한 소원이 이미 위에서 진달한 것과 같다고 보면, 이는 변명도 궁하게 된 것이고 경계할 줄 알게 된 것이며 마음을 기울여 귀순하는 것입니다. 황제께서 바야흐로 만물을 살리는 천지의 마음을 갖고 계신다면, 소방이 어찌 온전히 살려주고 관대하게 길러주는 대상에 포함되지 못할 수가 있겠습니까. 삼가 생각건대 황제의 덕이 하늘과 같아 반드시 불쌍하게 여겨 용서하실 것이기에, 감히 실정을 토로하며 공손히 은혜로운 분부를 기다립니다.

한 나라의 군주가 굴욕스러움을 참고 청 태종에게 자비를 베풀어줄 것을 사정한 것이다. 최명길은 엎드려서 흩어져 있는 찢어진 국서를 모아 다시 붙인 다음 청 태종에게 전하러 갔다. 그는 조정의 숱한 반대와 질타를 견디면서도 자신이 하고 있는 일이 반드시 필요한 일이라고 굳게 믿었으며 그 결심은 결코 흔들리지 않았다.

한편 김상헌은 이날부터 6일간 금식하며 항복의 부당함을 알렸으나 최명길의 주화론에 밀려 결국 청나라와 화친이 맺어졌다. 이후 인조가 항복하기 위해 산성을 내려가자 안동의 깊은 골짜기에 숨어버렸다.

과연 후손들은 이들의 찬반 논란을 어떻게 평가하고 있을까?

16~17세기 조선 중기 이후의 정치 변화를 살펴보는 데 중요한 포인트는 국제 정세의 변화다. 후일 조선이 열강들 사이에서 식민지로 전락해버린 것은 당대 국제사회의 변화의 흐름을 조정의 지도부가 제대로 읽어내지 못한 탓이 크다. 당시 조선의 지식인들이나 정치인들은 중화사상에 빠져 모든 것을 중국에 의존하며 최종 이상향을 명나라에

두었기 때문에 그 밖의 나라에 대해서는 정보를 얻지도 않았고 별로 중요시하지도 않았다.

이 시기의 동아시아는 명분의 세계에서 실리의 세계로 옮겨가고 있는 중이었다. 즉, 중국에서는 나라를 섬기는 것보다 백성들의 삶이 나아지는 것을 더 중요하게 생각했다. 황제보다 중요한 것은 개인의 삶이라는 휴머니즘적·민본주의적 시각이 팽배했던 것이다. 물론 이것은 백성들의 의식 수준이 높아지고 지방 향리까지 상당수의 몰락한 지식인들이 파고들면서 새로운 세대를 갈망하는 목소리가 높아졌기 때문이기도 했다.

그런 참에 주변국들의 국력이 커지면서 전쟁이 계속되었고, 한족이 명분을 버리면서 상당수의 몰락한 지식인들이나 상인세력들은 오히려 이민족이라고 부르는 청나라의 신흥 세력을 지지하고 이를 받아들였다. 즉, 명분에 얽매이지 않고 어제까지는 상대하지 않았을지라도 지금 힘이 있다면 언제든지 손을 맞잡을 수 있다는 실리론이 팽배해졌다. 이는 청나라가 득세한 원인이 되었다.

일본 역시 변하고 있었다. 16세기에 남북시대가 열리면서 천왕의 권위가 깨지고 전국시대를 통해 힘을 가진 자가 득세하는 실리주의시대가 열렸다. 백성들도 전국 다이묘들의 횡포에 직접 반발하여 폭동을 일으키는 등, 과거 같으면 상상할 수도 없는 의식의 변화가 일어났다.

이렇듯 중국과 일본은 이미 명분론에서 실리론으로, 쇄국론에서 개방론으로 옮겨 가는 첫발을 떼기 시작했다. 사실 청나라는 이후 명나라를 멸망시키고 나서 서양 문물을 받아들여 급속한 발전을 이루는 한편, 몽골과 서역의 여러 나라들을 껴안는 포용정책으로 국력을 크게 강화했다. 일본도 17세기에 네덜란드 등 일부 서구 열강에게 문호를 개방하고 유럽과의 무역을 터 신기한 문물을 도입하고 도자기를 유럽에 팔아 막대한 국부를 쌓았다. 임진왜란 당시 사용한 총기류도 포르투갈 등에서 직접 수입한 제품이었다.

그러나 조선은 여전히 쇄국과 명분으로 똘똘 뭉쳐 있었다. 심지어 자국으로 난파해 들어온 외국인들조차 군주가 마음대로 처리하지 못하고 북경으로 보내 처리하도록 하는 등 쇄국의 빗장을 단단히 걸어 담그고 있었던 것이다.

최명길은 이런 풀 한 포기 나지 않을 것 같은 조선의 빡빡한 명분론자들 사이에서 잡초이자 이단이라고 부를 수 있는 인물이었다. 그가 실리적인 인물이 된 것은 흔히 그의 스승인 이항복의 영향을 받았기 때문이라고 한다. 최명길은 이괄李适을 토벌한 정충신鄭忠信과 친분을 쌓고 함께 이항복 밑에서 왕양명王陽明의 양명학을 독학했다. 그러다 보니 명분에 사로잡힌 사대부들을 비판하고 현실주의적인 행보를 보였다.

후금, 조선을 넘보다

중국 대륙에서 명과 청의 정권 교체기가 일어나고 있는 동안 조선의 광해군은 명과 후금(청나라의 전신)과의 관계를 교묘하게 병존시키는 중립정책을 펼치며 한반도의 안정을 지켜왔다. 그러나 인조반정 이후 광해군이 실각하자 인조는 조선 사대부들의 명분론에 휩쓸려 후금에 대해 우호적인 입장을 철회하고 말았다. 그 결과 후금이 1627년(인조 5)

에 군사를 보내어 의주를 함락시키고 평산까지 쳐들어오는 수모를 겪게 되었다. 후금으로서는 동아시아 제패를 실질적으로 이루고, 명나라와 밀착하여 소중화를 부르짖으며 콧대를 높이고 있는 조선을 힘으로 주저앉힐 수 있는 절호의 기회였다.

후금의 침략은 이미 예견된 상황이었다. 후금은 1625년(인조 3)에 심양藩陽으로 천도하고, 이듬해 태조의 아들 홍타이지皇太極가 보위를 이었으니 그가 바로 청 태종이다. 청 태종은 군사전략가이자 정치가였다. 그는 명나라를 공략해 중국 대륙 전체를 차지하고 말겠다는 결심을 굳히고 있었는데 그러자면 명과 친교를 갖고 있는 조선을 반드시 정벌하여 배후를 지킬 필요가 있었다.

이때 후금이 조선 침략의 명분으로 들고 나온 것이 "광해군의 원수를 갚는다"는 것이었다. 후금의 처지를 살펴 적당히 이중 외교정책을 펼쳐 온 광해군이 인조반정으로 물러난 것이 후금에게는 못마땅한 일이었기에 이를 회복시키자는 명분 아래 패늑貝勒과 아민阿敏이 3만 명의 병력으로 조선을 침공한 것이다. 이 전쟁에는 이전에 후금에 투항했던 조선의 강홍립과 한윤을 앞세웠다. 1627년 정월 14일의 일이었다.

후금은 국방경비가 너무도 허술한 조선의 변방을 그대로 돌파하여 안주와 평양을 거쳐 불과 열흘 남짓한 기일에 황주까지 이르렀다. 인조는 놀라서 장만張晩을 도원수로 삼고 김기종金起宗, 정충신, 신경원申景瑗 등과 더불어 적을 막게 했으나 방어선이 속수무책으로 무너져 후퇴하게 되었다. 조정에선 전쟁 불사를 외쳤지만 사실상 막을 군사도 무기도 없어서 임금이 강화도로 파천하는 일이 벌어졌다.

군주가 없는 서울은 이미 무법천지로 변해 도적이 들끓는 가운데 방화가 계속되었고 나라가 보관하고 있던 식량을 적에게 빼앗길까봐 불을 지르는 바람에 곡식 타는 냄새가 하늘을 뒤덮었다. 피난길에 나선 백성의 눈물과 핏물이 아비규환을 이루었다.

이런 조선의 모습을 후금은 이미 예상하고 있었다. 조선이 적수가 되지 않는다는 것을 알고 있었기에 멀찌감치 평산에 머무르면서 도성을 공략하지 않고 강화 요청서를 조선 정부에 보낸 것이다. 어차피 조선을 말살하려고 일으킨 전쟁이 아니라 후방에서 혹시 도발할지 모를 조선의 기를 꺾어 만일의 사태를 대비하자는 계획이었다. 조선은 그렇게 미워하던 오랑캐 나라에 공격을 받으면서도 변변한 저항도 제대로 할 수 없는 상태였다.

조선은 총력 방어에 나섰지만 사실 중과부적이었다. 조선은 대등한 전투라고 만족하고 싶었으나 실상은 패전이었다. 다만 후방을 걱정한 후금이 전쟁이 더 크게 벌어지지 않기를 원한 데다 조선은 전쟁을 지속할 여력이 없었기에 양국은 적당한 타협으로 다음의 화의책을 합의한 바 있었다.

① 후금군은 평산을 넘어서지 않는다.
② 맹약을 맺은 후 후금군은 즉시 철병한다.
③ 후금군은 철병후 다시 압록강을 넘지 않는다.
④ 양국은 형제국으로 칭한다.
⑤ 조선은 후금과 맹약盟約하되 명에 적대하지는 않는다.

두 나라 모두 이 협약에 만족하지는 않았지만, 다섯 가지 내용의 협약을 정리하고 양국이 이를 지키기로 했다. 그해 3월 3일, 강화 성문 밖에 단을 마련하고 백마와 흑마를 잡아 하늘에 알리는 의식을 거행한 후 후금은 물러갔고, 인조도 4월 12일 강화에서 환도했다. 이후 조선이 국력을 키우고 후금과 실리를 추구하면 되는데, 조선 조정은 그렇게 하지 못했다. 이 때문에 양국의 사이는 다시 악화되기 시작했다.

정묘호란 이후에도 정신 차리지 못한 조정

정묘호란 이후 인조나 중신들은 후금과 명을 오가는 사신과 관료들로부터 이미 후금에 대한 정보를 적지 않게 들어 알고 있는 상황이었다. 후금을 다녀온 회답사들은 인조에게 "그쪽의 정상을 자세히 알 수 없으나, 그 사색을 보건대 호의를 많이 보였습니다. 매양 우리나라가 약속을 어긴다고 말하였습니다. 만약 처음 맹약대로 한다면 몇 해 사이는 출병할 형세는 없을 것 같습니다"라며 당시 후금의 사정을 보고했다.

이들은 이어서 후금의 칸이 조선의 사정을 이해하며 중국과 의리를 단절하지 않아도 좋다고 여유를 보여준 사실도 보고하고 있었다. 그럼에도 조선 조정은 명분론만 주장하며 명나라만 쫓고 '형제의 의'를 자꾸 어기고 있었다.

인조 등 조선의 사대부들은 왜 그토록 명나라에 집착한 것일까? 그이유는 두 가지로 풀이할 수 있다.

첫째, 명나라가 임진왜란 때 많은 군사를 거느리고 조선에 파병한 은덕을 잊지 못한 탓이며, 그로 인해 명나라와 혈맹의 의리를 지키는 것이 옳다고 본 것이었다. 윤집은 명나라에 대한 은공을 이렇게 이야기했다.

"명나라는 우리나라에 있어 곧 부모요, 오랑캐는 곧 부모의 원수입니다. 신하된 자로서 부모의 원수와 형제의 의를 맺고 부모의 은혜를 저버릴 수 있겠습니까. 더구나 임진왜란의 터럭만 한 것도 황제의 힘이어서 우리나라가 살아 숨쉬는 한 은혜를 잊기 어려운 것입니다."

둘째, 청나라에 대한 적개심 때문이었다. 청나라는 후금 이전에 이미 여진족으로 우리에게 야만인으로 알려져 있었고 늘 조선이 그들에게 은덕을 베풀고 식량과 토지를 주며 구휼을 베풀어온 가난하고 못난 오랑캐였다. 이런 오랑캐에게 고개를 숙이는 것은 죽는 일보다 못하다고 느꼈다.

이런 전후 사정과 배경 때문에 최명길은 강화 후 스스로 사직소를 올렸고, 정적들도 그의 퇴출을 주장했지만 인조는 그를 혼란한 조정과 국난의 해결사로 쓰고 싶어 했다. 인조는 적어도 최명길이 나라를 진심으로 걱정한다는 사실을 알고 있었던 것이다.

최명길은 늘 전쟁을 주장하는 이들에게 이렇게 말했다.

"지금 참지 못하면 나라가 결딴난다는 사실을 왜 알지 못하는가? 나라가 있어야 명분도 있는 법이다. 제 나라의 수도조차 지킬 수 없는 국력으로 명분만 앞세워 저 큰 나라와 싸워 전부 죽고 말겠다는 것인가?"

최명길은 그를 극구 반대하는 신료들에게 이런 말로 설득하고 온 몸으로 또 설득했으나 아무도 귀담아 들으려 하지 않았고 오히려 그를 매국노라고 욕할 뿐이었다.

최명길의 놀라운 점은 작은 절개와 큰 대의를 구분할 줄 알았다는 점이다. 그 혼란한 시기에 이토록 정신을 똑바로 차리고 정세를 제대로 판단할 수 있는 인재가 조선에 있었다는 것이 얼마나 다행인가?

최명길은 후금과의 강화 이후 갈수록 커지는 조정 여론의 비난에도 불구하고 자신의 길을 묵묵히 걸어갔다. 그에게 정묘호란은 잠시 허리를 숙여 굽힌 것이지 영원히 머리를 숙인 것이 아니었다. 그는 정묘호란이야말로 다시금 조선의 국력을 회복시킬 수 있는 기회의 시기라고 생각했다. 그래서 그는 인조에게 적극적으로 국력을 키우고 국방을 강화하도록 주청하는 한편, 스스로도 소용돌이치는 정국의 한복판에 뛰어들었다. 그는 비판받는 것을 조금도 두려워하지 않았다.

최명길은 주화론을 주장함으로써 겪게 될 수모와 비난에 대해 익히 짐작하고 있었다. 그의 《지천집遲川集》을 살펴보면, 인조에게 올린 글에서 이런 점이 자세하게 나타나 있다.

> 주화主和 두 글자가 신이 일평생을 살아감에 있어 신변의 누가 될 줄 알고 있습니다. 하지만 신의 마음은 아직도 화친을 주청하는 것이 잘못되었다고 생각하지는 않습니다. 일부 신하들은 화친을 맺어 국가를 보존하는 것보다 차라리 의를 지켜 망하는 것이 옳다고 합니다만, 이것은 신하가 절개를 지키는데 쓰는 말입니다. 종묘와 사직의 존망이 일개 개인의 일과 같을 수는 없기 때문입니다.

이 말대로 주화를 주창한 최명길과 그의 가족, 그리고 후손들까지 매국노라는 소리를 들어야 했다.

한편, 《인조실록》은 최명길을 이렇게 평가했다.

최명길의 묘 정묘호란 이후 나라의 위기를 맞은 상황에서 최명길은 백성의 안위를 위해 주화론을 주청하면서 조선의 국력을 다시 되찾고자 했다. ⓒ박기현

남한산성의 변란 때에는 척화를 주장한 대신을 협박하여 보냄으로써 사감私感을 풀었고 환도한 뒤에는 그른 사람들을 등용하여 사류와 알력이 생겼는데 모두들 소인으로 지목하였다. 그러나 위급한 경우를 만나면 앞장서서 피하지 않았고 일에 임하면 칼로 쪼개듯 분명히 처리하여 미칠 사람이 없었으니, 역시 한 시대를 구제한 재상이라 하겠다.

강화를 하지 말자고 주장하는 사람들은 목숨을 걸고 적과 싸워 죽더라도 체면과 명분을 지키자는 생각이었으나 정작 백성의 안위에 대해서는 아무도 생각하지 못하고 있었다. 이들은 후에 정묘년에 형제의 의를 맺은 것은 인정한다손 치더라도 후금의 군주가 자신을 천자라고 부르는 것과 그 신하가 된다는 것은 있을 수 없다는 입장이었다. 최명길은 그저 안타까웠다.

'내가 비난 받는 것보다 나라가 통째 흔들려 없어지는 것이 더 큰 문제다. 사대부들의 체통이 깎이고 의리가 손상 받는 것보다 더 중요한 것은 백성들의 안정된 삶과 나라의 평강이다.'

최명길이 고집스럽게 강화를 주장한 변이었다.

"논의하는 사람들은 후금이 이미 천자라고 외람된 호칭을 하였으니, 다시는 그들과 사신 왕래를 해서는 안 된다고 말합니다. 그러나 이것은 깊이 생각하지 못한 탓입니다. 그들이 천자라고 부르든 말든 우리가 상관할 바가 없습니다. 어찌 예로써 오랑캐를 상대할 수 있겠습니까?"

최명길은 명분론자들이 자신을 비난하면서 미처 헤아리지 못한 부분을 세세하게 지적하고 있다.

"자신의 힘을 헤아리지 않고 경망하게 큰소리를 쳐서 오랑캐들의 노여움을 도발한다면 결국 백성이 도탄에 빠지고 종묘와 사직에 제사 지내지 못하게 됩니다. 이보다 더 큰 허물이 어디 있겠습니까. 국력은 현재 바닥나 있고 오랑캐의 병력은 강성합니다. 정묘년의 맹약을 지켜서 몇 년이라도 화를 늦추십시오. 그동안 민심을 수습하고 성을 쌓으며, 군량을 저축하여 방어를 더욱 든든하게 하되 군사를 훈련하고 모아 적의 허점을 노리는 것이 우리로서는 최상의 방어책이 될 것입니다."

이는 구구절절 맞는 말이었다. 최명길은 강화론에서는 목숨을 걸고 주장하며 자신의 제안을 밀어붙였지만 그렇다고 상대의 주장을 무조건 배척한 막무가내는 아니었다. 오히려 그들의 주장을 들어주고 일리 있다고 여기는 여유로움도 보여주었다.

이것이 그가 당대에 어느 신하들보다 뛰어난 점이었다. 그는 자신의 주장이 옳은 줄 알지만 다른 이의 주장도 일리가 있다고 평가해주었다. 그는 조선 중기 사대부들이 명분론에 목숨을 걸고 그를 욕할 때, 그들의 저주 섞인 거칠고 메마른 비판마저 받아들여 이해할 만큼 균형 잡힌 마음자세를 갖고 있었다.

인조는 중종과 마찬가지로 임금될 준비를 어릴 적부터 하지 않고 있다가 갑자기 임금이 된 인물이었기에 상황 판단에 늘 한 수 늦었다. 군주는 무릇 참모를 적절하게 활용할 수 있어야 하는데 그가 잘한 것이라고는 어쩔 수 없이 최명길의 주화론을 선택한 것이었다. 하지만 그것은 이미 병자호란이 일어나고 임금이 청 태종 앞에 끌려가기 직전인 위급한 상황이었기 때문에 선택한 것이었다.

단기필마로 내외의 적과 상대하다

1636년 4월, 후금의 청 태종은 황제를 칭하고 국호를 '청淸'이라고 고쳤다. 그리고 정묘호란 이후 약 10년 동안 조선이 머리를 숙이지 않고 거만하게 대한다는 명분을 들어 이를 문책하겠다며 조선에서 책임자급 대신과 왕자들을 인질로 보낼 것을 강력하게 요구했다. 이 말을 듣지 않으면 군사를 일으키겠다는 위협도 함께 보냈다.

그러나 인조는 다시 마음이 변해 주화론을 주장하는 최명길의 말을 듣지 않고 척화론자의 주장에 귀를 기울여 청나라의 요구를 계속 묵살했다. 이를 계기로 청 태종은 대군을 거느리고 조선을 재차 침입했다. 인조는 자신의 주장을 제대로 펴지 못하고 공신들과 명분론자들에 둘러싸여 스스로 전쟁을 초래하고 말았던 것이다.

조선의 거만하고 도전적인 태도에 화가 난 청나라 태종은, 청군과 몽골군의 연합군을 구성했다. 여기에는 명나라 한인 출신 군인들도 포함하고 있었다. 청 태종은 스스로 10만 대군을 거느리고 수도 선양을 떠나, 12월 9일 압록강을 건너 쳐들어왔다. 의주부윤 임경업林慶業은 의주의 백마산성을 굳게 지키면서 수비 위주의 병법으로 청군의 침입에 대비했으나, 청군의 선봉장 마부대는 이 정보를 미리 입수하고 의주로 들어오지 않고 우회하여 진격하는 바람에 조선은 속수무책으로 당하고 말았다. 14일 청군은 이미 개성을 통과하여 도성을 위협하고 있었다.

파죽지세로 밀고 오는 청군에 놀란 조정은 판윤 김경징金慶徵을 검찰사로, 강화유수 장신張紳을 주사대장으로, 심기원沈器遠을 유도대장으로 삼아 도성을 수비하게 했으나 이미 때는 늦었다. 김경징은 아무런 대책도 강구하지 않고 매일 술만 마시는 무사안일에 빠졌다. 그는 강화가 함락되자, 수비 실패를 이유로 대간臺諫에게 탄핵을 받아 사사賜死되었는데 이런 인물을 대항군 수장으로 내보낼 정도로 사람 보는 눈이 인조에게 없었다는 것은 답답한 일이었다.

그나마 봉림대군 등 왕자와 종묘사직의 신주神主, 세자비 원손 등을 비롯한 일부 왕족은 강화로 피난했으나 인조는 너무 늦어 강화로 가지 못하고 길이 막혀버렸다. 당황한 임금과 신하들이 어쩔 줄 모르고 있는 가운데 최명길이 홀로 나서서 인조에게 아뢰었다.

"제가 일이 급하니 홀로 적장을 만나보고 시간을 벌어보겠습니다."

인조가 그에게 어떡할 작정이냐고 물었다.

"신이 단기로 그들에게 나아가 왜 화친을 어기고 전쟁을 일으켰는지를 따져보겠습니다. 그 사이 전하께선 남한산성으로 급히 피하시어 정세의 변화에 따라 해결 방법을 찾아보시옵소서."

최명길은 단기필마로 청군 속으로 들어가는 용기와 배짱을 보였다. 그 덕분에 다소 시간을 번 인조는 소현세자와 신료들을 데리고 간신히 남한산성으로 피신했다. 군주의 목숨을 벌기 위해 참모의 목을 적군에게 내던진 상황이었지만 아무도 최명길을 대신하겠다고 나서는 신하들은 없었다.

그러나 전쟁 준비를 다시 하기엔 너무 시간이 없었다. 인조가 남한산성으로 들어온 지 이틀 만에 성은 청군에 겹겹이 포위되고 말았다. 1637년 1월 1일, 청 태종이 직접 도착하여 남한산성 아래 탄천炭川에 청나라 군을 집결시켜놓고 조선 군주의 항복을 요구하는 최악의 사태가 초래했다.

청 태종은 이번에는 기필코 남한산성에 숨어버린 인조를 붙잡아 완전한 항복을 받고 싶어 했다. 그가 인조에게 보낸 편지를 살펴보면 조선이 서툰 외교정책으로 전쟁의 빌미를 제공한 모습을 엿볼 수 있다.

대청국 관온인성황제(청 태종)는 조선 국왕(인조)에게 조서를 내려 유시한다.

이제 짐이 몸소 대군을 통솔해서 싸우러 왔다. 너는 왜 지모 있는 자로 하여금 계책을 다하게 하고, 용감한 자로 하여금 싸우는 대열에 나서게 해서 친히 일전—戰을 시도하지 않느냐. 짐은 결코 힘의 강대함을 믿고서 남을 침범하려는 것이 아니다. 너희가 도리어 약소한 국력으로써 우리의 변경을 소란하게 하고, 우리의 지경 안에서 인삼을 캐고 사냥을 했으니 이는 무슨 까닭인가. (중략) 이번 전쟁의 원인은 실로 너희 나라에 있다. (중략)

너희 조선은 요, 금, 원 세 나라에 대하여 해마다 공물을 바치고 신臣이라 일컬었다. 예로부터 너희 나라는 신하로서 북쪽을 바라보면서 남을 섬겨 평안을 보전하지 않은 때가 있었단 말이냐. 짐이 이미 너희 나라를 아우로 대했는데도 너는 갈수록 배역하여 스스로 원수를 만들고 백성들을 도탄에 몰아넣었다. 성곽을 비우고 궁궐을 버려서 처자와 헤어지고 단신으로 산성으로 도망쳐 들어가 설사 목숨을 연장하여 천년을 산들 무슨 이로움이 있겠느냐. 정묘년의 치욕을 씻는다면서 지금의 이 치욕은 어떻게 씻을 것인가. 정묘년의 치욕을 씻으려한다면 무엇 때문에 몸을 움츠리고 들어앉아서 울타리 안에 사는 부녀자의 짓을 본받는단 말인가. (중략)

이제 짐이 대군을 이끌고 와서 너의 8도를 무찌르려고 하는데, 네가 부모처럼 섬기는 명나라가 장차 어떻게 너희를 구해주는지 보고 싶다. 자식의 위급함이 경각에 달려 있는데 부모된 자가 어찌 구원하지 않을 수 있겠는가. 만일 그렇지 않다면 이는 네가 스스로 무고한 인민을 물불 속으로 몰아넣은 것이니, 억조의 많은 사람들이 어찌 너를 탓하지 않으랴. 만일 할 말이 있거든 서슴치 말고 소상하게 알려라.

숭덕 2년 1월 2일, 대청국 관온인성 황제.

남한산성 백제 온조왕의 성터였다고 전하는 남한산성은 조선 최대의 치욕스런 역사를 간직한 곳이다.

조선으로서는 항복 외에 다른 대안이 없었다. 최명길은 이왕 항복하는 것이라면 조금이라도 유리한 조건을 내걸어보고자 노력했다. 그는 성을 나와 청군에 들어가 조선의 입장을 전달하고 다시 돌아와 인조를 설득하는 일을 계속했다.

가장 중요한 전제 조건은 조선의 군주에 대한 생명 보장과 침략 전쟁 중단이었다. 그러나 청군은 왕제와 대신을 인질로 달라고 요구했다. 조선의 조정은 이때 잔꾀를 부려 능봉군을 왕의 아우라 칭하고 판서 심집沈 을 대신의 직함으로 가칭하여 보내 강화를 의논하게 했으나 곧 탄로나서 데리고 갔던 박난영朴蘭英이 그 자리에서 죽음을 당했다.

조선은 할 수 없이 한편으로는 싸움에 임하고 한편으로는 최명길을 통해 청 태종의 노여움을 누그러뜨리려고 애썼다. 그런데 조정 안에서는 이런 와중에도 척화를 주장하는 이들이 최명길을 죽여야 한다고 상소를 계속하고 있었다. 갑갑한 인조는 청 태종의 의중을 알고 싶어 했다.

1월 28일, 청 태종은 용골대·마부대를 통해 보낸 답서에서 인조를 힐난했다.

> 짐이 식언食言할까 의심하는 것인가. 그러나 짐은 본래 나의 정성을
> 남에게까지 적용하니, 지난번의 말을 틀림없이 실천할 뿐만 아니라
> 후일 유신維新하게 하는 데에도 함께 참여할 것이다.

한마디로 자신을 믿으라는 이야기였다. 항복하면 살려준다는 조건을 그대로 믿으라는 것이었다. 그러고는 조선 군주의 자존심을 깔아뭉 개는 글도 덧붙였다.

> 그대는 이미 죽은 목숨이었는데 짐이 다시 살아나게 하였으며, 거의
> 망해가는 그대의 종사宗社를 온전하게 하고, 이미 잃었던 그대의 처
> 자를 완전하게 해주었다. 그대는 마땅히 국가를 다시 일으켜준 은혜
> 를 생각하라. 뒷날 자자손손 신의를 어기지 말도록 한다면 그대 나라
> 가 영원히 안정될 것이다. 짐은 그대 나라가 되풀이해서 교활하게 속
> 였기 때문에 이렇게 교시教示하는 바다.

청 태종은 이런 굴욕적인 문서를 보내면서 청나라에 대한 군신의 예를 갖추고, 명의 연호 폐지와 국교를 단절할 것, 명나라에서 받은 고명

誥命과 책인冊印을 내놓고 인조의 장자, 제2자 및 여러 대신의 자제를 선양에 인질로 보낼 것 등을 요구했다.

물론 이 조건조차 최명길이 청나라가 내건 굴욕적인 조건을 홀로 뛰어다니면서 어느 정도 완화시킨 덕분이었다. 청나라의 용골대·마골대가 성 밖에서 임금의 출성을 독촉했기에 더 이상 미룰 수가 없었다.

모든 조건을 수용한 인조는 1월 30일, 세자 등 500명을 거느리고 삼전도三田渡에서 청 태종에게 굴욕적인 항복식을 거행하기 위해 성문을 나왔다. 1만 3천여 명의 병사와 40일 분의 양식으로 남한산성에서 홍타이지의 20만 대군에 포위되어 항전한 지 45일째 되던 날이었다.

임금은 남색 옷에 백마를 타고 모든 의장儀仗을 버린 채 수행원 50여 명만을 거느리고 성문을 나가니 세자가 뒤를 따랐다. 뒤따른 백관들은 서서 가슴을 치며 통곡했다. 삼전도에는 청나라 병사들이 수항단受降檀을 높이 쌓아놓았다. 항복 받는 자리라는 뜻이었다. 인조는 그 자리에서 청 태종 홍타이지에게 세 번 절하고 아홉 번 머리를 조아리는 치욕의 삼배구고두三拜九叩頭로 예를 올렸다. 상복을 입고 세 번 큰절을 하고 아홉 번 땅바닥에 머리를 꽝꽝 박아가며 절하는 소리가 단 위에 앉아 있는 청 태종의 귀까지 들렸다. 인조는 피눈물을 흘렸고 지켜보던 신하들도 눈물을 삼켜야 했다.

화의를 애걸복걸하여 얻었지만 청나라는 인질을 요구했고, 소현세자와 봉림대군 등이 볼모로 잡혀갔다. 군주가 유능한 참모의 이야기에 귀를 기울이지 않은 탓에 겪은 수모였다.

국난을 수습하는 해결사가 되다

———

최명길은 매사에 적극적이었고, 자신이 옳다고 여기면 절대 물러서지 않았다. 눈치를 살피거나 자신의 안위를 가려 뒤로 빠지는 일도 없었다. 인조반정이 일어날 때 최명길도 거사에 참여했는데 그에 대해 비판만 해온 실록조차 그의 행동을 긍정적으로 묘사했다.

> 당초 모의할 적에 자못 협력하여 힘을 발휘한 일이 있었다. 그러므로 반정 뒤에 김류金瑬와 이귀李貴 다음으로 가장 총애를 받아 발탁되었다. 일등 공신에 녹훈되고 1년 동안에 이조 좌랑에서 정랑·참의를 거쳐 곧장 참판에 이르렀다. 사람됨이 영특하고 민첩하며 재주가 있었다.

최명길이 얼마나 깨끗한 사람이었는지는 다음의 일화로 확인할 수 있다. 인조반정이 일어나기 전 반정의 모의는 주로 최명길의 장인의 집에서 이루어졌는데 반정의 중요한 골격을 세우고 모사를 꾸미는 주역이었다. 그런 공로로 최명길은 정사공신 1등으로 봉해졌고 후일 이조, 정랑, 참의, 참판으로 승진하게 된다.

그런데 당시 공신에 들어가면 많은 혜택이 주어지곤 했다. 최명길에게도 전직 중신들이 살던 집과 노비, 전답들이 내려졌는데 그는 자신에게 주어진 혜택을 하나도 누리지 않고 돌려주었다고 전한다.

최명길은 젊은 시절 안동부사로 있는 외숙부에게 인사차 찾아간 적이 있었다. 그때, 문경 새재를 넘어가는 최명길 옆에 한 여인이 함께 길을 걷게 되었다.

"험한 산길에 길이 무서워서 그러니 동행해주시겠습니까?"

최명길은 흔쾌히 그녀를 데리고 새재를 넘는데 아무래도 이 깊은 산중에 아리따운 여인이 홀로 길을 간다는 것이 미심쩍어 자꾸 그녀를 살피게 되었다. 그녀는 최명길의 의중을 알아차렸는지 자신의 정체를 털어놓았다.

"저는 새재 성황신입니다. 안동 사는 좌수左首 모씨가 한양을 다녀오면서 성황당을 지나다가 걸려 있는 치마를 훔쳐 딸에게 갖다 주었답니다. 저는 지금 그 좌수의 딸을 죽이러 가는 길입니다. 그런데 우연히 이렇게 동행하게 되었군요."

최명길은 속으로 놀랐으나 담대하게 자신의 외숙부를 이야기하면서 안동에 사고가 없게 해달라고 부탁했다. 최명길이 안동에 도착해보니 좌수의 딸이 과연 숨이 넘어가버렸다. 그 집에 들어서자 성황신이 자리를 떠났고 좌수에게 딸이 살아나려면 가져온 치마를 불태우고 제사를 지내라고 충고해주었다. 그 결과 딸이 살아나게 되었다. 최명길은 돌아오는 길에 다시 성황신을 만났는데 성황신이 그가 영의정이 될 것과 청 태조의 출생, 그리고 주화론을 펼칠 것을 예견해주었고 후일 최명길의 운명이 성황신의 예견대로 모두 이루어졌다는 일화다.

한편 그가 정승 자리에 있을 때, 수원부사로 능천부원군의 아들 구오를 임직시켰는데 구오가 수원으로 부임을 오며 그에게 인사를 왔다가 하직하고 갔다. 그런데 구오가 대청을 내려가자마자 최명길의 얼굴빛이 달라지며 자신의 아들에게 탄식하며 말했다.

"구오는 머지않아 죽을 것이다. 저 사람이 대청을 내려 걸어가는 모습을 보니 정신이 벌써 흩어져서 마치 인형이 걸어가는 것 같았다.”

그 말대로 구오는 며칠도 안 돼 병도 없이 갑자기 죽었다.

설화 같은 이야기가 만들어진 것은 결국 최명길의 주화론이 당시 얼마나 사대부들의 지탄거리였는지를 반증해준다. 이러한 이야기가 전설로 내려올 만큼 백성들과 후손들은 설화라도 만들어서 최명길의 입장을 옹호해주고 싶었는지도 모른다.

최명길은 1624년 이괄의 난에서도 담대하고 적극적인 일면을 보여주었다. 그는 무신이 아닌 문신으로 난이 한창 계속되는 위험 속에서도 홀로 임진강을 건너 도원수 장만을 찾아갔다. 장만과 최명길은 정충신 등과 계책을 세워 안현鞍峴 전투를 승리로 이끌어냈는데 실록은 정충신의 이야기만 전하고 최명길의 이야기는 기록하지 않은 것으로 보인다.

최명길은 사람됨이 기민하고 계책이 많았으며 자신의 재능에 대해 자부심을 갖고 있었다. 또한 자신이 일찍부터 세상의 큰일을 담당할 것이라는 포부를 가졌는데 주화론을 흔들림 없이 주장한 배경도 이런 그의 성격이 한 몫 한 것으로 보인다.

그는 위급한 경우를 만나면 앞장서서 피하지 않았고 일에 임하면 칼로 쪼개듯 분명히 처리하여 이를 원망하는 사람이 없었다.

자신을 희생하면서도 군주를 섬기다

———

인조의 항복 이후 청군이 물러가자 최명길은 이조판서와 우의정으로 일하면서 흐트러진 국내 정치를 일신하고 국력을 키우는 데 앞장섰다.

그는 청나라가 1637년(인조 15) 4월 원병을 요청했을 때 이의 불가를 주장하여 관철시켰으며 잡혀간 수많은 조선의 백성과 포로들을 귀환시켰다. 또한 그는 청군에 끌려갔던 부녀들이 남편과 어버이로부터 버림받을 것을 염려해 가족관계를 계속 유지하도록 주장했다. 당시 조선의 법도상 몸을 더럽힌 여인은 절의를 잃은 것으로 여겨 당장 내쫓아 혼인을 무효화해야 했다. 최명길은 임진왜란의 예를 들며 부부와 가족의 정리를 중시하자고 설득했다.

한편 최명길은 의리를 중히 여겼는데 조카를 양자로 삼았다가 늦게 아들을 얻었지만 이를 취소하지 않고 조정의 허락을 얻어 그대로 자식으로 두기도 했다. 그는 이 해 가을에 좌의정이 되고 다음 해 영의정에 올랐다. 최명길은 1640년에 사임했다가 1642년 가을에 다시 영의정이 되었는데 임경업 등이 명나라와 내통한 것이 알려져 청나라에 불려가 옥고를 치렀다. 이때 김상헌 등과 함께 갇혔는데 두 사람은 벽을 하나 두고 갇혀 서로의 심정을 토로하면서 상대의 마음을 이해하게 되었다고 전한다.

최명길은 김상헌이 명예욕으로 주화를 반대한 것인가 의심했고, 김상헌은 최명길이 자신의 보신과 관직 때문에 주화를 주장하는 것으로 오해하고 있었다. 그러나 세월이 지나면서 두 사람은 서로를 이해하게 되었고, 마침 감옥에 갇혔을 때 시를 나누며 서로를 알게 되었다.《연려실기술》〈인조조 고사본말〉에 두 사람과 관련된 이야기가 실려 있다.

명길과 상헌은 다만 벽 하나를 사이에 두고 한 방에 같이 있었다. 명길이 처음에는 상헌이 명예를 구하는 마음이 있다고 의심하여 정승 천거에서 깎아버리기까지 하였는데, 같이 구금되자 죽음이 눈앞에 닥쳐도 확고하게 흔들리지 않는 것을 보고 드디어 그의 절의를 믿고 그 마음에 탄복하였다.

상헌도 처음에는 또한 명길을 간신이라고 평가받는 남송南宋의 진회秦檜와 다름이 없다고 생각하였는데 그가 죽음을 걸고 스스로 뜻을 지키며 흔들리거나 굽히지 않는 것을 보고 또한 그의 마음이 본래 오랑캐를 위한 것이 아님을 알게 되었다.

이에 두 집이 서로 공경하고 존중하였다. 상헌이 시를 짓기를,

양대의 우정을 찾고[從尋兩世好]
백 년의 의심을 푼다[頓釋百年疑]

라고 하고, 명길이 시를 짓기를,

그대 마음 돌 같아서 끝내 돌리기 어렵고[君心如石終難轉]
나의 도는 둥근 꼬리 같아 경우에 따라 돈다[吾道如環信所隨]

고 하였다. 또, "장차 정승의 자리에 덕과 공업이 새롭기를 기다린다" 하였는데, 이는 함께 정승의 지위에 오르기를 기약하는 뜻이요, 구차히 한 말이 아니었다. 이에 최명길과 김상헌 두 집이 서로 공경하며 존중히 여기기 시작했다.

최명길은 자신의 주화론에 비난이 쏟아지고 인조조차 이에 동조하

는 모습을 보이자 공자孔子의 이야기인 "작은 것을 참지 못하면 큰 것을 잃는다"는 구절을 들어가며 인조를 설득했다.《인조실록》15년 5월 15일자의 기록을 보자.

> 지난해 용골대가 사신으로 왔을 때, 나이 젊은 대간들이 지나치게 경망하게 논박하였는데 이것은 진실로 여러 신하들의 죄입니다. 그러나 전하께서도 속으로 이미 그것이 옳은 계책이 아닌 줄을 알면서 제대로 엄하게 거절하지 못하셨으니, 이것은 전하의 허물입니다.

그는 인조에게 자신을 전적으로 희생하며 충성을 보였다. 물론 옳지 않다고 여길 때는 바른 말도 할 줄 아는 충신이었다. 군주를 진정으로 아끼는 그의 충성심은 군주의 잘못조차 안타깝게 여겨 자신의 안위를 돌보지 않고 직언하는 모습을 보인 것이다.

1645년 최명길은 소현세자가 귀국할 때 돌아와 마지막까지 조국에 대한 희생과 봉사를 쉬지 않았다. 그의 생애는 사대부들로부터 비판과 저주 섞인 욕이 대부분이었으나 자신이 옳다고 믿은 일에 대해 결코 물러섬 없이 올곧은 언행으로 일관하며 대의를 위해 자신을 희생했다.

그가 한평생 비난 받던 생을 마감한 것은 1647년(인조 25) 5월이었다. 임금이 조회에 나와 탄식하기를 "최명길은 재주가 많고 진심으로 국사를 보필했는데 불행하게도 이 지경에 이르렀으니 진실로 애석하다"고 말할 정도로 그를 신뢰했다.

조선이 '반청숭명'이라는 국제정세와는 한참 동떨어진 이상한 믿음으로 총화되고 있을 때 정신을 똑바로 차리고 국제정세를 정확히 파악

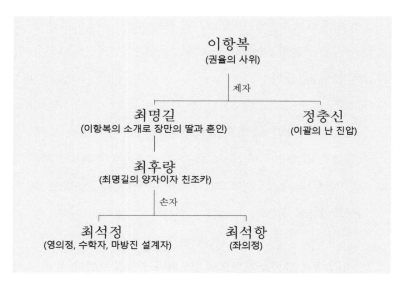

최명길의 학문과 인맥 관계도 나라의 이익을 위해 실리실용과 국방을 중시했던 최명길의 학문적 바탕과 사상이 어떻게 연결되어 있는지 살펴볼 수 있다.

한 인물이 두 사람 있었으니 한 사람은 광해군이요, 또 한 사람은 최명길이다. 광해군은 반정으로 축출되고 말았지만 최명길은 끝까지 남아서 군주를 보좌하고 자신의 자리를 꿋꿋하게 지킴으로써 참모의 전형을 보여주었다.

그 당시 척화를 주장하지 않고 주화를 주장하는 것은 자신이 역적이라는 것을 공표하는 것이나 마찬가지였다. 당시 사대부들에게 임금이나 백성의 생각보다 더 중요한 것이 지조를 꺾지 않고 꿋꿋하게 품위를 지키는 것이었다. 사대부의 명분은 밥을 굶더라도, 가족이 죽더라도, 나라가 위급하더라도 반드시 지켜야 할 최고의 선善이었다. 그러나 최명길은 이런 명분론의 허상을 단숨에 깨어버린 현실 정치가이자 세상을 똑바로 볼 줄 아는 당시 몇 안 되는 선각자였다.

　인조의 최측근 참모로서 최명길은 오직 자신이 가야 할 길과 나라가 살아가야 할 길을 알고 묵묵히 걸어갔다. 인조 역시 명분론에 휘둘리는 나약한 군주였지만, 그가 가장 잘한 일 한 가지를 꼽으라면 "최명길을 죽여야 합니다"라며 서슬 시퍼렇게 주장하는 신하들의 극성 속에서도 최명길의 손을 끝내 놓지 않았다는 것이다. 인조는 마음속으로는 최명길을 아꼈고 그야말로 나라와 군주를 위하는 인물임을 알고 있었다. 그래서 그가 죽었을 때 진심으로 안타까워하며 그의 죽음을 애석하게 여겼던 것이다.

　"화살은 내게 돌려라. 백성을 살리는 것이 내가 할 일이다."

　그렇게 악역을 자처하며 희생한 참모 덕분에 조선은 풍전등화의 위기에서 살아날 수 있었다. 인조도 삼전도의 굴욕을 당했지만 백성들은 살아남았다. 최명길은 아무도 떠맡지 않았던 악역을 스스로 맡고 들어가 나라와 군주를 구한 누란지위累卵之危의 구국 영웅이었다.

—

09

결정적인 승부수로
조선의 개혁을 이끌다
: 채제공

—

정조를 목숨 걸고 지켜낸
승부사의 아이콘

조선시대에 한번 오르기 힘든 정승 자리를 두고 선비들은 오매불망 정1품 정승을 나타내는 무소뿔로 만든 서대(버슬아치가 의장을 갖출 때 허리에 두른 띠) 하나라도 가져보기를 소망하곤 했다. 그중에서도 영의정 자리는 조선의 사대부라면 누구나 올라보고 싶은 꿈을 가진 명예로운 관직으로, 일인지하 만인지상의 자리였다.

영조와 정조, 두 군주를 보좌한 참모 가운데 채제공蔡濟恭처럼 탕평과 인재 추천에 완벽한 사람은 없었다. 하지만 그는 가문의 영광이요 일생 최대의 명예라 할 수 있는 영의정 자리를 정조에게 하사 받자마자 한순간에 내던지며 정치적으로 압도적인 힘을 발휘하며 정조를 압박하던 노론에게 승부수를 던졌다. 채제공은 분란의 씨앗이자 폭탄의 뇌관과도 같은 사도세자 문제를 거론하며 정치적 칼날을 정적들에게 돌린 것이다.

또한 그는 신해통공 등 기존 시장을 뒤엎는 시전 개혁을 갖은 반대에도 불구하고 밀어붙여 정조의 개혁을 도왔다. 현명하지만 지지 세력이 부족한 군주 정조와 한 배를 타고 승부수를 던진 셈이었다.

사도세자의 죽음이 밝혀지다

───

1762년(영조 38) 윤 5월 21일, 뒤주에 갇혀 있던 사도세자가 8일 만에 숨을 거두었다. 무엇에 홀린 것처럼 피비린내 나는 정쟁을 벌인 끝에 한 나라의 대통을 이을 세자가 뒤주에 갇혀 죽는 전대미문의 족친 살해 사건이 일어난 것이었다.

세자의 죽음을 전해들은 영조는 그제야 자신이 무슨 짓을 했는지 정신이 퍼뜩 들었다. 당쟁을 미워하여 탕평책을 실시했던 군주였으나 사실은 자신이 당쟁에 휘말려 사랑하던 아들을 가둬 굶겨 죽였다는 사실을 깨닫게 된 것이다.

그는 한밤중에 서둘러 도승지 채제공과 궁궐에서 나가 있던 세손(정조)을 불러들였다. 그러고는 사초를 기록해야 할 사관마저 내보낸 채 은밀하게 몇 마디를 당부했다.

"도승지는 짐의 말을 신중하게 들으라. 세자의 죽음은 노론의 당쟁으로 인한 피해였다. 이것은 이미 5년 전부터 은밀하게 준비되어 왔던 것으로 내가 스스로 경솔하여 이 일을 만들었구나. 이 일은 절대 입 밖에 내지 말라. 이 한 통의 글을 잘 보관하라. 세손이 크면 이 글을 읽어보게 하라. 세자의 죽음에 대한 비밀은 절대 지켜져야 한다. 그렇지 않으면 세손마저 불행한 일을 당하게 될 것이다."

"전하. 신명을 걸고 이를 지키겠나이다."

채제공은 너무나도 중차대한 일을 맡은 데다 세손의 죽음마저 자신이 담보하게 되었다는 생각에 숨이 막혀 왔다.

영조는 차마 손자를 바라볼 수가 없었다. 세손도 할아버지가 너무 두려워서 쳐다보지 못하고 묵묵히 고개를 숙이고 있을 뿐이었다.

"세손, 네 아비는 아무 잘못이 없었다. 사실을 말하자면 내 잘못도 아니다. 이것은 오로지 노론이 벌인 한바탕 피비린내 나는 당쟁의 결과일 뿐이다. 너는 장차 조선을 끌고 가야 할 대통을 이어야 한다. 짐이 부덕하여 오늘의 소치를 당한 것인즉 나를 원망하고 이 일을 가슴 속에 묻어두라. 네 곁에 있는 누구도 믿지 말거라. 네 아버지를 죽인 자들이 너를 지켜보고 있다는 사실을 잊지 말라. 다만 도승지 채제공만은 그 모든 신료들이 세자를 죽이려고 덤빌 때 저 홀로 죽기를 각오하고 이를 반대하였으니 만고의 충신이로다. 그와 함께 정사를 의논하라."

말을 마친 영조는 한 통의 글을 도승지에게 주면서 자신의 첫 왕비였던 정성왕후 서씨 신위神位 밑에 있는 요의 꿰맨 솔기를 뜯고 그 안에 넣어두게 하였다. 금등 문서라고 불리는 것으로, 정조 재위 동안 핵폭탄 같은 파괴력을 갖고 있었음에도 이 비밀은 무려 31년간이나 정조와 채제공의 가슴속에 깊숙이 파묻혀 있었다.

이 숨겨진 문서가 사도세자 사후 30년이 넘어 갑자기 그것도 당시 중요한 목격자 가운데 한 사람이던 영의정 채제공에 의해 만천하에 공개되었다. 그냥 덮어두면 자신도 정국도 조용하게 넘어갈 수 있었던 사건을 영의정이 되자마자 이를 공개한 이유는 무엇일까?

이 사건의 배경과 역사의 진실을 살펴보기 위해서는 세월을 건너 뛰어 정조의 화성 건축을 먼저 이야기해야 한다. 정조는 화성을 통해 새로운 세상을 꿈꾸고 있었다. 재위 기간 내내 탕평책으로 조정의 갈등을 잠재워 왔지만 노론이 주류를 차지한 정치권을 개혁하기란 결코 쉬운 일이 아니었다.

정조는 1789년(정조 13) 10월 서울에 있던 사도세자의 묘소를 수원 남쪽 화산으로 이장했다. 사도세자의 묘는 원래 서울 동대문구에 위치한 배봉산 언덕 아래 있었다. 갑자기 죽어서 급하게 장사지내느라 묘도 대충 썼는데 정조는 이것이 내내 마음에 걸렸다. 그는 어느 정도 정치가 안정되고 자신도 힘을 얻게 되자 사도세자를 장헌세자莊獻世子라고 새로 시호를 내리고 수은묘를 영우원永佑園으로, 사당을 경모궁景慕宮으로 개창하게 한 후 명당자리로 골라낸 화산花山을 택해 묘를 옮겼다.

그 과정에 총호사 채제공이 10월 2일 사도세자의 묘를 이장하는 책임을 맡아 봉분을 열었더니 오렴의 흔적이 나타났다. 오렴이란 좋지 못한 묏자리에 나타나는 다섯 가지 나쁜 증상이다. 사도세자 묘 안에는 물이 들어차고 한쪽에는 얼음이 어는 등 불미스러운 모습이 발견되어 채제공이 이를 정조에게 보고하자 가슴을 치며 임금이 통곡했다고 실록은 전한다.

"수화水火와 풍빙風氷으로 인한 재변이 극심한데 그대로 체백體魄(시신)을 봉안한 채 지금 몇 년이나 되었다. 그러고도 대궐에 편히 있었으니, 그야말로 내가 불효하고 불초한 것이다."

채제공은 자신이 모시는 군주의 눈물을 보며 송구한 마음으로 따라 울며 머리를 계속 조아릴 수밖에 없었다. 그는 이 일을 겪으며 다시는 군주의 눈에서 눈물이 흐르지 않도록 하겠다고 굳게 다짐했다.

정조는 이후 화성을 열세 번에 걸쳐 방문하면서 새로운 프로젝트를 설계하기 시작했다. 채제공, 정약용丁若鏞 등 정조의 측근들이 대거 참여한 이 프로젝트에서 화성은 완벽한 방어 전략을 갖춘 요새이자 가장 근대적인 도시로 탈바꿈했다.

화성은 단순한 신도시가 아니라 자급자족이 가능한 준 수도에 해당하는 특별 도시였다. 수원읍의 4개 구획을 따라 상업시설을 조성하고 각종 금융 특혜를 마련해 인구를 끌어들였으며 저수지를 축조하고 국영농장을 경영하는 등 새로운 농업경영제도를 도입했다. 이 때문에 도성 천도 소문이 번지고 정조의 친위 쿠데타에 대한 우려가 조정 내 노론들의 뜨거운 염려거리로 떠올랐다. 조정의 주류이던 노론의 세력들은 드디어 자신들의 정치 생명이 끝난 것이 아닌지 점점 불안해하고 있었다.

25세에 권좌에 오른 정조는 즉위하자마자 "과인은 사도세자의 아들이다"라고 천명해 노론의 기를 꺾어놓았다. 노론 입장에서 보면 정조가 탕평책으로 특정 세력의 비대를 막겠다고 했지만 실제로는 노론의 세력을 감소시키고 소론의 세력을 키워주고 있는 것이라는 불안감이 공포로 바뀌어 가고 있었다.

여기에 정조가 화성을 건설하고 정조의 친위부대인 장용영을 배치했다. 화성에 5천 명의 병사를 배치한 것을 보면 노론과 정조의 정면 대결이 눈앞에 와 있는 것처럼 비쳐질 수 있었다. 사실 화성은 정조가 마음 놓고 국정을 펼 수 있는 피난처였고 그의 친위세력의 힘을 의지할 수 있는 버팀목이었다. 그러므로 이 곳의 책임자로 그가 가장 아끼던 채제공을 세운 참이었다.

1793년 1월 16일, 정조는 드디어 수원 화성을 유수부로 승격시켰다. 조야에선 정조가 수원 화성을 키우고 천도하려는 의도를 의심하는 여론의 압박이 거세지기 시작했다. 그리고 '임금이 노론을 다 죽이려 드는 것 아닌가'라는 공공연한 불만이 터져 나왔다. 정조가 화성 천도를 강행하는 날에는 화성을 기반으로 하여 결국 기존 정치세력들의 몰락이 불을 보듯 뻔한 일이었다. 그럼에도 정조는 채제공을 영의정으로 발령했다. 그리고 다시 화성유수부를 책임지던 채제공을 불러들였다. 이에 대한《정조실록》17년 5월 25일자의 기록을 살펴보자.

영의정 채제공에게 하유하였다.

"정승에 천거된 사람은 모두 303인이었으나 영의정에 오른 사람은 경까지 합해서 대략 100여 인이다. 대체로 재상이란 막중한 직임인데, 그중에도 영의정은 더욱 막중하다. 그 적임자를 중난하게 여겨 그 자리를 채우지 못한 때가 있음은 예전부터 이미 그러했었다. 그런데 더구나 지금은 인재 얻기 어려움이 예전보다 갑절이나 더한데 내가 어떻게 자세히 살피고 또 신중히 하지 않을 수 있겠는가. 내가 경에게 뜻을 기울여온 지 여러 해이다. 그러면서도 화성華城은 바로 선침仙寢을 받들어 모신 지방이며 부府로 승격된 초기이기에 원로를 얻어 그의 성망聲望을 빌어 그곳을 격상시키려는 생각에서 부득불 번거롭게 경을 한번 내보냈던 것이다. 그런데 경이 직임을 맡은 이후로 큰 강령을 정돈하고 곁으로 자잘한 일들에까지도 밤낮으로 힘을 다하니, 도리어 경을 위해 염려스러운 마음이 간절하였다. 그러던 차에 경이 올린 축성방략築城方略을 보니 늙은 재상의 정신을 쓴 것이 더욱 마음에 감동되었다. 100리를 갈 때에는 90리가 반이라고 말하지 않던가. 이것은 바로 시작이 반이라는 것이다. 이미 이같이 경영하여 시작하였으니, 이루어내는 공은 오직 감독을 얼마나 열심히 하느냐에 있는 것이다. 그런데 또 어찌 몸으로 노력하는 일까지 거듭 수고

할 필요가 있겠는가. 경에게 영의정을 제수하고 이에 사관을 보내어 속히 돌아오기를 권면하노니 경은 모름지기 당일로 길을 나서도록 하라.

정조는 수원 화성을 준공시키고 유수부로 승격시켰으니 지근거리에 다시 채제공을 붙들어 두고 싶었다. 그 이면에는 채제공을 싫어하고 정조의 개혁에 반대하며 수원 천도를 겁내던 조정 신료들이 조직적으로 저항하기 시작한 것을 막고자 한 정조의 의중이 엿보인다.

기존 질서에서 혜택을 누리던 세력들이 조정의 대세 여론이라며 압박하자 정조로서도 더 이상 밀릴 수가 없었다. 여기서 밀리면 사도세자처럼 죽음을 맞거나 정치적으로 생명이 끝나서 죽은 목숨이 되거나 둘 중 하나일 뿐이었다. 채제공은 정조가 자신을 영의정으로 발령 내고 불러들이자 이 상황을 단숨에 이해하고 정조를 지키기 위해 승부수를 던졌다.

정조, 채제공을 영의정에 앉히다

채제공이 영의정이 된 것은 상당한 의미 있는 사건이었다. 숙종 이후 남인이 공식적으로 영의정에 오른 것은 처음이었다. 기존 세력에 대해 정면으로 맞서기로 한 정조의 의미가 느껴지는 인사였다. 그런데 정조와 채제공 사이에 역사 기록에 나타나지 않은 무언가의 밀약이라도 있었던 것일까?

영의정에 오른 채제공은 직첩을 받은 문건의 먹이 채 마르기도 전에

수원 화성 정조의 드림 프로젝트인 화성 건설은 조선의 미래를 바꾼 중요한 프로젝트였다.

사도세자 문제를 공식적으로 거론하며 사도세자의 죽음에 대한 잘잘
못을 가리자고 상소를 올리는 파란을 일으켰다.

> 신이 눈물을 삼키며 속으로 혼자서 말하기를 "선세자先世子(사도세자)
> 를 직접 섬겼던 이 몸이 늙어서도 아직 죽지 않았으니, 임금의 묘를
> 돌볼 사람이 이 몸 밖에 다시 몇 사람이나 있겠는가. 당시의 일을 직
> 접 보아 선세자의 원통함을 환히 알면서도 좌고우면하면서 머뭇거
> 리는 것만을 일삼아 지난 여름에 한 장의 상소를 올린 뒤로는 끝내
> 다시 속마음을 다 기울여 말씀드리지 못하고 예사롭게 세월만 보내
> 고 있구나. 이는 곧 선대왕의 끝없는 은혜를 저버린 것이다." (중략)

이렇게 생각을 하고는 신이 굳게 결심한 것이 있었으니, 그것은 바로 선세자에 대한 무함이 깨끗이 씻겨 징계와 토죄가 크게 시행되기 이전에 신이 만일 다시 관복을 찾아 입고 반열의 한가운데에 선다면 이는 의리를 잊어버리고 부귀를 탐하는 일이라는 것이었습니다. 전하가 신을 영의정에 발탁시킨 뜻이 어찌 신을 부귀하게 해주려고 그런 것이겠습니까.

정조는 이 상소를 받자마자 일을 무마하려는 듯 다시 그에게 돌려보냈다. 그러나 소문은 일파만파로 퍼져 채제공이 영조의 유언을 버리고 사도세자 이야기를 들추는 것이야말로 선왕에게 불충이라는 식으로 대거 들고 일어났다.

사도세자의 죽음 이후 아무도 이야기를 꺼내지 않았던 판도라의 상자 뚜껑을 채제공이 열어버린 것이었다. 그는 왜 시한폭탄을 스스로 연 것일까? 이 부분에서 정조와 채제공이 사전에 공조가 있었을까? 아니면 적어도 암묵적 합의가 있었을까?

이 부분에 대해서는 채제공의 단독 행위였는지 정조와의 합작이었는지를 가려내기란 쉽지 않다. 그러나 채제공이 누구인가? 정조가 가장 신임하고 아끼는 참모가 아니던가. 말을 하지 않아도 무엇을 해야 하는지를 알 수 있는 몇 사람 안 되는 지밀 측근 가운데 한 사람이 채제공이었으니 그는 정조의 개혁을 사사건건 시시비비하는 정적들로부터 임금을 지켜내기 위해 이 어려운 도전을 노론 쪽에 던진 참이었다.

당시 채제공은 '동호지필董狐之筆'이라는 글자를 상소의 전면에 내세웠다. '동호의 곧은 붓'이란 뜻으로, 죽음을 두려워하지 않고 사실을 바르게 기록한다는 고사에서 나온 것이다. 사도제자의 죽음에 대한 책임을 가려보자는 당찬 도전이었다.

노론은 이에 기겁하고 채제공을 탄핵하기 시작했다. 노론은 현 임금의 아버지 사도세자를 죽인 책임 때문에 목숨을 건 정치투쟁을 시작하게 되었고, 정조의 지지 세력도 정치생명을 건 한판 승부수를 던진 참이었다. 좌의정 김종수金鍾秀를 비롯하여 조정 대신들이 채제공을 물고 늘어졌다. 조정은 벌집을 쑤신 듯이 찬반양론으로 갈라지고 노론은 기회라도 잡은 듯이 반발하고 나섰다.

그러나 일촉즉발의 위기 속에서 돌연 정조가 양쪽의 책임을 물어 노론의 영수 김종수와 영의정 채제공을 사직시켰다. 6월 4일, 채제공이 영의정에 오른 지 열흘만이었다. 정조는 채제공을 옹호하며 그가 왜 사도세자의 죽음에 대한 억울함을 밝히고자 했는지를 설명했다. 육탄방어, 고육지계, 희생타로 자신을 정조의 방패로 삼은 채제공의 상소의 배경을 설명한 것이다.

1793년 8월 8일, 2품 이상의 주요 대신들이 모두 모인 자리에서 정조는 금등의 문서에서 직접 베낀 두 구절을 승지를 시켜 보여주었다.

피 묻은 적삼이여 피 묻은 적삼이여. 동桐이여 동이여. 누가 영원토록 금등으로 간수하겠는가. 천추에 나의 품으로 돌아오기를 바라고 바라노라.

여기서 피 묻은 적삼과 동은 영조의 첫 번째 부인인 정성왕후가 죽었을 때, 사도세자가 피눈물을 흘렸던 적삼과 그가 짚었던 삭장(상주가 짚는 지팡이)이다. 정성왕후가 친모는 아니었지만 사도세자를 어여삐 여겼기에 사도세자는 정성왕후가 죽자 통곡하며 슬퍼하다가 피눈물이 적삼에 묻었다. 그러므로 '피 묻은 적삼이여, 동이여'라는 말은 사도세자를 지칭하는 말임을 알 수가 있다.

정조대왕 행장에 이번 사건에 대한 임금의 속내가 그대로 드러나 있다.

아무 해 일(사도세자 죽던 해)에 대해서는 모두가 차마 말 못할 것들이기에 감히 말하지도 않지마는 금등金縢 한 가지 일만은 경들에게 한마디 해두고 싶었는데 너무 슬프고 원통해서 아직 말을 꺼내지 못했다. 선왕께서 언젠가 휘령전에 납시어 사관도 물리치고 어서御書로 된 문자 하나를 신위神位 밑 요 속에다 넣어두셨다. (중략) "경들도 한번 보라" 하고는, 금등 등본謄本 두 구절을 꺼내보였는데, 영조가 경모궁景慕宮의 죽음을 뒤늦게 슬퍼하여 쓴 어제였다. 이에 왕도 울었고 제신들도 다 눈물을 흘렸다.

죽은 사도세자를 간절히 아끼고 사랑하는 아비의 마음이 그토록 적나라하게 드러난 글을 읽은 중신의 통곡이 쏟아졌다. 노론들도 잔뜩 긴장한 채 정조 앞에서 더 이상 입을 벌릴 수가 없었다. 이를 다시 정리하면 정조의 오른팔인 채제공이 사도세자의 죽음에 대한 문제를 제기하고 공론화되어 조정이 시끄러워지자 정조는 기존 정치권들이 화성에 대해 시비를 걸면 나도 금등의 문서로 사도세자 문제를 공론화하겠다는 정치적 승부수를 던진 것이었다. 이로써 노론의 화성 축성에 대한 반대는 미미해졌다.

정조는 여론이 잦아들기를 기다렸다가 금등 공개 사건 이후 몇 달 지나지 않은 이듬해 정월 채제공을 다시 불러들였다. 이번에는 그를 화성 책임자로 복직시킨 것이었다. 자신이 훗날 화성으로 옮겼을 때, 자신을 지지하고 방어해줄 난공불락의 성곽을 지킬 책임자로 그를 보냈다. 그만큼 화성은 정조에게는 중요한 곳이었다.

어쨌든 이 사건은 기획 실행은 채제공, 감독은 정조가 맡은 두 사람의 합작품이었다. 정조와 채제공의 합작이 얼마나 노론에 타격이 었는지 채제공 사후에 사관은 그를 혹평하며 이렇게 기록하였다.

> 일을 만나서는 '권모술수 쓰기'를 좋아하였다. 외모는 거칠게 보였으나 속마음은 실상 비밀스럽고 기만적이었다. 매번 연석筵席에 올라서는 웃고 말하고 누구를 헐뜯거나 찬양하는 데 있어 교묘하게 임금의 뜻을 엿보았고, 물러가서는 임금의 총애를 빙자하여 은밀히 자기의 사적인 일을 성취시키곤 하였다. 임금은 매번 그를 능숙하게 부리면서 위로하여 돌보아주고 누차 널리 포용해주었다.

이 글을 뒤집어 보면 정조와 채제공이 노론을 다룬 정치적 수완이 얼마나 뛰어나던지 자신들이 백전백패했다는 자기 고백이자 푸념이다.

가난을 딛고 서민 정치의 중심에 서다

채제공이 활약하던 18세기는 심각한 가뭄과 홍수, 전염병에다 가혹한 세금으로 백성들이 짓눌려 신음하고 있었다. 도시에선 도시대로 도매 상인들이 일부 사대부들에게 뇌물과 정치자금을 대고 유통시장과 상공업 상품들을 전매하여 폭리를 취하는 바람에 영세상인과 서민들이 몰락 위기에 처해 있었다.

그는 이 난세를 극복하기 위해 정치적 관록을 발휘했다. 사실 채제공은 정치가로서의 관록만 우수했던 것이 아니라 행정가로서, 또 서민경제의 보호자로서 당대는 물론 후대까지 높은 평가를 받은 인물이다.

가난한 사람이 출세하기 어려운 것은 예나 지금이나 비슷하다. 그러나 채제공은 가난한 집안에서 태어났음에도 학문하는 자세를 유지해 15세에 향시에 합격하고 23세에 과거에 합격하여 주위를 놀라게 했다.

그의 출사는 어디까지나 그의 실력 때문이었다. 집안의 배경은 그의 아버지가 청렴한 나머지 두 고을에서 현감을 지냈음에도 "전해오는 재산이라고는 오직 네 벽만 서 있는 집뿐이며 밥 짓는 연기도 주방에서 끊어졌다 이어졌다 했다"고 채제공 스스로 《번암집樊巖集》에서 고백하고 있을 정도였다. 현감을 지낸 부친 아래서 밥 짓는 연기가 끊겼다는 이야기가 나올 정도면 집안 살림의 어려움을 짐작하고도 남을 만하다. 가난에 대한 경험은 그가 후일 정승의 반열에 올랐을 때, 서민 경제를 살리기 위한 다양한 계책으로 나타난다.

그가 1774년(영조 50) 여름 평안도 관찰사로 부임했을 때의 일이다. 채제공은 부임한 후 평안도민의 부채를 살펴본 결과 도민들의 힘으로서는 100년 갚아도 도저히 갚기 어려운 부채를 안고 있다는 사실을 확인했다. 그는 관찰사로서 스스로 허리띠를 졸라매고 연회와 사냥을 삼가며 지출항목마다 철저하게 간섭한 결과 재정 적자를 크게 줄이고 12만 5, 6천 냥에 달하는 부채를 탕감해주는 놀라운 업적을 남겼다.

이 업적으로 인해 평안도민들이 감격한 나머지 그가 4년 후 진사사 陳謝使가 되어 북경으로 가는 도중에 평양을 들르게 되었을 때, 갖은 음식과 술을 내오며 그를 반겼고, 남녀노소가 다 나와서 그를 환영해주었으며, 때마침 한발이 심했는데 채제공이 방문함과 동시에 비가 크게 내려 백성들 모두가 즐거워했다는 기록이 있다(《번암집》권 32).

도승지를 거친 채제공은 1768년(영조 44)에 지방의 심각한 재난을 살펴보고는 영조에게 계책을 강구하여 세금을 면제해주고 나라의 창고에서 구휼을 베풀기도 했다.

채제공은 1743년(영조 19) 문과 급제 이후 이처럼 거의 56년 동안 관직에 머물면서 내외직의 관료 경험을 쌓았다. 전형적인 공직자의 자세로 위민 행정에 발벗고나선 것이다.

그가 지낸 관직은 외직으로는 호서지방 암행어사, 북평사, 이천부사, 경기·함경·평안도 관찰사, 개성과 화성의 유수 등이었으니 전국을 두루 다니며 지방 민심과 행정을 제대로 살펴본, 조선조에서는 보기 드문 현장 출신의 관료였다. 이 점은 정조가 민심을 살피고 백성들을 위한 정책을 마련하고자 할 때 채제공을 시켜 서민 경제의 고단함을 대변하게 해주는 중요한 시책들을 내게 해준 계기가 되었으며 그가 조선 중기 이후의 경제정책 입안자로서 명성을 얻는 전기가 되었다. 내직의 경험도 이에 못지않았는데 각 조의 요직을 두루 거치면서 특히 호조판서, 공시당상, 한성판윤 등을 맡는 동안에 한양의 서민들을 잘살게 하려면 어떻게 해야 할 것인지를 고민했다.

그는 호조에서 근무한 경험이 있어 호조의 관리들이 어떻게 농간을 부려 특산품을 훔치고 창고의 돈을 함부로 축내는지 너무나 잘 알고 있었다. 그래서 정조에게 늘 관료들의 폐단에 대해 상세하게 아뢰기를 민호의 장정을 조사하고, 아전 등 관료들의 농간을 단속하며, 쇠약하고 병든 독신자들을 돌봐주어야 한다고 주장했다.

채제공이 국내 정치와 경제에 새로운 눈을 뜨는 계기가 있었는데 그 것은 1778년(정조 2) 사은 겸 진주정사陳奏正使로 북경에 다녀오게 되면서부터다. 박제가朴齊家, 이덕유李德裕 등을 데리고 가면서 북경의 문물을 접하고 돌아온 그는 자신이 평소 지론이 있던 '이용후생利用厚生'의 경제관을 다시 한 번 확인하게 되었다. 세 사람은 특히 청나라의 상업 수준을 보고 대단히 놀라워했다.

채제공이 가슴 깊이 받아들인 놀라움은 박제가의 《북학의北學議》에서 나타난 내용들과 크게 다르지 않을 것이다. 길게는 왕복 6개월, 짧게는 4개월 정도 걸리는 북경 사신단의 행렬 가운데 이들 세 사람은 많은 이야기를 나누었을 것이며 그런 견해들을 모아 펴낸《북학의》라는 걸작이 탄생한 것이다. 다만 채제공은 체제를 유지하는 선에서의 개혁을 꿈꾸고 있었고, 박제가 등의 북학파들은 조선의 전반적인 개혁을 꿈꾸는 차이가 있었을 뿐이다.

박제가는《북학의》에서 일상생활에 필요한 모든 기구와 시설에 대한 개혁론과 함께 정부 정책 특히 농업정책과 관리들의 자세, 재무론 등을 설명하면서 국리민복國利民福을 위해 청나라의 문물을 받아들여야 한다는 북학론北學論을 주장했다.

이것은 채제공이 정조에게 간해오던 청나라의 부흥하는 힘 즉, 경제력을 배워야 한다는 주장과 일맥상통한다. 그러기 위해서는 조선의 내부 단속과 결집이 무엇보다 필요했다. 채제공은 내외직을 두루 거치면서 이런 정지작업을 평생에 걸쳐 했으며 그 결실을 정승 시절부터 거두기 시작했다.

채제공은 정조와 인연을 맺으면서 그의 든든한 지팡이가 되었다. 채제공이 정조와 정식으로 인연을 맺게 된 것은 1767년 그가 세손 우빈객으로 공시당상이라는 자리를 맡게 되면서부터였다. 영조는 채제공의 심지가 곧고 바른 자세를 보인다는 사실을 알고는 손자의 교육을 맡기기로 결정했다. 조선의 경우, 왕자의 교육을 맡는다는 것은 곧 차세대 실력자가 될 것임을 보장하는 자리에 오른 것을 의미한다. 왕자의 교육을 통해 사제지간으로 개인적인 교분을 쌓는데다가 왕자가 군주로 등극하게 되면 실권을 잡는 경우가 흔했기 때문이다.

그러나 정승으로 올라서기까지 그에게는 적지 않은 파란이 있었다. 승승장구하던 관운에 먹구름이 끼었다. 1780년, 정조를 임금으로 세우는 데 일정 부분 공헌했던 세도가 홍국영洪國榮이 파직당하면서 채제공도 함께 내몰리게 되어 8년이나 야인 생활을 하게 되었던 것이다. 한때 정조의 신임과 총애를 마음껏 누렸던 홍국영은 실각 후 강릉 땅에 유배되고 죽음을 맞았으며, 홍국영과 친하게 지내며 사도세자의 신원을 주장, 영조가 금한 정책을 부인했다는 죄로 반대파 노론들이 채제공을 들어 내쳤다.

이 야인 시절에 채제공은 정조를 몹시 그리워했다. 그는 아버지 같은 마음으로 정조를 아끼고 사랑했다.

채제공은 관직에서 물러나면서 자신의 얼마 안 되는 재산을 정리해

서울 근교인 경기도 수락산 명덕동으로 갔다. 이곳에서 그는 임금을 멀리서 바라보며 여생을 보낼 생각이었다. 그리하여 자신의 집에 '연명헌戀明軒'이라는 현판을 붙였다. 이는 "궁달연명주 경상역근교窮達戀明主 耕桑亦近郊"에서 한 자씩 따와 지은 당호다. "빈궁하든지 영달하든지 간에 밝은 군주를 사모하여 멀리 가지 못하고 근교에서 농사짓고 누에 친다"는 뜻으로 채제공이 차마 임금을 멀리 떠나지 못하고 그가 무슨 일을 당할까 노심초사하는 신하의 마음이 그대로 드러나 있는 시구다. 이만큼 채제공의 군주에 대한 사랑은 크고도 깊었다. 권력에서 밀려나 오갈 곳은 없으나 임금은 버려둘 수 없어 안타까워하는 모습이 자신의 집 현판에도 그대로 투영되고 있었다.

칩거 시절에 채제공은 다시 서민들의 살림을 제대로 들여다볼 수 있었다. 자신이 빈궁하니 백성의 빈궁함이 보인다고 고백한 채제공은 이 시절의 경험을 다시 조선 경제정책에 반영하기 시작했다.

정조는 8년 만에 그를 다시 조정으로 불러냈다. 이때부터 채제공은 자신의 역량을 마음껏 빛내기 시작하게 되는데, 1788년 2월 11일 우의정에 올라 정조를 다시 보필하기 시작했다.

경제정책을 고안해 개혁을 꾀하다

정조는 채제공을 우의정에 제수함으로써 실질적인 권력자의 반열에 세웠다. 8년간 노론의 감시를 견디며 군주의 안위를 걱정해온 노신하의 충성에 보답코자 하는 정조의 감사 표시였다.

이때 채제공은 자신의 경험을 바탕으로 '6조 진언'을 만들어 올렸다.

바로 나라가 부강하고 청나라와 같은 힘을 키울 수 있게 하려면 반드시 해야 할 원칙을 제시한 것이다.

① 황극, 즉 임금이 나라를 다스리는 도리를 바로 세울 것
② 탐관오리를 징벌할 것
③ 당론을 없앨 것
④ 의리를 밝힐 것
⑤ 백성의 어려움을 돌볼 것
⑥ 권력 기강을 바로 잡을 것

채제공의 6조 진언을 정조는 모두 받아들였다. 정조 치세 후기의 경제정책은 모두 채제공의 머리에서 나왔다고 해도 과언이 아닐 정도로 그의 일거수일투족은 정조의 정책에 깊은 영향을 미쳤다. 이후 정조는 채제공을 개혁의 기수로 세우고 조선의 르네상스를 이룩해낸다. 즉, 정계에서 소외되었던 남인과 북학파들을 대거 기용해 본격적인 탕평책을 실시했으며 채제공이 이를 적극 지원하고 있었던 것이다.

이 조치로 인해 빛을 본 인물들이 남인의 정약용, 이가환李家煥, 북학파의 박제가, 서얼 출신의 유득공柳得恭, 이덕무李德懋 등이었다. 조선 중기 이후의 르네상스는 이렇게 실학파와 함께 본격화되었다.

1790년 채제공은 다시 좌의정으로 올라서는데 이때 삼정승의 반열에는 아무도 없었다. 영의정과 우의정이 공석이었던 것이다. 흔히 독상이라고 부르는 나 홀로 정승 시절을 그는 3년간이나 계속 지켜왔다. 채제공의 독상獨相이 3년이나 계속된 배경은 뚜렷한 정승감이 없었다

는 설도 있지만 정조의 든든한 후원과 신뢰에서 비롯된 것이다.

1791년은 채제공에게 중요한 해였다. 두 가지 사건이 그를 힘들게 했는데, 이른바 '진산사건'이라는 '신해박해'가 발생했고, '신해통공'이라는 조선의 시장경제를 뒤바꾸는 개혁이 일어났기 때문이다.

진산사건이란 전라도 진산의 선비 윤지충尹持忠이 모친상을 천주교식 장례로 치렀던 것을 말한다. 유교 국가 조선에선 말도 되지 않는 일인데, 문제는 그가 채제공과 같은 남인이었다는 점이다. 게다가 천주교 신자들 가운데 남인이 많았기에 노론 벽파의 입장에선 이보다 더 좋은 공격거리가 없었다. 남인의 집권에 반발하던 노론벽파에게 좋은 시비거리가 생긴 것으로 이 일로 인해 채제공은 한때 파직되었고 후일 주문모 신부의 밀입국 사건으로 1801년 신유박해라는 전대미문의 종교인 박해 사건이 일어나게 되었다.

'신해통공'은 채제공이 숙종 때부터 당시까지 유지해왔던 시전상인들의 금난전권을 폐지해 일어난 것이다. 금난전권이라는 제도는 상업발전과 더불어 성장한 시전 소속이 아닌 사사로운 상인계층들의 장사를 방해하여 난전과의 경쟁에서 유리한 위치를 확보하려는 시전 상인들의 독점적 특권을 말한다. 시전상인이 조선 조정의 사대부들과 결탁하여 상권을 확보하면서 시전을 독점체제로 이끌고 가는 대신 사대부들은 이에 대한 대가를 받아왔다. 이것을 채제공이 뒤집어 엎어버린 것이다. 시장에 자유경쟁체제를 도입한 것이었으니 기득권층이 입을 타격은 물어보나마나 뻔했다.

두 사건은 말하자면 채제공이 조선 지도층의 음성적 뇌물부패 고리를 원천적으로 차단하는 강력한 조치로, 마음먹고 노론에게 일격을 가하기 위해 시행한 것이었다. 정조는 채제공의 건의를 반영해 입법한 내용을 한문과 한글로 써서 큰 길거리와 네 성문에 내걸었다.

노론 권력가와 시전상인의 정경유착 고리를 끊어낸 채제공은 정조가 세손으로 있을 때부터 측근에서 보필해온 남인계 인물이다. 노론 중심 정국에서 소외받던 남인에게 그는 큰 희망이었다. 그간 시전상인의 상권 독점은 물가의 등귀를 초래하는 한편 생필품마저 구하기 힘든 상황을 초래했다.

채제공은 시전상인이 이익을 독점하고 백성이 곤궁해지는 현실의 문제점을 간파했다. 그는 독점 상업 때문에 물건 값이 폭등해 백성들이 소금을 구하지 못하는 일까지 발생하는 상황을 반드시 개혁해야 할 과제로 인식하고 금난전권을 폐지하는 데 앞장섰다. 누구나 시장에 들어와 마음 놓고 장사하라며 길을 터준 것이니 서민들로서는 손뼉을 치고 환영할 일이나 노론은 돈줄이 끊기는 타격을 입게 되었다. 게다가 나라 전체로 봐서는 자유 시장 경쟁체제로 인해 폐쇄적인 유통 구조가 혁파되고 개방적인 경제구조로 바뀜으로써 조선의 경제 발전에 획기적인 전기가 마련되었다.

채제공은 이런 정치적·개혁적 노림수와 함께 국고의 축적을 위해 몇 가지 정책을 실시했다. 그 가운데 하나가 전매사업의 확충이었다. 그는 정조의 영을 받아 인삼 재배를 적극 권장하여 농가 수입은 물론, 국가 재정의 확대를 꾀했고, 은화와 인삼의 통용을 통한 공무역의 활성화로 조선의 국력을 키워가도록 정조를 설득하여 이를 허락받았다.

정조를 지킨 채제공의 결단력

———

조선의 정치는 군주 중심의 절대 전제정치체제였다. 권신의 생명은 군주의 신임이었으니 많은 사대부들은 자신의 정치 생명을 위해서라도 군주에 대한 충성을 정치철학의 전면에 내세우고 있었다. 그러나 붕당정치 이후 조선의 사대부들은 이런 체제하에서도 오히려 군주보다 붕당의 영수와 기득권 체제 유지에 목숨을 걸고 있었다. 모든 정치적 논쟁과 제안들은 자신과 붕당에게 이득이 되는지 아닌지로 판단되었다.

따라서 붕당정치에 속한 관료들로서는 군주라는 절대권력의 자리도 자신들이 사사롭게 이용할 수 있는 권력의 부산물로 보는 경향마저 있었다. 그랬기에 사도세자를 죽이는 데 깊숙이 관여했고 세손이던 정조를 죽이려고 자객을 보내는 지경까지 이른 것이었다.

이런 체제가 계속되던 시절에 정조의 목숨은 열 개라도 버텨내기 어려운 상황이었다. 그러나 외로운 정조에게 할아버지 영조가 붙여준 정치적 파트너가 채제공이었다. 그는 파트너 정도가 아니라 든든한 지킴이였다. 채제공은 기득권과는 거리가 멀고 실각한 지 오래인 남인 출신이지만 군주를 위해 목숨을 바쳐야 할 때는 서슴없이 나서서 승부수를 띄울 줄 아는 참모였다.

그러므로 정조의 채제공에 대한 신뢰는 한없이 깊었다고 볼 수 있다. 정조와 채제공은 서로의 이해관계가 딱 들어맞아 누구보다 신뢰와 우정을 나누며 정치 생명을 지켜나갔다. 채제공이 정조가 염려하는 바를 해결해주고, 정조는 채제공의 방패막이 되어주는 군신협력의 협력 체제가 가동되고 있었다.

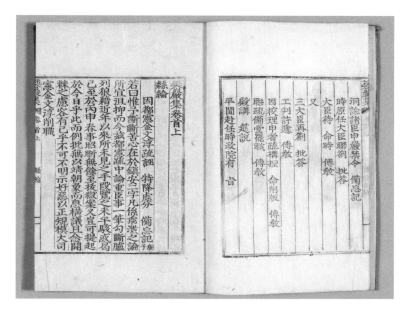

《좌전》 정조는 규장각을 통해 이 책을 펴내게 했는데, 이 작업에는 채제공과 정약용, 성해응 등 당대의 학자들이 모두 참여했다(국립중앙박물관 소장).

특히 붕당제의 폐해에 대해서 두 사람은 누구랄 것도 없이 앞장서서 철폐나 개혁의 방안을 고심하고 있었다. 채제공은 정조의 가려운 곳을 알고 있었다. 그는 이를 알아차리고 붕당정치의 한 원인으로 전랑법銓郎法을 예로 들며 이를 철폐하도록 정조에게 요청했다.

전랑법이란 전랑천대법銓郎薦代法이라고도 부르는 것으로 문관의 인사권을 관장하고 있던 이조와 무관의 인사권을 관장하고 있던 병조를 전조銓曹로 합칭하여 무소불위의 관료선발권을 가지게 된 것을 말한다. 즉, 관리의 선발을 전담하고 있던 정랑正郎(정 5품)과 좌랑佐郎(정 6품)을 전랑으로 합칭했다.

전랑의 임직은 주부 부서 장관인 이조판서나 병조판서도 간여하지 못하고 전랑 스스로 후임자를 천거하도록 되어 있었기에 이들이 자신의 붕당의 이익을 따라 줄 세우기를 시키고 그들 가운데서 말 잘 듣고 붕당의 이익을 잘 대변할 수 있는 인물들로 요직을 채워간 폐해를 만들어낸 것이다.

정조는 안 그래도 이 문제를 심각하게 보고 있었기에 채제공과 함께 전랑제를 철폐하도록 하여 노론 측의 대를 이어가는 전랑 독직을 막아버렸다. 이로 인해 노론 측이 채제공을 제거 대상 1호로 여기게 되어 그에 대한 견제가 훨씬 심각해졌다.

노론에게도 드디어 기회가 왔다. 채제공은 천주교 문제에 강경 대처하지 않고 미온적으로 대처한 죄로 사간들의 집중적인 견제와 비난의 직격탄을 맞았다. 그가 사귀어온 많은 실학자와 북학파들 가운데 남인들이 많았고 그의 성품 또한 많은 사람들을 연루시켜 대규모 옥사를 일으키는 데 긍정적이지 못했기 때문이었다. 그러나 정조는 1799년까지 그를 감싸 안으며 수많은 탄핵으로부터 그의 정치생명을 끝까지 지켜주었다.

채제공은 물러날 시기를 기다렸다. 그는 1798년 수원성 축성 감독을 끝으로 은퇴를 선언했다. 그리고 이듬해 되던 1799년 80세의 나이로 사망했다.

정조는 슬피 울며 그의 죽음을 애도하는 한편, 자신의 외로운 처지를 이렇게 드러냈다.

내가 즉위한 이후로 참소가 여기저기서 빗발쳤으나 뛰어난 재능은 조금도 꺾이지 않았는데, 극히 위험한 가운데서 그를 발탁하여 재상 지위에 올려놓았다. 이어 내각에서 기사耆社(70세가 넘는 정이품 이상의 문관들을 예우하기 위하여 설치한 기구)로 들어갔고, 나이가 80이 되어서는 구장鳩杖(70세 이상의 공신, 원로대신에게 주던 지팡이)을 하사하려고 했었다. 그 지위가 높고 직임이 나와 친근하였으며, 권우가 두텁고 은총이 성만하여 한 시대 사람들로 하여금 모두 입을 못 열고 기가 빠지게 하였으니, '저렇듯 신임을 독점했다'고 이를 만한 사람으로서 옛날에도 들어보기 어려운 일이다. 더구나 50여 년 동안 조정에 벼슬하면서 굳게 간직한 지절은 더욱 탄복하는 바인데, 이제는 다 그만이구나.

정조는 채제공의 죽음을 몹시 슬퍼했고 더 이상 그를 막아줄 언덕이 없어졌다는 사실에 너무도 쓸쓸해했다. 정조는 이후 크고 작은 병을 앓다가 다음 해 1800년에 채제공을 따라 세상을 떠났다.

그가 죽은 후 독살설이 내내 나돌았다. 내의원 출신으로 영조의 건강을 지키기도 했던 채제공이 조금만 더 살았더라도 정조의 목숨은 더 연장될 수 있었을지 모를 일이다. 이 두 사람은 저승조차도 함께 간 '평생 동지'라는 말이 딱 어울리는 훌륭한 군주와 멋진 참모였다.

10

변혁의 과도기에서
개화를 주장하다
: 박규수

선진 문화를 온 몸으로 받아들인
선구자의 아이콘

구한말 조선의 운명은 한 치 앞도 내다볼 수 없는 격변기를 지나고 있었다. 일찍 문호를 개방한 일본이 서구 열강의 흉내를 내며 한반도를 노리는 가운데 러시아, 중국, 미국, 영국, 프랑스 등 서구 열강들이 호시탐탐 이권을 챙기려고 조선을 넘보던 상황이었다. 국력은 쇠약하고 가야 할 길은 먼 이 땅에서 그나마 다행인 것은 국제정세를 살피고 조선의 운명을 스스로 개척해보려는 몇 안 되는 지사들이 남아 있었다는 점이다.

박규수朴珪壽는 변혁의 과도기에 개화와 선진 문물 수용, 나아가 부국강병의 길을 제시한 진정한 선구자였다. 박지원朴趾源의 손자인 박규수는 순조 시절 왕세자이던 효명세자와 각별히 친한 관계를 맺고 조선의 개혁과 새로운 질서를 구축하려는 꿈으로 들떠 있었다. 그러나 22세의 아까운 나이에 효명세자가 급서하면서 그의 꿈과 희망은 모두 사라져버렸다. 충격이 얼마나 컸던지 그는 마흔이 넘을 때까지 18년간 관직에 나오지 않고 칩거하며 학문에만 파묻혀 자신의 울분과 좌절을 다스렸다.

철저하게 자신을 부정하고 시대의 흐름을 지켜만 보던 그는 헌종 조에 다시 과거를 통해 조정으로 출사한다. 그는 효명세자의 부인 조대비의 지원 아래 주요 보직을 거치며 대동강에서 미국 상선 제너럴 셔먼호를 격침시키는 현장을 지휘하는 등 조선말 주요 사건이 전개되는 격동의 현장에 서 있었다.

그는 처음엔 보수적이고 점진적인 개국을 지지했으나 제너럴 셔먼호 사건 이후로 개화를 지지하고 조선의 변혁을 촉구하는 진보적 입장으로 변했다. 그는 왜 쇄국을 버리고 개화에 손을 들어주면서 자신의 입장을 바꾸었을까? 박규수가 조선 말기 개화에 미친 영향은 과연 어떤 것이었을까?

제너럴 셔먼호와 의외의 소득

고종은 재위 3년 아직 정치초년생 시절이던 1866년 2월 4일 60세의
박규수를 평안도 관찰사에 임명했다. 평안도 관찰사라면 조선 8도 중
평안도의 장관으로 종 2품직이다. 이 자리는 문관만이 임명될 수 있었
는데, 2년 임기로 평안도 내 행정 사법 군사의 사무를 총괄하고 관하
부윤府尹과 목사, 부사, 군수, 현령, 현감을 지휘 감독하고 육군을 총괄
하는 평안병마절도사와 수군을 총괄하는 평안수군절도사를 겸임했으
며 평양부윤壤府尹도 겸직했다. 말하자면 평안도 최고책임자 자리인 것
이다.

이 자리는 무엇보다 국방과 관련한 업무가 중요할 때면 어김없이 등
장하는 자리였다. 북방의 적들, 여진이나 명나라 청나라의 국방 정보
까지 총괄하고 임금에게 바로 장계를 올리고 재가를 받아야 하는 아주
중요한 보직이었다. 고종은 조대비로부터 박규수의 사람 됨됨이에 대
한 이야기를 듣고 그를 신뢰하여 중요한 보직을 맡겼다.

그가 정작 임지로 부임한 것은 한 달이 지난 3월 22일이었다. 부임
하고 4개월도 안 된 1866년 7월 11일, 미국 상선 제너럴 셔먼호가 중
국 천진에서 대동강으로 무단 침입하는 사건이 일어났다. 조선은 물론
박규수의 인생에 커다란 전환점이 된 사건이었다.

이 배는 비단, 유리그릇, 천리경千里鏡, 자명종 등의 상품을 적재하고
프레스턴W.B. Preston을 비롯해 윌슨Wilson, 덴마크인 선장 페이지Page 등
과 기독교 선교사 토머스Thomas를 통역으로 삼아 이날 대동강을 거슬
러 올라와 평양 경내에 들어왔다. 이 배는 80톤 급 상선이었으나 열강

의 제국선박들은 무장하고 다니는 것이 상례였기에 대포 2문을 싣고 대동강으로 올라온 참이었다. 평안도 관찰사 박규수는 7월 22일 고종에게 장계를 올렸다. 제너럴 셔먼호와의 첫 접촉 보고였다.

> 방금 평양 서윤 신태정이 이달 19일 술시戌時(오후 7시부터 9시)에 보고
> 한 것을 보니, '큰 이양선 1척이 한사정閑似亭 상류로 거슬러 올라갔
> 으며, 어제 유시酉時(오후 5시부터 7시) 쯤에 그들 6명이 작은 푸른색 배
> 를 타고 점점 위로 거슬러 올라갔기 때문에 순영 중군이 그들을 감
> 시하기 위하여 작은 배를 타고 그 뒤를 따라갔는데 저들이 갑자기
> 중군이 타고 있던 배를 끌어가 그들의 배 안에 억류하였습니다. 그리
> 하여 서윤이 그들의 배 옆에 가서 밤새도록 설득하였지만, 끝내 돌려
> 보내주지 않았습니다.

서윤은 지금으로 말하면 평양시 내무국장 정도의 직함이다. 순영중군 이현익李玄益(정 3품)이 볼모로 붙잡힌 사건이라, 박규수는 이 소식을 받자 곧바로 고종에게 장계를 올려 사태의 급박함을 보고했다.

그는 온 성 안의 백성들이 대동강변에 모여들어 우리 중군을 돌려보내달라고 소리 높여 외치고 돌을 던지며 장교와 나졸들이 활을 쏘아대기도 하고 혹은 총을 쏘아대기도 하며 여러 모로 위세를 보이자 그들이 도망쳐 돌아갔으며 이양선은 이에 양각도羊角島 아래쪽으로 물러가서 정박했다고 보고했다. 이 보고는 퇴역 장교 박춘권朴春權이 이양선을 급습, 중군을 데리고 나왔으며 이 외중에 작은 충돌이 있었다면서 박춘권에 대한 포상을 요청하는 것으로 끝을 맺었다.

당시 상황은 이러했다. 먼저 제너럴 셔먼호가 대동강에 정박하자 관찰사 박규수가 사람을 보내 평양에 온 목적을 물었다. 기독교 선교사 토머스는 백인들의 국적을 소개하고 자신들은 상거래를 위해 온 것이라며 교역을 제안했다. 쇄국 정책을 국시로 하는 조선의 관료로서 이양선의 내항과 통상 요구는 거절할 수밖에 없는 이적 행위였기에 박규수는 이를 거절하고 즉시 출국할 것을 요구했다. 그러나 제너럴 셔먼호는 만경대 한사정까지 올라와 그들의 행동을 제지하던 중군 이현익을 붙잡아 감금하였고, 평양성의 관민들이 격분해 대치하게 된 것이다. 제너럴 셔먼호는 총과 대포를 쏘았고 강변의 군민은 돌팔매·활·소총으로 맞서 싸웠는데 이 와중에 박춘권이 배를 타고 가서 이현익을 구출해냈다.

싸움이 여기서 끝나고 제너럴 셔먼호가 물러갔으면 그만이었겠지만 대동강의 수위가 낮아지고 제너럴 셔먼호가 모래톱에 걸려 멈추어서면서 사건이 확대되었다. 화가 난 관민들이 이양선 주위로 몰려들자 제너럴 셔먼호의 선원들은 긴장과 초조함으로 총과 대포를 쏘며 저항하고 위협하는 바람에 평양성 주민들 가운데 사망 7명, 부상 5명이 생기는 불상사가 일어났다.

인명 살상이 일어나자 박규수는 화선을 이용해 화공火攻을 시도해 제너럴 셔먼호를 불태웠다. 그 결과 선원들은 익사하거나 불타 죽었으며, 토머스 목사와 중국인 조능봉이 주민들에게 타살되는 등 23명 전원이 죽었다. 이 사건의 진상이 뒷날 밝혀져 신미양요의 원인이 되었고 토머스는 한반도에 파견된 개신교 선교사 중 첫 순교자가 되었다.

그런데 이 사건에서 주목할 것은 박규수의 언행이다. 개화론자로 알려진 그가 왜 이양선을 불태우는 과감한 쇄국책을 감행한 것일까? 사실 그는 제너럴 셔먼호 사건 당시에는 쇄국론자도 아니고 개국론자도 아닌 어정쩡한 상태였을 것이다.

당시 조선 사회는 서구 열강들의 이양선이 해안 곳곳에 출몰하며 조선의 상황을 정탐하고 다니던 때라 적의 침략이 있을 것이라는 흉흉한 소문이 나돌고 있을 때였다. 박규수는 시국 상황을 안타깝게 바라보며 대원군의 쇄국정책이 옳은 길인지, 개항하고 나라의 문호를 여는 것이 옳은 길인지를 심각하게 고민하고 있었다. 그는 이미 할아버지 박지원의 학문으로부터 개화에 대한 열망을 배우고도 남은 상태였다.

대원군도 쇄국론자였지만 자신은 1860년대 중반 이후 생각이 조금씩 달라지고 있었으니, 빗장을 건다고 해서 밀려오는 서양 세력과 문물을 모두 막을 수는 없는 일이라는 것을 깨닫고 있었다. 그런데 덜컥 밀고 들어온 이 사건에서 백성들이 다치고 죽는 상황이 되자 관찰사 직분의 박규수로서는 수구적인 대응으로 나아갈 수밖에 없었다. 선택의 여지가 없었던 것이다.

박규수는 후일 이 사건의 진상 규명을 요청해온 미국 측에 화답을 보내면서 이렇게 변명했다.

> 본국의 법과 제도는 이국 상선이 표착하면 배가 온전한 경우 먹을 것을 제공하고 일용품까지 주며 바람이 잦아질 때까지 기다려 돌아가게 한다. 배가 온전하지 못하면 선원들을 관리들이 데리고 나와 육지로 호송하고 북경에 도착하게 한다. 전후에 이렇게 한 것이 한 두 번이 아니다.

이 글을 통해 사건의 원인은 미국 측의 불법 침략이라는 점을 밝히고자 한 것이다. 이 일 이후 9월에 프랑스 함대가 강화도를 침탈했고(병인양요), 1871년엔 미국 함대가 강화도를 침공했다(신미양요).

그는 이 조석지변의 환란 속에서 국가와 백성을 어떻게 살려낼 수 있을까 고민하고 있었다. 어떻게 하면 백성이 다치지 않고 어떻게 하면 국익을 손상하지 않은 채 파도처럼 몰려오는 서구세력을 맞아들일 수 있을지 노심초사했다.

그러면서 대원군이 하는 것처럼 쇄국을 하고 있다가는 언젠가는 파국에 이를 것이라는 불안감이 그를 엄습하고 있었다. 한편으로는 개화로 나아가려니 서구를 너무도 모르고 있었다. 그는 이때부터 본격적으로 서구에 대한 정보를 캐기 시작했다.

박규수가 처음부터 개화에 열심이었는지 확실하지 않다. 그러나 제너럴 셔먼호의 격침 이후 그의 생각은 이전보다 확연히 달라졌다. 그리고 그 직접적인 계기는 불타버린 미국 상선 제너럴 셔먼호를 낱낱이 분해해서 가져와 우리 것으로 만들어보려는 노력 후 본격화되었다.

이에 앞서 박규수는 부하들을 시켜 불타서 격침된 제너럴 셔먼호에 들어가게 한 다음 이 선박에 붙어 있는 잔해들을 건져 올리기 시작했다. 주요 구조를 이루는 철골과 동력원이 되는 각종 기계, 철물 잔해에 이르기까지, 조타실의 운항장치들, 갑판의 중요 설비들, 기계실의 증기선 장치, 앞뒤 상판의 무기들도 낱낱이 수색해 건져 올려 평양 감영 무기고에 넣었다. 당시 건져 올린 무기는 대포 2문, 소포 2문, 대포 탄환 3개, 철정 2개, 대소 철연환줄 162파, 서양철 1,300근, 장철 1,250근, 잡철 2,145근에 이르렀다.

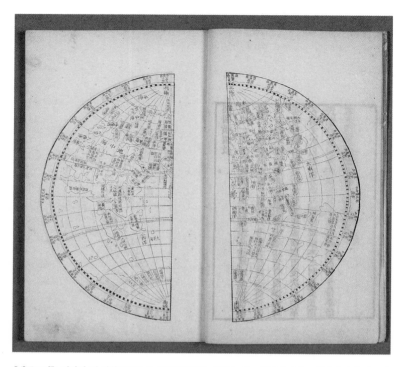

《해국도지》 청나라 때 위원魏源이 쓴 세계지리서로, 제임스 와트의 증기기관 도해와 증기선 제조 방법 등이 수록되어 있었다(국립중앙박물관 소장).

박규수로서는 이 무기만으로도 서구 문명의 발전을 짐작하고 남았다. 그는 제너럴 셔먼호에서 건져 올린 무기와 설비를 한강을 통해 도성으로 올려보내 증기선 제작에 참고로 쓰게 했다. '우리도 이런 버젓한 증기철선 하나쯤 가져보자'는 열정이 불타올랐다.

대원군은 이를 기초로 김기두 등 기술자들에게 군함을 제작하게 했다. 이들은 증기선의 원리를 본떠서 철선을 제조하는 것을 일차적 목표로 두었다. 증기기관을 돌릴 수 있는 석탄 원료의 증기선이 아니라

목탄 원료의 증기선으로 방향을 바꾸었다.

　이 기술자들이 참고한 것은 박규수가 보낸 제너럴 셔먼호의 부속 잔해와《해국도지海國圖志》의 〈모조 전선의戰船議〉, 〈화륜설 도설〉 등의 책이었다. 이 책들은 제임스 와트James Watt의 증기기관 도해와 증기선 제조 방법을 수록하고 있었으나 사실 조선의 목선 제조 기술로는 접근 자체가 한계가 있었다.

　결국 수십만 냥을 들여 배를 10개월 만에 복원하기는 했으나, 너무 느리게 움직여서 사실상 실패했다. 박규수는 조선의 과학기술 수준의 한계를 절감하고는 서양을 이기기 위해 그들과 교류해야 한다는 것을 깊이 인식하게 되었다.

효명세자의 죽음으로 부국의 꿈을 접다

박규수는 어릴 적부터 신동이라는 평가를 받았다고 한다. 그런 그가 생각보다 늦은 나이에 조정에 나오게 된 이유는 무엇일까? 시와 때를 잘못 만난 박규수의 불운이 그를 붙잡았기 때문이다.

　1807년 9월 27일 서울 북부 가회방에서 태어난 박규수는 어린 시절 경복궁 근처에 살며 당대 최고의 권력자들과 지성인들을 날마다 바라보며 컸다. 그의 조부인 박지원은 북학파의 거장으로 그가 가진 천재성을 제대로 발휘해보지도 못하고 사라졌다.

　그의 조부가 경상도 안의현감을 지낸 후 1796년 무렵 지금 헌법재판소 자리인 계산동(종로구 계동)에 과수원을 매입하고 작은 집을 지었는데 이곳에 계산초당이다. 계산초당은 박규수의 안식처였다. 박규수는 박지원이 세상을 떠난 지 2년 후 태어나 그를 만나지 못했다. 그리고 아버지 박종채朴宗采는 관에 출사하지 않고 음직으로 경산현령에만 머물렀던 인물인데다 학문에 매달렸다. 그러므로 박지원의 사상과 학문을 전해준 이는 아버지 박종채였다. 외조부 유하柳詠도 박규수의 문학과 사상에 큰 영향을 미쳤다. 유하는 영정조 시대 유명한 문인 유의양柳義養의 차남으로 정조로부터 문학적 재능을 인정받았고 박지원과 막역한 사이로 외손자 박규수에게 큰 영향을 미쳤다.

박규수는 친가와 외가의 문학적 감수성과 재능을 그대로 물려받은 뿌리부터 타고난 천재였다고 할 수 있다. 그는 이미 7세 때 《논어》를 읽고 한시를 지었으며 독학으로도 학문의 깊이가 상당한 수준에 이르렀다. 14~15세가 되었을 즈음 박규수는 당대 최고의 문사라고 평가받던 조종영趙鍾永의 눈에 띄면서 문재의 가치를 인정받아 서로 친교를 맺었다.

젊은 시절 조종영은 박규수의 외조부 유화와 막역한 사이였다고 한다. 그러니 자연스레 친구의 외손자 박규수를 알게 되었고 박규수가 14세 되던 해 무렵에 규수의 시를 보고 반해 망년지교忘年之交(나이 차이를 잊고 서로 허물없이 지내는 사이)를 맺었다. 조종영보다 36세나 연하였던 박규수였기에 이 둘의 친교는 조선 말 사대부들 사이에서 인구에 회자되는 놀라운 사건이었다. 더구나 후일 이조판서와 우참찬까지 역임했던 조종영은 당대의 세도정치가인 조만영趙萬永과 친밀한 재종간(육촌형제)이었으니 천재 청년 옆에 풍양 조씨라는 든든한 후원자가 생긴 셈이었다. 청년 박규수의 인맥이 튼튼해지면서 주목을 받게 되었고 학문적 성가도 더욱 높아졌을 것은 당연한 일이었다.

이에 더 놀라운 사건이 일어났다. 박규수의 소문을 들은 효명세자가 박규수를 불러 친구를 맺는 행운이 겹친 것이다. 효명세자는 박규수보다 두 살 아래로 순조인 아버지와 달리 강력한 왕권의 회복과 세도정치의 축출을 시도했던 조선 말기 왕세자들 가운데 유래를 찾기 어려운 기대주였다. 세도정치가들은 그를 싫어했지만 효명세자는 이미 1827년 아버지 대신 대리 청정을 시작하여 정조의 위민爲民 정치 방식을 계승하겠다고 할 정도로 의욕적이며 담대한 성격을 보여주었다.

그는 정책적으로는 청의를 표방하고 정치적 탕평과 엄격한 관료정치를 펼치며 백성을 위한 정치를 하여 대리 청정 말기에는 거의 민심을 수습할 정도로 뛰어난 정치력을 보였다. 또한 대리 청정 기간 동안에 궁중 연회와 춤을 다루는 고도의 무용정치를 펼쳐 효율적으로 안동 김씨 세력을 무력화시키는 동시에 강력한 왕권을 확립하는 장치로 활용했다.

효명세자는 경복궁에 출입하는 길에 늘 근처에 있던 계동의 박규수 집을 찾아 밤늦도록 정사를 의논하며 세상의 변화와 정치개혁에 대한 논의를 계속했다. 박규수는 이때 효명세자와 조선 사회의 문제점을 거론하며 새로운 세상을 만들자고 둘이서 의기투합하며 미래를 꿈꾸었을 것이다. 그는 효명세자가 세상을 떠날 때까지 담론 나누기를 계속했다고 하니 두 사람은 보통 절친한 사이가 아니었음이 분명하다.

박규수는 세자의 신뢰 아래 명을 받아 21세 때《연암집燕巖集》을 정리하고 예禮에 대한 깊은 연구를 통해 예학 연구자로도 이름을 날렸다. 이런 신뢰를 바탕으로 박규수는 '주역'을 세자 앞에서 강의하는 수준까지 이르게 되었으니 그의 출세는 '떼어 놓은 당상'이었다.

그러나 박규수에게 불행한 일이 일어났다. 1830년 효명세자가 급사한 것이었다. 효명세자는 그 해 4월 10일이 지나면서 대단치 않은 병이 들었는데 얼마 지나지 않아 갑자기 각혈을 하며 위중해졌다. 증세가 여러 번 바뀌어 처방과 약을 제대로 내기도 어려웠는데 한 달도 채 안 된 5월 6일 숨을 거두고 말았다. 평소 식사를 거를 정도로 대리 청정 업무에 매진하며 나라를 바로 세우는 일념으로 살았던 세자는 겨우 22세의 아까운 나이에 세상을 하직하고 말았다. 박규수의 충격은 말로 표현하기 힘들었다.

그는 하늘이 무너져 내리는 것 같은 심정으로 모든 출사에 대한 욕심을 버리고 칩거했다. 학문에만 매달리며 조부 박지원의 인생길을 따랐다.

"결국 운명을 벗어나긴 어려운 것일까? 나도 할아버지처럼 시대를 잘못 만난 불운의 천재로 인생을 끝내고 말 것인가?"

"고생은 더 큰 고생을 업고 들어온다"고 그의 고생은 쉼 없이 계속되었다. 27세 때는 모친을 여의고 이듬해 부친 박종채와 동생까지 잃어버리는 불상사가 겹쳤다. 심적 충격과 의지할 곳 없는 상황에서 그가 할 수 있는 일이라고는 학문하는 일 밖에는 없었다.

18년간 계속된 박규수의 칩거 기간은 효명세자의 급서가 얼마나 큰 충격으로 다가왔는지를 입증하고도 남는다. 그러나 이 칩거의 기간이 마냥 헛된 것만은 아니었다. 학문적으로 박규수의 이름이 조선 사회에 알려지면서 대외적으로 주목을 받는 인물이 되었다.

40세에 시작한 관료의 원대한 꿈

박규수는 40세가 넘어 다시 관료로서의 삶을 시작한다. 18년의 칩거로 학문만 파고들던 그가 마음을 바꾼 것은 1848년 5월 30일의 일로, 그가 과거에 급제하고 나서부터였다. 헌종 14년에 박규수는 증광시增廣試에 급제했다. 불혹의 나이가 넘은 41세에 그가 과거에 나간 것은 시대가 바뀌어 자신이 세상에 도움이 될 것으로 믿었기 때문이다. 게다가 학문과 벗을 스승으로 삼았던 많은 인물들이 세상을 떠나버린 것도 한 이유였다. 덕행과 문장으로 유명했던 선배 김매순金邁淳, 재야학자 홍길주洪吉周, 그의 형 홍석주洪奭周, 스승 이정리李正履, 서유구徐有榘 등 당대 문인 학자 지성들이 앞서 타계하면서 자신이 출사하고 나서야 할 때임을 느꼈던 것이다.

또 서구 열강의 이양선들이 조선 연안에 출몰하여 국기를 위협하는데다 서학과 천주교의 대두로 1846년(헌종 12년)에는 김대건金大建이 순교하는 일까지 벌어져 조정 안팎이 뒤숭숭하던 때라 그로서는 조국을 위해 할 일이 있다고 여겼을 법하다. 그 당시 박규수는 가문에서 오래 벼슬에 나가지 않아 가난에 시달렸던 모양이다. 그 스스로 처가의 신세를 지고 있었으니 말이다.

그러나 18년간의 고난이라면 고난의 세월이 그를 알차게 만들었고 학문과 삶을 보는 자세를 숙성시켜준 것은 분명하다. 경륜과 지혜가 풍부한 예비 관료로 성장하는 계기를 만들어준 것이다. 여기에 이번엔 그를 적극 지원해주는 후원자도 있었다. 조만영, 조종영 형제 외에도 신정왕후 조대비(효명세자의 비)가 있었던 것이다. 그녀의 후원은 고종 때 본격화된다.

박규수는 급제 후 사간원 정언을 거쳐 1849년, 용강 현령을 거친다. 그리고 헌종 사후 철종 때 부안현감, 전라도 경시관, 부교리 홍문관 수찬으로 한양으로 돌아온다. 그가 중앙 정계의 관심을 본격적으로 받은 것은 1854년 경상좌도 암행어사로 나간 후부터였다. 친한 벗의 부친까지 봉고파직할 정도로 꼿꼿한 처세로 비난과 칭찬을 한 몸에 받았다. 이 시절 그가 수령들의 잘잘못을 점검하고 인재를 천거한 공로로 부승지로 올라섰다. 그 다음 정약용이 부임했던 곡산부사로 나가 선정을 베풀어서 신임을 얻었다.

그는 또 연경사절단의 부사로서 청나라를 다녀오며 안목을 키우고, 1862년 2월 진주민란의 사태수습을 위한 안핵사按覈使에 임명되어 민란의 진상을 조사, 보고했다. 이 과정을 통해 그는 조선의 현실을 똑바로 직시할 기회를 얻었다. 안핵사는 철종과 고종 때 빈번한 민란의 원인을 조사하고 민심을 수습하기 위해 파견한 관직이다. 암행어사처럼 기밀한 정탐을 하는 것이 아니라 사건 사후의 민심 수습 대책을 위한 해결사 같은 직책이라 잘해야 본전인 위험천만한 자리여서 관료들은 떠맡기 싫어하는 직책이었다.

이때 박규수는 진주 민란의 원인이 전 우병사 백낙신白樂莘의 탐욕으로 인한 것이었음을 치계하면서 6만 냥이나 되는 거금을 마음대로 집집마다 배정하고 거둬들이려다 일어난 사건임을 밝혀냈다. 이 시절 그는 지방 목민관들의 비판과 욕을 호되게 먹었으나 추호도 그들의 잘못을 가려주거나 숨기려 하지 않고 오히려 진주민란의 주된 원인이 삼정의 문란임을 철종에게 보고했다.

난민들이 스스로 죄에 빠진 것은 반드시 이유가 있을 것입니다. 그
것은 곧 삼정三政이 모두 문란해졌기 때문인데, 환향還餉(환곡과 향곡)이
제일 큰일입니다.

여기서 삼정이란 전정, 군정, 환곡을 말한다. 전정은 농민들이 경작
하는 토지의 세금이며, 군정이란 병역의 의무를 말하는 것이다. 환곡
은 먹을 것이 부족한 춘궁기에 관청에서 백성들에게 쌀을 꾸어주고 수
확기인 가을에 돌려받는 일종의 빈민 구제책인데 조선 후기에는 이를
빌려주면서 고리의 이자를 붙여 받았기에 관리들의 배만 불리는 결과
를 가져왔다.

박규수는 민란의 원인이 이 삼정의 문란에 있음을 밝히고 이를 고치
지 않으면 백성들의 삶은 물론 나라의 재정도 올바르게 확립할 수 없
다고 생각했다. 그는 문제의 근본 원인을 꿰뚫고 있었다. 박규수의 생
각은 백성들이 먹고 사는 문제가 해결되지 않으면 민란은 그치지 않을
것이라는 점에 미치고 있었다.

한편 박규수를 후원했던 조대비는 그를 잊지 않았다. 조야에서 활약
하는 그를 보며 후원을 시작했다. 고종 등극 이후에는 고종의 두터운
신임으로 이어진다. 1864년이 되어 고종이 등극하고 조대비가 수렴청
정에 나섰을 때 그는 남다른 배려를 받게 된다.《고종실록》11년 1월 1
일자 기록에는 다음과 같이 나와 있다.

대왕대비가 전교하기를, "이 사람이 지난 시절 보살핌을 받았다는 것
은 내가 잘 아는 바이다. 오늘날 내 뜻을 보이지 않을 수 없으니 부호

군圖護軍 박규수에게 특별히 한 등급을 가자加資하도록 하라" 하였다.

가자는 품계를 올리는 것을 말한다. 이때 그는 도승지로 승격되었다. 효명세자와의 관계를 너무도 소중하게 생각했던 조대비의 배려로 그의 출세길이 열리기 시작했다.

개화를 적극 수용하다

앞서 언급했지만 1860년대 이전과 이후 박규수의 대외관은 완전하게 달라져 있었다. 그것은 서구 열강에 대한 막연한 불안감에서 구체적이고 실리적인 측면을 살필 수 있는 계기가 주어지면서 서구 열강에 대한 많은 정보를 얻을 수 있었기 때문이다. 그런데 당시의 많은 관료들이 이를 알면서도 자신의 안녕과 그동안 해온 언사를 뒤바꾸기 싫어 수구적인 언행으로 조정 여론을 몰아가고 있었다. 하지만 박규수는 자신의 잘못을 스스로 깨닫는 기회가 오자 변화를 적극적으로 포용하고 이를 인정하게 되었다.

그에게 개화의 필요성을 처음 느끼게 한 놀라운 경험은 1861년 약 6개월간에 걸쳐 연행사절燕行使節의 부사로 중국에 다녀오는 길에 일어났다. 당시는 청나라도 열강의 위협 아래 있기는 마찬가지였다. 청나라는 1856년 애로호 사건이 발단이 되면서 영국과 프랑스의 공격을 받게 되었고 청나라의 함풍제咸豊帝가 열하熱河로 피난길을 떠나게 되었다. 함풍제는 청나라의 제9대 황제로 재위 기간 동안 중국 쇠퇴의 변화와 서구 열강의 침탈을 직접 겪었던 인물이다. 당시 청나라는 태평

천국 염비捻匪와 이슬람교도의 난 등이 발생해 쇠퇴일로에 있었다.

청나라의 이런저런 소식을 들은 조선 정부는 청나라 사정도 알 겸, 서구 열강의 위협이 어느 정도인지 파악하기 위해 문안사를 파견하게 되었는데 이때 박규수가 부사로서 연행길을 떠난 것이었다. 1860년 1월 18일에 떠난 이들은 그 해 6월 19일이 되어 귀국했다. 거의 6개월에 걸친 이 연행은 박규수에게 남다른 감회를 불러왔다. 그의 조부가 열하로 떠나는 사신단에 동참한 것이 1780년 5월 25일로, 80년 만에 다시 그 손자가 같은 길을 떠나 할아버지의 여정을 되짚게 된 것이었으니 당연히 뜨거운 감동과 기대감이 넘쳤을 것이기 때문이다.

열하를 방문하는 동안 그는 중국과 세계정세의 추세를 살펴볼 수 있었고, 연행을 통해 만난 80여 명의 중국 지성인들과 교류하면서 학문과 지식의 폭을 크게 넓히는 계기를 만들었다. 박규수는 이때 중국의 사정을 살핀 후 개화의 필요성을 다시 생각해보게 되었다. 그가 가장 믿고 의지하던 청나라가 서구 열강 앞에서 맥도 못 추고 자존심을 구기는 모습을 보며 도대체 서구의 여러 나라들은 어느 정도의 힘을 가졌길래 중국이 저토록 절절 매는가 하는 의구심과 호기심을 갖게 되었던 것이다.

박규수는 이 연행길에서 서구 열강에 대한 압력의 정황과 서구 문명의 발달을 어느 정도 인지하고 돌아왔다. 그의 생각은 달라지기 시작했다. 이후 그는 대제학에 재임 중 1872년 진하사의 정사正使로서 서장관 강문형姜文馨 등을 데리고 두 번째로 청나라에 다녀오는 임무를 맡았다. 이 제2차 연경사행은 70여 일 걸렸는데 이 기간 동안 그는 제국주의 서양의 공략에 대응코자 하는 청나라의 양무운동洋務運動을 목격하고 개화에 대한 자신의 생각을 확실하게 정리하게 되었다.

양무운동은 19세기 후반 청나라에서 일어난 근대화 자강 운동이다. 청나라는 서양의 문물을 수용해 부국강병을 이루려고 했는데 이 운동은 1861년부터 1894년까지 중국 청나라에서 진행된 것으로 '양무洋務'란 다른 나라와의 외교 교섭에 관한 사무를 뜻하지만, 넓게는 서양의 문물과 기술을 받아들인다는 뜻으로 쓰였다. '수구는 더 이상 어렵다'라는 생각을 굳히게 되었던 것이다.

고종은 1872년 12월 26일, 청나라로 두 번째 여행을 하고 돌아온 박규수에게 청나라의 사정을 물었다. 이 자리에서 박규수는 서양 문물의 도입을 적극 주장했다. 《일성록》 고종 9년 12월 26일자를 살펴보자.

> 과거에 중국은 강남江南 지방에서 전쟁을 할 때 서양의 대포를 많이 사서 사용했기 때문에, 서양인들은 대포를 제조해 큰 이득을 보았습니다. 그러나 최근에는 중국이 서양의 대포를 모방해 제조하고 있기 때문에 이익을 잃게 되었습니다. 또 예전에는 중국 상인들이 화륜선을 세내어 사용했기 때문에 서양인들이 큰 이득을 누렸습니다. 그러나 지금은 중국이 또한 화륜선을 모방해 제조하기 때문에 서양인은 이익을 잃게 되었습니다. 그리고 예전에 서양인들은 아편으로 큰 이득을 얻었는데, 지금은 중국도 아편을 제조하기 때문에 서양인들이 이익을 잃었다고 합니다.

그러니 조선도 문호를 열고 서양의 기술과 문물을 받아들이자는 주장이었다. 박규수는 이제 확실한 개화주의자가 되어 있었다. 그러나 조정은 그의 이야기를 받아들이려 하지 않았다. 박규수는 이 모든 것이 조선 지도층의 문약함에서 비롯된 것임을 깨닫고 절망하는 한편, 어떻게 하면 시대의 변화를 따라가지 못하는 관료들을 고칠 수 있을까를 고민하기 시작했다.

아직 조정에서 힘이 약하던 그에게 힘을 실어주는 계기가 생겼다. 고종은 1873년 12월 2일 우의정에 박규수를 임명했다. 그는 사흘 뒤 사임 상소를 냈다.

"큰 수레에 실어야 많은 짐을 실어도 넘어지지 않는 법입니다. 저는 이 중직을 감당키 어렵습니다."

하지만 고종은 박규수가 큰 수레 자체라며 받아들일 수 없다고 다시 우의정을 맡도록 강권했다. 박규수는 거푸 세 번째 상소하여 사임을 청했으나 윤허받지 못했다. 그의 겸손함을 엿볼 수 있는 대목이다.

계속해서 사양하던 그가 12월 10일 마음을 돌이켜 조정에 나왔다. 고종은 이를 대단히 기뻐했는데 마침 궁궐에 큰 불이 일어나 박규수가 더이상 자신만을 생각하며 벼슬을 사양할 수 없었던 데다 개국과 관련해조정 안에서 자신이 할 일이 분명히 있다고 판단한 것이었다.

박규수는 개화 문제를 위민중심 사상에서 바라보았다. 그는 조선이 주체적으로 국제 정세에 대처해가면서 스스로의 힘으로 부국강병과 부국안민을 이루어야 한다고 여겼다. 그렇게 되면 백성들은 저절로 잘 살게 될 것이기 때문이다.

이미 관찰사로서 제너럴 셔먼호의 위력을 보았던 그였기에 조선에도 그런 기선을 제조할 능력을 갖추고 싶어 했다. 그러자면 미국과의 통상은 불가피한 것이었다. 박규수는 이런 생각을 후배들에게도 계속해서 가르치고 조선의 사대부들과 교류할 때마다 이 이야기를 전했다.

이 시절 이미 박규수의 생각은 시대를 앞서 가는 선각자로 탈바꿈하고 있었다. 보수적이고 중화중심적인 생각을 버리고 자유주의 시장 경제로의 변화를 적극 수용하여 새로운 세계를 건설해보자는 의욕이 그에게 넘쳐흘렀다. 박규수의 생각이 당대를 앞서갔음을 보여준 것은 바로 사람과 직업에 대한 평등 의식이었다.

일찍이 박지원이《열하일기》에서 조선 사대부들의 뿌리박힌 편견을 조롱하고 명분과 신분적 욕심에 끌려 백성들의 위기를 보지 못하는 조선 사회의 지도부에 대해 신랄하게 비판한 바 있었으니 박규수 역시 일찍부터 그의 강한 영향력 아래 평등사상에 대해 깊은 생각을 가졌음이 분명하다. 게다가 청나라를 두 번 방문하고 돌아오면서 서구 사상의 흐름을 깊이 인식한 것도 한몫했다.

박규수는 백성이 잘살면 나라가 강해진다는 신념을 확실하게 가졌다. 그의 사상을 한마디로 표현하면 위민주의 경제사상이다. 백성이 잘사는 것, 여기서 백성이라는 것은 기존 지도층인 양반에 국한한 것이 아니라 사농공상土農工商에 종사하는 모든 국민이 모두 잘살아야 한다는 평등사상이었다.

사람과 직업은 평등하다

——

박규수의《환재집瓛齋集》잡문에는 다음과 같은 글이 실려 있다.

사농공상이라고 사람을 구별하지만 실제로 사士가 농업에 임해 부지

런히 땅의 재화를 키워 부자가 되는 것이 가장 중요한데 이렇게 되면 당연히 농민이 아닌가. 그리고 사가 여러 가지 재료로 다듬고 만들어 백성들의 필요에 따라 기물을 개발하면 공장工匠이 아닌가. 사가 물건의 유무를 가려 교역하고 사방의 진귀한 물건을 소통시켜 잘먹고 잘살아간다면 이는 상인이 아닌가. 몸은 즉, 그릇은 사지만, 직업은 하는 일에 따라 농민과 공장과 상인으로 나뉘게 되는 것이다.

박규수는 이른바 인간 평등론을 제시하면서, 직업과 사람을 차별하는 것을 못마땅해 했다. 조선 사대부의 기본 생각과 배치되는 이 생각은 후배 실학자들로부터 환영받았지만 기존 지도층에게는 그리 환영받을 수가 없었다. 또한 박규수의 경제관념은 그 시대 관료들과는 달리 자유시장주의 입장을 견지하고 있었다. 《고종실록》 11년, 1월 13일자의 기록을 보자.

민간의 재화의 통로가 막히지 않아야 관청에서 쓸 비용도 점차 열리는 법입니다. 재화의 통로가 열리고 유통이 되게 하려면 시장을 그대로 내버려두는 것이 좋습니다. 만약 그렇게 하지 않고서 물화의 출입을 구속하거나 값의 높고 낮음을 인위적으로 조종하게 되면 백성들이 이해관계를 따져서 점차 의구심을 품게 되어 교역이 순조롭지 못하게 될 것입니다. 신의 생각에는 나라의 오부五部를 단단히 타이르고 경계하여 혹시라도 교역하는 즈음에 물가를 규찰하거나 조종하지 말게 하고, 형조와 포도청에서 저자의 매매를 간섭하는 데 있어다시는 월권하는 일이 없도록 경계하심이 어떻겠습니까?

강화도의 초지진 1716년에 강화 해안을 지키기 위해 만들어진 것으로, 1875년 운요호 사건 이후 시설은 모두 허물어져, 현재 초지돈만 복원되었다(인천관광공사 소장).

박규수는 경제는 물 흐르는 대로 그냥 두는 것이 가장 좋다는 시장 자유주의적 시각을 가졌는데 고종도 그의 생각을 지지했다.

그는 국가가 전매하는 염전 문제도 잘못되었다고 비판했다. 관청의 허가를 받지 않은 개인 상인들이 관청의 염전에서 소금을 사면 불법이라고 잡아가선 뇌물을 먹고 풀어주니 이중삼중의 고통을 겪고 있다는 것이었다. 상업 활동을 막고 재화가 흐르는 것을 못하게 하는 이런 잘못된 일은 마땅히 고쳐야 한다는 것이 그의 생각이었다.

사실 산골에선 소금을 구하기가 하늘의 별따기처럼 어려웠다. 그렇다고 해안가에 사는 백성이라고 넉넉하지도 않았다. 국가가 다 수매해 소금 값이 오르면 오르는 대로 비싸게 받고 소금 값이 내리면 전에 비싸게 받던 대로 또 받으니 백성들은 관리들의 수탈에 목숨을 끊는 일들이 비일비재했던 것이다. 경상도에 파견 나갔을 때 이런 실상을 누구보다 잘 살펴본 박규수는 관리들의 횡포를 국가가 방조한다는 것이 이해할 수 없어 계속 이 문제의 개혁을 주장했던 것이다.

일본, 통상을 강요하다

개화론을 주장하는 이는 박규수를 제외하고서는 소수였다. 그런 조정에 개화론을 불을 지피는 사건이 일어났다.

1874년(고종 11), 조선 조정에 놀라운 일이 벌어졌다. 흥선대원군 이하응이 물러나고 고종이 친정으로 돌아섰기 때문이다. 대원군의 하야에는 정세의 변화와 서구 열강의 개화 압박, 조선 조정의 피폐 등 여러 가지 이유가 있지만 직접적인 계기는 최익현崔益鉉의 지속적인 상소 때문이었다. 그는 임금이 성인이 된 다음에도 섭정을 하는 것은 불가하다고 주장했다. 고종이 친정에 나서자 생각보다 많은 문제가 생겼다. 바로 한반도 침탈을 키워가는 일본 정부의 야욕이 표면화되고 있었던 것이다.

조선 조정은 그동안 일본과의 교섭 창구를 대마도 종주로 한정하고 있었지만 일본이 이번에는 직접 왕정복고를 통고해온 서계문제書契問題를 보내면서 조선 조정이 발칵 뒤집혔다. 이전에는 대마도 종주가 사신을 보내고 격식을 차려 조선을 정중하게 대했으나, 이번에는 일본이 스스로 조선국왕에 대해 일본의 '황皇', '칙勅'이라고 표기하고(여기서 황은 황제, 칙은 황제의 명령을 의미한다), 조선국에 대해서도 '대일본大日本' 등으로 표기 방법을 달리하여 문서를 보내자 이에 격분하여 문서를 거부하자는 중론이 조정 안에 크게 일었던 것이다.

　그러나 박규수는 서계의 문구에 구애되지 말고, 저들이 나라의 제도를 변경하여 옛날같이 통호通好하려는 뜻을 표명하는 한 대국적 견지에서 받아들일 것을 고종에게 역설했다.《고종실록》12년 5월 10일자를 살펴보자.

　　그 나라에서 황제라고 칭한 것은 대체로 주周나라의 평왕平王 때부터라고 하니, 지금 이미 수천 년이 된 셈입니다. 저들의 서계에서 본국이 칭하는 대로 따른 것은 또한 신하로서 그렇게 하지 않을 수 없는 것이니, 성상께서 어떻게 포용하는가에 달려 있는 것입니다.

　"만약 저들이 포성을 한번 발發하기에 이르면 그 이후 비록 서계를 받고자 하여도 이미 때가 늦어 나라를 욕되게 할 것입니다."

　그는 지금까지의 대원군의 쇄국정치에 정면으로 반박하고 나섰다. 박규수는 이제 개화 정국의 주요 인물이 되어 쇄국 정책을 밀어붙이는 대원군과 사사건건 부딪히고 있었다. 그들은 이미 불편한 사이였다. 제너럴 셔먼호 사건 이후 대원군은 천주교도들에 대해 엄한 처벌로 이들을 희생시켰는데 당시 관찰사로서 그는 천주교 탄압에 동조하지 않았던 것이다.

　"오히려 백성들을 잘 교화하지 못한 것이 정부의 책임이다. 진심 선善으로 백성을 이끌면 모두 우리의 선량한 백성들인데 무엇 때문에 많은 사람을 죽이는가?"

　그는 오히려 천주교 탄압을 힐난했다. 5월 10일, 고종은 창덕궁 희

정당에서 조정 중신들을 만났는데 고종의 정치적 성향을 잘 보여준 사건이었다. 국서 접수 여부를 놓고 고종과 중신들 사이에 찬반을 두고 수많은 이야기가 오갔다. 당시 전임대신과 현임대신들 중에서 국서 접수에 찬성한 사람은 판부사 박규수와 좌의정 이최응李最應 정도에 불과했다. 나머지 영부사 이유원李裕元, 영돈녕 김병학金炳學, 판부사 홍순목洪淳穆, 우의정 김병국金炳國은 반대하며 국서를 절대 받아주지 말 것을 요청했다.

그러나 고종은 그 자리에서 결정하지 못하고 의정부에 책임을 미뤘다. 그리고 접수 거부를 결정했다. 고종은 자신의 책임은 아니라는 입장이었을지 몰라도 국제 정세를 보는 감각은 현저히 떨어져 있었다. 박규수는 이미 1875년 6월 13일, 일본이 보내온 서계를 논의하기 위해 열린 시원임대신時原任大臣 회의에서 고종에게 이를 거부하면 반드시 불화를 낳을 단서가 될 것이라고 주장한 바 있었다. 그러나 결정권을 가진 고종은 우유부단하게 미루기만 한 것이었다. 고종에 대한 박규수의 신뢰가 점점 무너지고 있었다.

조선은 쉽게 변하지 않았다. 서계 문제를 결론내지 않은 채 세월만 흘려보내다가 결국 큰 사건이 터져버렸다. 일본의 메이지 정부가 조선 침공을 표면화하면서 1875년 9월 25일, 운요호 사건이 발생했던 것이다. 이 사건은 운요호가 1875년 9월 20일 조선 해안을 탐측 연구하기 위해 왔다고 핑계를 대고 강화도 앞바다에 불법으로 침투한 것을 말한다. 이때 해안 경비를 서던 조선 수군의 공격을 받자, 이에 대한 보복으로 함포 공격을 가하고, 영종진에 상륙하여 조선 수군을 공격하고 인적·물질적 피해를 입히고 퇴각했다.

운요호는 당시 245톤 규모의 소형함으로 전장 35미터, 10노트짜리 포 2문의 석탄 증기 군함이었다. 승조원을 최대로 태워도 65명밖에 태우지 못하는 이 군함 한 척에 조선은 무너지고 말았다. 막을 힘도, 무장도 빈약한 조선이었다.

조선의 패배는 박규수가 예견한 그대로였다. 일본군은 조준이 정확하고 사거리가 길며 빠르기로는 조선의 선박이 도저히 흉내 낼 수 없는 서양 선박을 수입해 그대로 조선의 턱밑을 밀고 들어왔지만 조선으로서는 아무런 방비책이 없었다.

1876년 2월의 강화도 회의는 하나마나한 회의가 되었다. 전쟁에 진 패자 조선에 대한 승자 일본의 무력적 협박으로 강요된 개화 협약이었기 때문이다. 1876년 2월 26일에 조인된 12개 조항의 불평등 병자수호조규(강화도 조약)는 이렇게 체결되었다.

형조판서·우의정을 거친 박규수는 1874년 사퇴, 판중추부사가 되어 있었다. 이 은퇴한 정치가는 1875년 운요호 사건을 빌미로 일본이 수교를 요구해오자 최익현 등의 강력한 척화 주장을 물리치고 일본과의 수교를 우선 지지했다. 그의 문호 개방 주장은 개항을 위한 내부적 준비 부족에도 불구하고 우선 일본의 군사적 침략을 막기 위한 방법의 하나였다.

그러나 그는 조약의 불평등한 부분을 접하고는 '가련한 우리 백성들이 하늘로부터 버림받는구나'라고 개탄하며 걱정과 분함으로 병석에 누울 수밖에 없었다. 이런 뒤숭숭한 상황에서도 조정 대신들은 자신들의 안위만 살피며 눈치보는 행정으로 몸보신을 하고 있기에 바빴다. 박규수는 벽에다 대고 소리 지르는 것처럼 소통의 한계를 느낄 수밖에 없었다. 결국 그는 나름의 소통과 해결 방법을 만들어냈다.

박규수와 사랑방 손님들

___

박규수가 사랑방 공부를 시작한 것은 그가 흥선대원군에게 개화 필요성을 여러 차례 역설했으나 뜻을 이루지 못하면서 비롯된 것이었다. 그는 1874년 9월에 사직하고 국정의 제일선에서 물러났다. 그리고 자신의 집에서 사랑방 개화교실을 열었는데 실제 사랑방 토론 수준이었지만 신문물을 꿈꾸며 개화를 배우려는 젊은이들로 공부와 토론은 뜨겁기만 했다.

조선 개국의 산실이라고 할 수 있는 이 사랑방에서 개화의 주역들이 탄생한 것은 익히 아는 사실이다. 조선 안팎에서 개화를 주장하는 신진 사류들이 그의 집으로 몰려들기 시작했다. 재상을 그만 두고 눌러앉은 박규수에게서 꽉 막힌 조선의 현실을 타개하기 위한 대책이 뭔지를 배울 수 있을 것이라고 짐작한 젊은이들이었다.

현재 헌법재판소의 구내 한쪽 구석 자리가 박규수의 집터다. 박규수는 그의 사랑방에 똑똑하고 개혁적인 성향을 가진 양반집 자제들을 불러모았다. 김옥균金玉均·홍영식洪英植·서광범徐光範·박영교朴泳教·박영효朴泳孝·김윤식金允植·유길준兪吉濬 등이 그들이었다. 이들은 후일 조선의 개화파로서 풍운의 삶을 살게 된다.

이들이 모인 이유는 서로가 가까운 데 살아 친숙한 데다 개혁적이고 진보적인 성향을 갖고 있었기 때문이었다. 홍영식의 집은 박규수집 옆이라 더욱 친했다. 서광범의 집은 송현동으로 지금의 서울 종로구 덕성여고 터에 있었고, 김옥균의 집은 화동으로 지금의 서울 종로구 정독도서관 자리에 있었으며, 박영효의 집은 지금의 서울 종로구 인사동 경인미술관 자리라 우연하게도 개화파의 주역들이 모두 박규수의 집과 가까이 있었다.

이들은 자연스럽게 자주 모이며 박규수의 철학을 이어 받아 개화운동의 선구적 인물이 되어 조선과 구한말 격동의 세월을 짊어지는 동량이 되었다. 이로써 박규수는 북학파의 사상을 개화파로 연결시킨 중심에 서게 되었다. 박규수는 자신을 찾아온 이들에게 표면적으로는 《연암집》을 강론했다. 그러나 속내로는 청나라의 사정을 알리고 서구 열강의 문물을 가르치며 외국으로 내왕한 사신이나 역관들이 전하는 새로운 사상을 가르치기도 했다.

이들은 모두 훗날 개화당開化黨을 이루어 조선을 근대적인 체제와 국가로 개혁하기 위한 정치혁명인 '갑신정변'을 일으킨 주역들이다. 따라서 개화당과 갑신정변의 큰 뜻은 이미 10여 년 전 박규수의 사랑방에서 시작되었다고 할 수 있겠다. 박규수는 이들에게 북학파의 실학사상에서부터 자신이 보고 배운 중국의 근대화 노력에 대한 견문과 지식, 그리고 서양의 근대 제도와 선진 문물은 물론 조선을 둘러싼 국제정세까지 자세하게 가르쳤다.

여기서 싹 틔운 새로운 사상은 자주 조선의 근대화 운동이었고, 개화독립당의 모토가 된 입헌군주제와 자본주의 체제로의 변혁으로 이어졌다. 이른바 급진적 개화파 운동이 태동한 것이다.

급진 개화파인 김옥균과 박규수가 만난 전하는 일화는 다음과 같다.

"대감, 요즘 시국을 어떻게 보시는지요?"

"무슨 시국을 말하는가?"

"지금 이 나라가 흘러가는 꼴이 말이 된다고 보십니까? 우리가 왜 청나라에 질질 끌려 다니며 개화의 눈치를 보고 살아야 한단 말입니까?"

열혈 청년 김옥균의 기개를 묵묵히 바라보던 박규수는 박지원이 청나라 유리창에서 사왔다는 지구본을 꺼내 보였다.

"이것을 본 적이 있는가? 우리가 사는 지구는 이렇게 둥글다네. 익히 들었겠지만. 오늘날 우리에게 정해진 중국이란 것은 무엇인가?"

박규수는 지구본을 한 바퀴 획 돌리고는 조선을 가리켰다.

"이리 돌리면 미국이 중국이 되고 저리 돌리면 조선이 중국이 되는 것이네."

이 말을 들은 김옥균은 갑자기 뭔가를 크게 깨달은 듯 무릎을 치며 일어나 고개를 조아렸다.

"대감 말씀을 충분히 이해하고도 남습니다. 이제 제가 할 일을 깨달았습니다."

이렇듯 김옥균이 갑신정변을 일으킨 동기는 박규수가 제공했다는 것이다. 모든 원인을 박규수 때문이라고 할 수는 없지만 개화파의 갑신정변에 박규수가 직간접으로 영향을 미쳤다는 것은 분명한 사실이다.

그러나 박규수가 급진적인 사상을 가졌다고 보기는 어렵다. 그는 오히려 북학파처럼 봉건주의 전제정치를 일부 묵인하면서 개혁을 통해 부국자립강병을 꿈꾼 인물이었다. 그러나 그가 가르친 제자들은 대부분 봉건체제의 틀을 깨뜨리고 근대화로 가는 혁명을 모색하고 있었다. 박규수로서는 본의 아니게 근대화 운동을 재촉한 이론적 근거를 가르친 셈이 되었다.

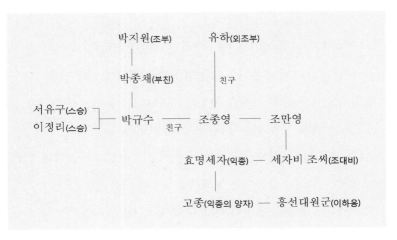

박규수의 청년 시절 인물 관계도 선진 문화에 눈을 뜬 박규수에게 학문적·사상적 영향을 미친 사람들과 박규수를 후원한 고종과 조대비 등 그를 둘러싼 인물 관계를 살펴볼 수 있다. 더불어 박규수는 이후 김윤식, 김옥균, 김홍집, 박영효, 유길준, 홍영식 등 제자들의 개화사상에 영향을 미쳤다.

박규수가 오랫동안 이들을 가르친 것은 결코 아니었다. 그는 정계 은퇴 이후 2년만인 1876년 12월 27일, 그토록 고대하던 개화운동의 결실을 거두지 보지 못하고 세상을 떠났다. 그러나 이 짧은 2년간의 사랑방 교육이 조선의 신진세력들을 규합시켜 조선 근대화 운동의 모태가 되었으니 박규수의 죽음이 헛된 것이었다고 말할 수는 없을 것이다.

고종은 그의 사망 소식을 듣고 "이 대신은 도량과 식견이 고명하고, 문학이 박식해서 내가 의지하고 온 조야가 기대하던 사람이다. 근래에 의정의 벼슬을 벗은 것과 관련하여 특별히 거기에 머물러 살게 한 것은 바로 평시에 정력이 강직하여 잠시 휴식하게 해주면 다시 등용할 날이 있을 것이기 때문이었는데, 어찌 까닭모를 병으로 갑자기 영영

가버릴 줄이야 생각이나 하였겠는가? 내 슬픔과 한탄이야 어찌 그 끝이 있겠는가?"라며 슬퍼했으니 고종의 오른팔이 떨어져 나간 것이나 마찬가지였다.

조선은 이후 격랑의 세월을 만나 일본과 서구 열강의 강압 아래 문호를 열었으나 박규수의 예언대로 결국 일본의 식민지가 되는 비운을 맞게 되었다. 박규수 같은 인물이 몇 명만 더 있었더라도 조선이 그렇게 빨리 망국으로 치닫게 되지는 않았을 것이다.

시대를 잘못 만난 천재, 우국충정의 리더로 남다

박규수는 20년에 가까운 칩거와 고통의 세월을 이겨내고 개항과 실학을 대표하는 선두주자로서 조선 지식인을 이끈 당대 최고의 실력자였다. 박지원이 공직과는 잠시 떨어져 아픈 가슴을 움켜쥐며 글로 세상과 소통한 인물이었다. 손자인 박규수는 학자이자 공직자로서 한평생 최선을 다했고, 은퇴 후에도 사랑방에서 차세대 인재 양성에 모든 것을 걸었다.

박규수는 혼란의 조선 말 시대의 첨단에 서서 격변기를 정면으로 대응하며 시대의 흐름에 발맞춰 스스로 변화를 수용하고 끊임없이 발전하는 수용의 리더십을 보여주었다.

19세기 말 개화를 앞둔 조선사를 연구할 때 박규수를 빼면 남는 것이 없다는 이야기가 나올 정도로 박규수의 영향은 실로 대단하다. 그가 개화와 쇄국의 중심에 위치했던 인물이며, 체제의 점진적인 개혁과 실리적인 개방을 추구했던 점, 개화에 앞서 개혁 성향의 인재들을 대거 양성하고 배출한 점 등은 그의 중요한 업적으로 평가된다.

그는 대원군과 고종으로 대표되는 당시 권력의 주체를 설득하여 문호를 열게 하고, 급진적인 김윤식·유길준·박영효·김옥균 등의 개화파를 설득하여 조정의 중론으로 소통하는 데 힘썼다.

박규수는 장외에서 의논하지 말고 조정이 개화를 직접 주도해야 한다고 설득했다. 그는 세계정세를 정리한 위원의《해국도지》를 읽고 풍전등화의 조선을 걱정한 경세가였고, 당대 최고의 과학자였으며, 당대 최고의 문장가이기도 했다. 다만 시대를 잘못 만나 그의 천재성이 제대로 발휘되지 못한 것이 아쉽다.

그럼에도 19세기 후반 이후 그에게서 영향을 받지 않은 개화파는 한 명도 없다고 해도 지나친 말이 아닐 것이다. 박규수는 500년 조선사에서 고종의 진정한 참모이자 개화파 지식인으로서 이름을 남겼다.

참고문헌

• 강효석, 권영대 옮김,《조선왕조 오백년의 선비정신(상·중·하)》, 화산문화, 1995.

• 권인호,《조선 중기 사림파의 사회정치사상》, 한길사, 1995.

• 기시모토 미오 외,《조선과 중국 근세 오백 년을 가다》, 역사비평사, 2003.

• 김기흥 외,《제왕의 리더십》, 휴머니스트, 2007.

• 김동수 역주,《호남 절의록》, 경인문화사, 2010.

• 김명호,《환재 박규수 연구》, 창비, 2008.

• 김정환,《한국사 오디세이》, 바다출판사, 2003.

• 김진섭,《조선건국기 재상열전》, 지성사, 1998.

• 문일평,《조선인물지》, 정음사, 1965.

• 박기현,《KBS HD 역사스페셜(제5권)》, 효형출판, 2007.

• ———,《류성룡의 징비》, 시루, 2015.

• ———,《조선참모실록》, 역사의아침, 2010.

- 박윤규, 《우리 역사를 움직인 20인의 재상》, 미래M&B, 1999.

- 성낙훈, 방은기념사업회 엮음, 《한국당쟁사》, 동화출판공사, 1979.

- 신연우, 신영란, 《제왕들의 책사(조선시대 편)》, 생각하는백성, 2007.

- 역사문제연구소, 《실패한 개혁의 역사》, 역사비평사, 1997.

- 유성룡, 이재호 옮김, 《징비록》, 역사의아침, 2007.

- 윤국일, 《경제육전과 경국대전》, 신서원, 1998.

- 윤청광, 《역사의 명참모》, 동국출판사, 1985.

- 이경재, 《책사와 모사(조선시대 편)》, 생각하는백성, 2002.

- 이긍익, 《연려실기술(제26권)》, 민족문화문고간행회, 1967.

- 이이화, 《이야기 인물한국사(3, 5권)》, 한길사, 1993.

- 이준경, 《국역 동고비고》, 수원대학교 동고연구소.

- 이철희, 《1인자를 만든 참모들》, 위즈덤하우스, 2003.

- 이한우, 《태종 조선의 길을 열다》, 해냄출판사, 2005.

- 한국정신문화연구원, 《한국사 연표》, 동방미디어, 2004.

- 《조선왕조실록》, 왕대별 각권.

찾아보기

조선의 킹메이커
500년 조선을 움직인 힘

초판 1쇄 발행 2008년 2월 25일
개정증보판 1쇄 발행 2019년 5월 10일
개정증보판 2쇄 발행 2019년 6월 8일

지은이 박기현
펴낸이 연준혁

출판 1본부 이사 배민수
출판 4분사 분사장 김남철
편집 신민희

펴낸곳 ㈜위즈덤하우스미디어그룹 출판등록 2000년 5월 23일 제13-1071호
주소 (10402) 경기도 고양시 일산동구 정발산로 43-20 센트럴프라자 6층
전화 031-936-4000 팩스 031) 903-3891
전자우편 wisdomhouse1@wisdomhouse.co.kr
홈페이지 www.wisdomhouse.co.kr

값 15,000원 ⓒ 박기현, 2019
ISBN 979-11-90065-58-0 03900

이 도서의 국립중앙도서관 출판예정도서목록(CIP)은 서지정보유통지원시스템
홈페이지(http://seoji.nl.go.kr)와 국가자료종합목록시스템(http://www.nl.go.kr/
kolisnet)에서 이용하실 수 있습니다. (CIP제어번호 : CIP2019017243)